美丽的青岛
我的故乡

张立城 ◎ 著

青岛出版社
QINGDAO PUBLISHING HOUSE

图书在版编目（CIP）数据

美丽的青岛我的故乡 / 张立城著. —— 青岛：
青岛出版社, 2018.11
ISBN 978-7-5552-7057-7

Ⅰ.①美… Ⅱ.①张… Ⅲ.①青岛—地方史 Ⅳ.① K295.23

中国版本图书馆 CIP 数据核字（2018）第 165895 号

书　　名	**美丽的青岛我的故乡**
著　　者	张立城
出版发行	青岛出版社
社　　址	青岛市海尔路 182 号（266061）
本社网址	http://www.qdpub.com
邮购电话	0532-68068091
责任编辑	曹永毅　江伟霞
装帧设计	刘　晶
照　　排	青岛新华出版照排有限公司
印　　刷	青岛乐喜力科技发展有限公司
出版日期	2021 年 10 月第 2 版　2021 年 10 月第 2 次印刷
开　　本	32 开（890mm×1240mm）
印　　张	9.5
字　　数	210 千
印　　数	1001-3000
书　　号	ISBN 978-7-5552-7057-7
定　　价	32.00 元

编校印装质量、盗版监督服务电话　4006532017　0532-68068050

序　言

　　青岛是我的出生地,我的故乡,但我在青岛仅仅度过了20个春秋。1956年我考入北京师范大学,那时我刚好20岁。从此,我一直学习、工作、生活在北京。北京是我成家立业的地方。儿女孙辈们也都出生在北京,生活在北京。按理我应该算是个北京人了,至少算半个北京人。尽管我在北京已经待了60余年,可在我的脑海里没有一点点北京人的概念。我的全家老少都操着一口地道的北京话,可我至今仍有着一口浓重的青岛口音,我仍是个地地道道的青岛人。我对青岛感情浓郁。我经常遇到来北京办事、务工的山东人,一说起话来,他们就知道我是山东人。是的,我的祖籍在山东,不管在北京待了多少年,我永远是山东人,是青岛人。

　　青岛是我的出生地,是我的故乡,也是我国美丽的海滨城市,这使我感到骄傲。这里有我太多的苦辣酸甜的故事,我对外部世界的认知以及我的人生观、价值观都是在这里养成的。

　　我出生的一个世纪前后,特别是近半个世纪以来,是世界经济、科学技术、政治格局和社会制度变革最为激烈的时期。受到国际政治大格局的影响,青岛政权和政局的变化复杂激烈。青岛设市建制120余年间,先后经历了清朝、德国殖民地时期、日本第一次侵占时期、北洋军阀政权、南京国民政府时期、日本第二次侵占时期、抗战后的国民党政权、青岛解放后的人民政权。

近百年来尤其近半个世纪以来，经济和科学技术突飞猛进。19世纪末叶至20世纪中叶以来科学技术进步之速，就连那些最著名、最有远见的哲学家及思想家，甚至那些最富想象力的预言家，也预测不到。

20世纪50年代末，在我大学时期包括工作以后一段时间，计算机、信息遥感技术、克隆技术这些词还没有出现。那时的计算机是从苏联进口的一个大机械盘，手摇可以进行大数据乘除计算。自古以来，算盘是一个我们广泛应用的"计算机"。航天探宇那时对我国来说还很遥远。对于当时科技处于落后状态的我国，那只是一种激励、一种梦想。现今登月载人飞船、空间实验室已成为我国的现实。一个巴掌大小的手机可以打遍世界，还可以视频，可以看新闻、购物、交费、定位等，且已不是奢侈品了，大人、小孩、老板、打工者人人手里都握着手机。公交车上、地铁里，人们都在看手机。殊不知就在我上大学的时候，直到20世纪80年代初，家里有座机电话的都很少很少，当时还想不到手机这种东西。那时有急事，从北京向青岛家中打个电话，要去大的邮局或电话局，在那里等上一两个小时，能打通就很不错了。打电话要打到有电话的单位。据说那时的电话就是一缕线。从北京接天津，再从天津接济南，从济南再接青岛，青岛电话局再接到收电话的那个单位。若其中的某个环节出了问题，在电话局等上几个小时就算白等了。所以，那时有急事就去电报局打电报，电报局收到电报后可连夜送到。电报快且可靠，所以那时的电报业务相当兴隆。1959年中华人民共和国成立10周年大庆，北京搞了十大建筑，其中就有长安街上的电报大楼，可见那时的电报业务非同一般。直到20世纪70年代，电报仍然是最重要的快捷的远程通信手段。在此期间，我和我的爱妻各收到一封连夜送来的加急电报，都是父亲去世的不幸

序 言

消息。

上大学期间一到放寒暑假,我总是急着回家,最便宜、最便捷的方式当数乘火车,那时对学生来说乘飞机回家简直是天方夜谭。现在离家较远的学生往返常乘飞机,我家亲戚的孩子回家就常乘飞机。我在大学期间从北京回青岛要坐24个小时的火车,夜晚坐在拥挤狭窄的木板长椅子上,不时打盹,彻夜疲惫不堪。暑假乘火车时即使车窗玻璃全打开,车厢里也像个焖罐,且还得忍受着蒸汽机车喷射出的煤灰尘屑的袭击。当时觉得如果有快车或直达车,有个座位,能很快回到家,就心满意足了。铁路上的这种状况延续了许多年。我到科学院工作以后,因为国家不富裕,自己对舒适度要求也不高,到昆明、成都、广州、兰州、南宁等遥远的地方出差,我经常买硬座票,在火车上熬上三天两夜或两天三夜,也不觉得有什么,还觉得挺正常的。现今高铁和动车组开通后,这些事好像是很久以前的事了。年轻人可能根本不知道以前的铁路交通是那种情形。现今从北京去青岛,乘动车或高铁,坐在宽敞明亮的空调车厢里,泡上一杯铁观音,聊聊天,向窗外望望美丽的风景,5个小时左右就到达青岛。

我们的父辈曾期盼能有一天楼上楼下电灯电话。现今的一切远远超出了他们的期盼,他们没能享受到我国经济和科技突飞猛进发展的成果。此刻,我们不能不想到这就是共产党领导的社会主义建设事业所取得的成就。今天,我们一定不能忘记为新中国流血牺牲和艰苦奋斗的人。

从1840年鸦片战争时英国等资本主义列强图谋瓜分中国开始,清政府与侵略我国的列强签订了很多不平等条约,我国被迫割地、赔款。这是帝国主义侵华的历史罪证,也是旧中国统治者丧权辱国的记录,中国人民永远不能也不会忘记这些历史!人们尤其是年轻人,不了解我国近一二百年遭受过的侵略、掠夺、欺凌、割地、赔款的遭遇,非常容易受到资本主义思想的蛊惑利诱。列宁说过,忘记过去就等于背叛,遗忘历史就意味着背叛,这句话现今有必要重温。

毛泽东主席曾在天安门城楼上庄严宣布:"中国人民从此站起来了。"为了使中国人民站起来,为了让中华民族屹立于世界民族之林,实现我国的独立统一,为了全民族的解放,我国无数优秀儿女、仁人志士,抛头颅洒热血,前仆后继,艰苦奋斗。他们都应受到人们的尊敬。

我国人民永远不要忘记那些为建立独立自由、民富国强的新中国而牺牲的人们,我们也不能忘记为建设新中国而忘我劳动的人们。我们要铭记以钱学森为代表的一代优秀而伟大的科学家和他们为发展我国的国防技术所做出的极其重要的贡献。我们也要牢记以铁人为代表的劳动人民和知识分子。没有他们,哪里会有我们国家的今天。

历史实践和现实教育了我们:国弱无外交,落后就要挨打。历史充分证实了这一点,可以说现今它已成了世界上国与国关系中的一条颠扑不破的"定律"了。只要有霸权主义强权政治存在,这条"定律"就不会被打破。

我国清朝挨了侵略,挨了打,遭受了凌辱,还得割地、赔款,任人宰割,哪里有什么外交可言,在国际关系上哪里有什么话语权。清朝末年,我国大量财富、稀世珍宝、名贵文物被掠夺盗走。在欧美的许多博物馆里都有中国馆,专门陈列从我国掠走的珍贵文物。1997年我去美国密歇根大学参加一个国际学术会议,会后自费同老伴到纽约、华盛顿等地参观旅游。在纽约美国国家自然历史博物馆里,我看到两件中国稀世珍宝,让我感慨心碎。一件是清朝鼎盛时期清高宗乾隆皇帝的刻有雕龙的大金印,竟然放在他们的博物馆里。不管他们是怎么弄到手的,那是我国极其珍贵的文物。给我印象非常深刻的另一件珍贵文物,是我国明朝著名的国画大师唐伯虎的一幅老虎巨画。展方在虎尾处专门放了一个大号放大镜,透过这个放大镜,可以清晰地看到虎尾上的毛,一根根挺拔如立,栩栩如生。站在山坡上的老虎炯炯有神。这样的稀世珍宝,竟然挂在美国国家自然历史博物馆里,真是岂有此理!这样的事还多着呢。我在法国巴黎卢浮宫看到了许多中国的文物珍宝。据说伦敦大英博物馆里中国的文物珍宝更多。据不完全统计,在殖民时期我国被掠走的文物珍宝多达8000余万件。历史事实说明了什么?说明国弱就要挨打,还要遭受掠夺和欺凌。

在中国共产党的领导下,经过不懈努力和奋斗,我国经济总量已稳居世界第二,再也不是任人随意欺凌的懦弱国家。但是,我国还未实现科学技术和经济现代化,人均收入还较低,还有大量艰巨的扶贫任务,广大职工的收入还不是很高,要实现民富国强的中国梦任重而道远。要实现我国经济技术全面提高,还得加紧努力,仍需在中国共产党的领导下,奋发图强,团结一心,艰苦奋斗,在新时代中国特色社会主义思想的指引下,为实现中华民族伟大复兴的中国梦不懈奋斗。要记住并深刻领会"中国的事情还是要靠中国共产党来办"这句名言。

我出生成长在青岛,我热爱自己的故乡。我希望通过此书能让人们对青岛的地理环境、良好的自然条件、绮丽的自然风光、优美的城市建筑风格、城市人文景观特色、社会政治历史更替和经济发展之坎坷有一个系统的认识,期盼人们了解我国和青岛近代历史上的遭遇,不忘历史,不忘国耻,在新时代中国特色社会主义伟大旗帜的指引下砥砺前行,奋发图强,为把我国建设成为富强民主文明和谐美丽的社会主义现代化强国而努力奋斗。

我是一个自然科学科研人员，曾出版过上百万字的科研著作，但缺乏文学素养，行文中疏漏、缺失和不妥之处在所难免，还请读者见谅。

目 录
contents

第一篇　青岛的发现与崛起 / 1

优越的地理位置 / 1
宜人的气候 / 5
设市建制与殖民地化 / 9
雏形期疆域界限的形成与扩展 / 14
都市化的奠基礼 / 19
天赐绮丽风光与建筑艺术之美 / 28
崂　山 / 48

第二篇　成长中的坎坷与烦恼 / 51

日本强行侵占青岛 / 51
中国政府收回青岛之艰难 / 55
北洋军阀政府接收青岛 / 58
南京国民政府接管青岛 / 62
日本再次侵占青岛 / 69

第三篇　故乡情怀 / 74

故乡记忆 / 74
故居苦恋 / 95
贫困潦倒的少幼时代 / 100
残忍的日本兵 / 111
踏进学校之门 / 115

第四篇 抗日战争胜利之后的青岛 / 127

日本投降了 / 127
美蒋军队的到来 / 131
国民党市政当局的作为 / 137
解放前夕的青岛 / 146
蒋介石逃离大陆后的反思 / 154

第五篇 一个崭新政权的诞生 / 159

青岛解放 / 159
亲历青岛解放 / 162
解放初期的青岛军管会 / 165
目睹枪毙大汉奸 / 174
废除体罚学童 / 176
妇女解放 / 178

第六篇 怀念逝去的美好岁月 / 191

回味人生 / 191
激情燃烧的大学年代 / 196
奋发进取的科研生涯 / 219

第七篇 多彩的愉悦残年 / 244

结束语 / 281

第一篇　青岛的发现与崛起

优越的地理位置

青岛古称"胶澳之地",由数十渔村海埠组成,分属胶县和即墨两大古老县城管辖。一个不起眼的小地方,在不过120余年的功夫,一跃成为我国现代化的海港大城市、山东省最大的经济体、国家计划单列市、国际性港口城市,2016年其国民生产总值已跃入万亿大关。

青岛的迅速崛起,和它特殊的政治历史机遇有关,但从根本讲,与其优越的地理位置、绝佳的优良港湾、优良的自然地理环境和宜人的气候是密不可分的。欧洲工业革命后,随着经济技术、交通运输业的发展,其地理位置的优势更加突出。《青岛指南》载:"我市自开埠以来,因当海陆之要冲,交通便利,气候适宜,海口水深,终年不冻,既无天津河道淤塞之苦,复无海岸沿滩浅之虞。而胶济铁路,横贯鲁省之腹部,直达港口,连接平浦、北宁各路,足以吸收华北各地之商贷。运输之利,较上海或稍逊,然就现在情况观察,直可与天津、广州各市并肩而论,故自开埠迄今不过三十余年,由十数渔村之荒僻海区,一跃而为灿烂繁荣之都市。"在青岛发展早期,人们已经认识到它的地理位置和自然条件对它的迅速崛起和发展有很大的直接促进作用。

青岛地处山东半岛东南隅海岸边,东南毗邻辽阔的黄海,西北为资源丰富的山东腹地,又与华北西北广大地区接壤。青岛的港湾处于我国最大的商贸城市上海和东北主要出海口城市大连之间差不多居中的位置,填补了以上两座出海口城市之间的缺失。青岛与日本下关市隔海相望,现仍有定期航轮来往。这两座城市结为姐妹城市和它们的地理位置不无相关。青岛与韩国仁川间的距离也仅数百公里,两地之间现今也有定期航班。

工业革命使现代化航海运输业迅速发展,青岛优越的地理位置对城市发展的作用更加显现,加速了青岛的发展和现代化进程。青岛海洋商贸发展具有两大特点:首先它将我国长江流域商贸集散地的上海与资源丰富的东北商贸集散地连接起来,形成便捷的交通航运物流中心。其次,青岛的腹地经贸繁荣,物产丰富,且通过陆路与广阔的西北、华北连接起来,成为它们便捷的商贸出海口。从战略上讲,青岛可以管北控南。德国殖民者强租青岛,把青岛当成其进军亚洲的桥头堡,是因为看中了青岛优越的地理位置、胶州湾优良的港湾条件和山东省腹地丰富的物产资源。20世纪30年代,蒋介石收买东北军阀张学良的海军,是想把东北军的舰队弄到青岛。抗战胜利后美国迅速将青岛变成其西太平洋最大的海军基地,也是看中了青岛的地理位置和优良的港湾。新中国成立以来,青岛一直是北海舰队基地,今又建成我国首个航母基地,可见青岛的商贸航运和战略地位的重要性。从战略和航运商贸来看,青岛的优越性还在于它位于海岸的前沿、山东半岛的前端。烟台、威海等山东海港城市被裹在山东半岛和黄渤海内部,出入不便,且易被封锁,而青岛突现在半岛前端,进出海洋和胶州湾港口十分便捷。青岛胶州湾沿岸曲折,便于修建深水码头,进出胶州湾的海道狭窄,易守难攻,这就使胶州湾成为优良的避风港湾。青岛无论作为优良的商贸港口还是军港，都是无与伦比的。

随着我国现代化海运和工商贸易物流的迅猛发展，青岛优越的地理位置更加突出，现今的青岛港已发展成我国第二大外贸港口，2015年的吞吐量已达4.5亿吨，在世界处于前10位。湾阔水深，10余万吨的巨轮可进出自如。由于胶州湾海口狭窄，湾内风平浪静，青岛港又是良好的避风海湾港口。2014年，一次台风北上冲向辽东半岛时路经黄海。当时，我在青岛中港附近位于15层楼的家中眺望胶州湾，可以看到胶州湾内泊满了避风的大小商船和渔船。青岛港现已发展成紧贴胶州湾北岸，由大港、中港、小港3个港群组成的老港区，内有14个大型码头、300个泊位，如今又建成了超级大型的国际邮轮码头。此外，胶州湾南部海西岬还建成了能停泊巨型油轮的油码头港区及前港新港区、董家口港区和航母基地。青岛港湾码头的大建设大发展，都与它有利的地理位置和良好的港湾条件有很大的关系。

我在青岛的住所，距港口岸线很近，从15层楼的窗户可以看见大小港码头、对岸的黄岛油港、武船重工造船厂高高的塔吊和黄岛发电厂。我喜欢看航行在海上的巨轮，不管它是我国的，还是外国的，我都喜欢看，因为它是我国商贸繁荣的象征。在我眼皮底下，隔三岔五的就有万吨级客货混装巨轮停靠在新完工的我国最大的邮轮码头上。但乘客不多，两三辆大巴车就可以把他们接到岸边不远的海关。集装箱装了多少个我弄不清楚，集装箱运输车运出运进，没有半天的工夫是装卸不完的。

胶州湾自古以来就是我国海贸航运中心。不过当时的海贸航运中心不在胶州湾东北团岛岬和现在的大小港地区，而是位于胶州湾内西南岸的红岛、板桥一带，这个地方更接近山东腹地。明、清朝代及以前，陆路上主要用人力、骡马运输工具来运输，海运用的是帆船运输，不需要深水码头。

1891年德国殖民者租借青岛后，随着工业革命技术的发展和大型机轮航运业的兴起，胶州湾西南边岸不再适用于现代航海运输的需要。胶州湾内古老的海运商贸中心迅速转移至胶州湾东北的团岛岬一带，这里距出海口近在咫尺，且花岗岩石基底，易建大型深水码头。因此，德国租借青岛后在这里大兴土木工程，修建深水港口码头。

20世纪30年代初，青岛海运事业有突飞猛进的发展，青岛成为我国屈指可数的海运枢纽、客运中心。由于港口码头设备完善，海运能力超强，青岛进入了商贸客货运输的黄金时期，国内外航班非常发达，国内有固定航班通往天津、大连、丹东、营口、烟台、威海、连云港、上海、福州、汕头、广州、香港等。国外航线也相当繁忙，主要是南洋航班，通往新加坡、孟加拉国、印度尼西亚、菲律宾等。向东通往日本的大阪、神户和朝鲜半岛的仁川、釜山等航班也很多。通往遥远的檀香山以及美国西海岸的旧金山也有航班。此外，青岛与英国的利物浦、伦敦及法国一些城市也有往来航班。随着国际航空和国内陆路交通运输的发展，现今青岛的海运客轮航班所剩无几。胶济铁路的修筑，将南北铁路和中原地区连接起来，青岛位于出海口位置的作用更加突出。现今青岛通过高铁、青(岛)银(川)高速公路和山东省密集的高速公路网，将山东和西北、华北紧密联系起来，使青岛成为重要的商贸物流出海口、一带一路的交汇点。

宜人的气候

早在20世纪20年代，久居青岛的政治家、思想家康长素即康有为认为青岛"碧海青天，绿树红瓦，不寒不暑，可舟可车"，高度概括了青岛的气候、自然特征。20世纪30年代，更有学者认为青岛空气之清新、风光之佳丽，实可冠绝全国。

青岛地处山东半岛南部，位于东经119°30′~121°00′，北纬35°35′~37°09′，东南濒临黄海，总面积11282平方公里，其中市区（市南、市北、李沧、崂山、黄岛、城阳六区）的面积为3293平方公里。有关气候气象的统计数值基本上是老市区的统计概括。

青岛地处北温带季风气候区，属温带季风气候，因濒临黄海和胶州湾，受来自洋面的东南季风海洋环境的影响，又具有显著的海洋性气候特征，所以青岛空气湿润，雨量充沛，温度适中，四季分明。春季气温回升缓慢，春秋季较内陆大约延迟1个月；夏季湿热多雨，无酷暑；秋季天高气爽，降水稀少，气温下降平缓；冬季温度低，但不太严寒。

从1898年有气象记录的100多年来，青岛市区内年平均气温为12.7℃，曾记录到的极端最高气温为38.9℃（2002年7月15日），曾记录到的极端最低气温为零下16.9℃（1931年1月10日）。我长期住在北京和青岛，对这两地的气候比较熟悉并有切身感受，所以总爱比较两地的气候。北京气候有记录以来，也有100多年，极端最高气温为42.6℃（1942年8月15日），极端最低气温为零下27.4℃（1966年1月10日）。青岛8月份最热，月平均气温为25.3℃。北京7月份最热，平均气温为31.4℃。北京夏季最热月份的平均气温，比青岛高6℃，而且热的时间长。青岛的酷暑天气，即最高气温30℃以上的只有11天半。根据气象记录,北京酷暑天气比青岛长一倍左右。青岛最冷月份出现在1月份,平均气温仅零下0.5℃,而北京为零下3.1℃。青岛冬季最低气温低于零下5℃的天数平均仅22天,而北京比青岛要多一倍以上。青岛年平均降水量662.1毫米,北京为532毫米,青岛比北京多130毫米左右。青岛降水量的最高值为1375毫米,出现于1964年。最小值仅350毫米,出现于1981年。蒸发量青岛为1612毫米,北京则明显较高,为1800~2000毫米。不管气象的哪个指标,青岛和北京在季节、年度气象指标上都有一定的差异,青岛比北京各项气象指标都明显优良。青岛气候比较湿润,年平均湿度为75%,而北京为54%。青岛气候的另一个显著特点是四季分明。根据日温的变化指标划分,青岛的春季天数长达112天,夏季77天,秋季91天,冬季85天,一年之中春秋两季最长,夏季最短,这种气候显然是最舒服的。我在北京住了这么多年,感觉北京和青岛的四季变化正好相反。北京是冬夏季较长,脱了棉衣很快就要改穿单衣;秋季降温快,穿棉衣的时间很长。与气温的四季变化相对应,青岛降水量的季节分配是春、夏、秋、冬四季分别占全年降水量的17%、57%、21%和5%。其中,7、8月份降水量为303.1毫米,约占全年降水量的一半;冬季降雪稀缺,降水量仅34毫米,占全年降水量的二十分之一。青岛降水量的季节分配有利于气温的调节,夏季短,降水量又集中,相当于火上浇水,难以出现长时间的酷暑。降水主要集中在作物生长季,无异于及时雨,十分有利于作物的生长发育,又让人感到舒适。青岛多东南风,将东南海洋的潮气吹向陆地,所以青岛的空气清新潮湿,但是雾多,年平均雾天达150天。青岛的霜冻日数年均仅46.4天,当然也出现过81天的高值(1964—1965年)和仅12天的低值(1948—1949年)。根据统计年代和地区范围的差异,上述气候气象的指标可能会有轻微的变化,但气候格局表征上不会有大的变化。根据青岛的气候气象指标显示,青岛的气候特点是夏季炎热天数少,冬季短且气温偏高,无严寒。青岛的气候明显四季分明,春秋季长,降水适中,受海洋环境影响,空气清新湿润,气候不仅宜人舒适,还有利于作物的生长。青岛市内为滨海丘陵地貌,山地占全市总面积的25.5%,丘陵占21%,市区由低山、丘陵、谷地、冲积扇和海岸滩涂地形组成,天然植被覆盖面积广阔,生态环境优良,让居住者感到气候格外舒适。

气象指标很重要,它可以把一地的气候概况笼统地告诉你,但人的体验感受更实际。尽管北京气象指标不如青岛,但北京的气候也不算差,我单位来自江浙、长江流域一些地方的同事都觉得北京的气候还不错,喜欢待在北京。他们觉得上海、武汉等地,夏季闷热,冬季潮冷,春季梅雨太潮湿。我对北京和青岛的天气有较深的体验,大学期间暑假回青岛,抵达青岛沧口火车站,从车厢走出来,扑面而来的凉爽清风,一扫从北京带来的干热,深呼一口气,伸伸懒腰,倍感舒畅适宜,青岛不愧为避暑胜地。青岛秋季气温下降缓慢,比北京舒服多了。我于2013年11月末返回北京,在青岛体验到青岛的秋高气爽,深秋了天气仍然暖洋洋的,早晚温差不大,也不觉得凉。柔和的气候令人心旷神怡。由于气温平稳,我感到精神舒畅,血压也非常平稳。我最怕北京供暖前的天气,气温骤降,忽冷忽热,血压也容易波动。我回到北京时已供暖多日,那年冬天,我的血压一直较平稳,我觉得这与我在青岛度过了气温骤变期有关,青岛的气候功不可没。可见优越适宜的气候,不只是让人舒适,还有益于健康。

历经七八十年，自我感觉青岛的气候有暖化的趋势，雨季没那么多阴雨天了。我小时候觉得冬天很冷，寒冬腊月，寒气刺骨，有滴水成冰之意，经常冻肿手脚，即使排除那时营养差、穿盖都不足等因素，也觉得那时冬天寒气逼人。现今那种阴冷的天气少见了。20世纪80年代以后，我每年都回青岛陪我暮年的老母过春节。春节期间是青岛最寒冷的时候，我在青岛过春节的十几年没遇到风雪寒冬的情况，一般在零下4℃左右就算寒冷天气。我小时候，夏季常有十天半月的连阴雨天，记得菜地里常有冒雨觅食的小麻雀，淋成落汤鸡飞不动，很容易捉到。涝雨天泥土路的沟洼处，可以捉到溪流中的小鲫鱼，那时雨水多，低洼地上总是有潺潺流水。在我居住了十余年的东镇，以前常年流水的山沟水溪，现今也都干涸了。这些自然现象表明，青岛的冬季有变暖趋势，夏季有变热变干、降水量下降的趋势。

当然，青岛的气候并非尽善尽美，全无瑕疵。碰上夏季阴雨天，空气潮气大，洗的衣服不易晾干，尤其是住在低楼层的人家。就像我母亲搬到前海边的房子，朝海的一面是楼的一层，背海的一面是地下一层。青岛因山丘地形，这种阴阳两面的住房以前并非少见。我母亲的住房距海边又近，夏季阴雨天若外出关闭门窗几日，屋里墙壁就会潮湿滴水，家具就会发霉。居住在这种住房的人家，苦于盛夏的阴雨天。现今的情况当然变了，冬季青岛普遍供暖，市区翻盖了许多高楼，新建楼房地下室多为二层，大多为车库。地面上的楼层，像我女儿为满足老父望乡之情买的商品楼房，住在15层高的楼层上，三面向阳，四面通风，哪里还有潮湿之苦。青岛的气候本来就舒适宜人，现今多数家庭有空调和供暖，生活更舒服自在。夏季的海滨会让你忘却酷暑，习习海风令人倍感舒适。

设市建制与殖民地化

青岛现今是我国鼎鼎有名的海滨旅游城市,也是山东省首屈一指的经济体,拥有众多名牌,如海尔、海信、青啤、双星、澳柯玛,特别是海尔、海信、青啤,早已成为世界名牌。

殊不知青岛还是我国最年轻的一座城市,在全国500个大中城市中,国民经济总产值排第12位前后,但它仅仅经历了120余年的时间,而且遭受过日本两度长达15年的摧残。

据史书《胶澳志》记载,早在宋辽时期,距今千年以前,胶澳之地的海洋贸易已相当兴盛,海洋商贸已通达浙江、福建和远至南洋。不过当时胶澳之地的通商贸易口岸的中心地段,并非在现今青岛市区内的团岛岬附近,而是位于胶州湾内西南岸边的红石崖、板桥一带。但是随着近代航运业的发展,海洋商贸逐渐向胶州湾东北岸转移至团岛岬一带,导致这块古称胶澳滩涂渔村海埠之地一跃而起,取代了胶州湾西南岸红石崖、板桥一带的海运商贸中心地位。胶州湾团岛岬紧靠胶州湾出入口,沿岸水深,花岗岩石基底,便于修筑深水良港码头。随着新兴现代航运业发展的需要,胶州湾内西南沿岸的商贸航运中心向胶州湾东北团岛岬的转移是必然的。

但是,团岛岬一带的大、小港地区,沿岸海港码头的大规模崛起和发展也与青岛的遭遇有关,殖民地化起到了促进作用。

18世纪末至19世纪初叶,正值我国清朝处于衰落期的光绪皇帝年间(1871—1908)。清朝政权又落在腐败昏庸、极端保守的慈禧太后手里,她对内实行极端保守的封建主义政策,残酷镇压维新人士,就连主张维新变法的光绪皇帝也被囚禁身亡。

我国历史上最为腐败昏庸又无能的篡权"女皇"慈禧政权时期,恰好又遇上18世纪欧洲工业革命后新兴起的资本主义列强对外扩张殖民地的高峰时期。这些新兴列强国家首先找软柿子捏,清朝这个对外懦弱昏庸腐败的政权,招致了新兴列强国家来华强占、租借、割地、掠夺我国领土和资源之风。弱肉强食是自然界的基本法则,也是当下世界资本主义和帝国主义体系下国与国关系的基本模式。就当时的综合国力、国民生产总值来说,清朝时期的中国,比入侵我国的那些国家都雄厚得多,俗话说瘦死的骆驼比马大,应该说清朝政权经济势力存在很大的潜力。尽管清朝政权掌握的国民生产总值比列强国家大,但是慈禧太后的政权,从思想上就懦弱,畏惧列强。古称胶澳之地的团岛岬一带,在明末清初之时尽管仍是渔村海埠滩涂之地,但航运商贸业已经开始萌动。1865年清同治四年,重修始建于明末的天后宫,《募建戏楼碑记》中记述了当年该地海上经贸繁荣之程度。18世纪末叶,经历了工业革命后的德国垂涎亚洲东方,急于寻找一块立足之地作为它进军亚洲的跳板。为此,德国政府曾频频向清政府示意,希望能获得一军港作为基地。

从1869年3月开始,深受德国威廉皇帝器重的著名德国地理学家李希霍芬在山东进行了详细的地理、地质、物产资源调查。在他1903年撰写的《中国旅行报告书》等有关著作中,对山东富庶的资源状况非常欣赏。他曾多次向德国政府荐言,胶澳之地现青岛一带地区可开辟为德国进军东方的立足之地。德国威廉皇帝接纳了他的建议,一再派工程技术专家来胶澳之地调查勘测,他们对胶澳之地的港湾建设形势、地理位置、自然条件、气候气象特征、风向风速、海水深度、泊船地点、潮汐潮差、海水盐分以及饮用水源,居民状况,商业、农业、渔业、畜牧业状况,交通运输条件等都做了详细的调查,并向德国政府提交了调查报告。德国政府在获知了胶澳之地的优越条件后,便下定决心要租借胶澳之地。德国政府在向清政府示意无果的情况下,剩下的就是寻机攫取青岛了。

对于德国人在青岛的活动和图谋,我国朝廷内外和一些仁人志士也都向清朝政府进言献策,以阻止德国人攫取青岛。他们建议在胶澳之地屯兵佯装设防,表明我国政府已经知道德国人图谋攫取胶澳之地的阴谋活动。但是,清朝政府腐败,大量的海军经费已被昏庸的慈禧太后挪用于建造供自己享乐的颐和园了。限于当时军事财力的匮乏,无法派兵镇守胶澳之地,此事只好不了了之。

1884年即光绪十年,清朝政府派大臣许景澄出使法、德、意、荷、奥地利5国。他出使欧洲上述5国主要使命是主持接收德国伏尔鉴船厂为我国建造的"定远"和"镇远"两艘战舰的活动。许景澄在德国走访期间,却有个意外的发现。他看到德国地理学家李希霍芬向德国政府提交的一份《中国地质调查报告》。这份调查报告论述了胶州湾是个优良的天然港湾,适宜于建设现代化港口,报告中还论述了胶州湾腹地有着丰富的煤矿资源等。无意中看到的这份报告引起了他的警觉。许景澄深切地感受到德国对胶州湾地区的欲望和攫取的野心。他回国后急速向清朝政府上奏,强烈要求清政府在胶澳之地设防,以防止德国入侵。但是,直到事隔5年后,欧洲列强在中国的侵略行径、德国人欲攫取青岛的野心已经暴露无遗,清王朝光绪皇帝才迫于形势严峻,于1891年6月14日上谕,批准在胶州湾设防的建议。翌年秋,掌管清王朝军事大权的大臣李鸿章调派登州今蓬莱总兵章高元率4营兵力600余人移驻胶澳。今蓬莱阁为明清朝代镇守渤海湾和防卫北京的军事要塞,军事设施炮台建设规模宏伟。章高元率部抵达胶澳之地的前海栈桥东岸海边,面对小青岛北侧天后宫的东边建立起总兵衙门驻守军队。他随即建造栈桥军用码头,并在总兵衙门周边建立起多处防御工事和炮台。此外,他还在总兵衙门以北的小鲍岛、贮水山南麓建起了军火库。次年,清朝政府又在东镇设立了有线电报局,连接济南和烟台,以供清军在胶澳驻军防御使用。

章高元移师胶澳,在天后宫东侧建立起屯兵衙门官邸,这是青岛设市建制的起点。光绪皇帝上谕之日的1891年6月14日,作为青岛市的诞辰纪念日是顺理成章的,章高元可以说是青岛设市建制的首位"市长"。

尽管清政府向胶澳调兵遣将,建筑防御工程等设施,但未能阻止德国人企图攫取胶澳之地的野心。德国威廉皇帝早已下定决心要攫取青岛这块胶澳之地,德国人不可能回船转舵。德国人也深知清政府无力与其开战,清政府在胶澳设防只不过是虚张声势。

清末,由于我国国力的衰弱,英、法、德、日、俄、美等列强相继来我国谋取利益,在加紧对我国进行军事侵略和掠夺资源的同时,还派出大批传教士,深入我国城乡进行传教活动。在山东,从18世纪末叶开始的外国传教士活动影响遍及全省,且相当活跃。像我祖籍胶县,瑞典传教士于1892年进入胶县城建教堂,1910年创办瑞华男校,1923年创办瑞华女校,1939年建成圣经学院。这位牧师还建造了楼房样式的别墅,并组织成立了耶稣教浸教会。对于文化落后、文盲众多的山东,办理教会学校也并无不妥。当然,他们的主要动机还是进行思想意识形态渗透,进行感化归化教育。然而,在18世纪末叶来到山东的大批传教士中,有些人在当地横行霸道,敲诈勒索,肆无忌惮,作恶多端,令民众难以忍受,而清朝政府从朝廷官吏到地方县衙门,对于传教士们的胡作非为百般袒护,生怕引火烧身。乡民百姓也只好忍气吞声,但积怨深重。1897年11月1日深夜,不堪忍受的乡民十多人手持匕首、短刀闯入教堂,杀死两位德国神父。这就是震惊中外、发生在山东菏泽地区的"巨野教案",也称"曹州教案"。对于急切寻找机会的德国政府来说,这成了租占青岛的绝佳理由。

"巨野教案"发生一周后,德皇威廉二世以"巨野教案"为由,令其驻扎在上海的远东舰队开赴胶州湾地区。该舰队司令棣利斯在"巨野教案"发生后的不到两周时间,于1897年11月13日率领3艘军舰从上海抵达胶州湾前海岸边的栈桥码头。清朝政府镇守胶澳之地的首领总兵章高元,派员前去向德舰官员询问何以进兵到前海码头。该码头系章高元建造的专用海军码头,且距总兵衙门兵营近在咫尺。德国舰队司令棣利斯以借地操练为由搪塞,并迅速展开偷袭攫取胶澳之地的预定计划。德军战舰抵达的翌日,便在前海栈桥登陆,占领码头、总兵军火库、电报局,包围了章高元的总兵衙门和4个兵营,并向章高元发出最后通牒。德国人真是欺人太甚,岂有此理,清朝政府官兵对德军的无理要求义愤填膺,欲与德军决一死战。按兵力来讲,清军占绝对优势,清军有4营兵力,又有14门大炮和良好的防御工事。特别是清军具有天时地利人和的巨大优势,后勤有保障。德军仅3艘战舰,300兵力,人生地不熟,缺乏后勤支援。清军若和德军决一死战,德军将遭灭顶之灾。但是,惧怕德国的清政府和怵于德军的清朝镇守胶澳之地的首领章高元,缺乏守土战斗精神,丧失了战斗勇气,在德军的逼迫之下,清军后退撤至四方和沧口,远离章高元衙门之外。因此,德军一枪一弹未发便占领了清军的兵营,获取了14门大炮等,就这样轻而易举地占领了胶澳之地的青岛。

青岛被德军占领,充分暴露了清朝政府的懦弱和愚蠢,导致丧权辱国。军事评论员罗援将军说过敢战才能言和,连战都不敢战,只能是不战而败,任人宰割。

德军占据青岛后,于翌年1898年的3月1日,即光绪二十四年二月十四日,强迫清政府签订了《胶澳租借条约》。依据该条约,德国租借胶澳地区99年,还获得了在山东修建两条铁路和沿线30里范围内的采矿权,且拥有在山东开办各项事业的优先权。依据该条约,青岛成了德国的殖民地,德国实际控制了山东的经济命脉,青岛也成了德国进军亚洲东方的桥头堡。

雏形期疆域界限的形成与扩展

根据山东史书《胶澳志》等有关史料记载,现今青岛的老市区,原分属山东省两个大县管辖:胶澳之地可解释为能停泊大船、弯曲的海港海岸滩涂之地。胶澳之地在胶州湾以东的陆地部分,明清时曾属于山东省即墨县,该县在历史上曾是山东省第二大县城,清朝时也曾属于莱州府。胶澳之地西部的陆地部分,明朝时曾属青州,清朝时属胶县管辖,行政上从来分属两个行政县管辖,直至120余年前,德国殖民者租借胶澳时,他们为了守卫胶州湾和在胶州湾内进行港湾建设,才将胶澳之地的东、西两部分都划归殖民地范围内,开始将胶澳东、西两部分划归一个行政管辖单元。这就是青岛疆域界限的原点和它基本地域的基础,形成了雏形期青岛的疆域界限。构成青岛雏形期城市的东、西两部分面积相差很大,西部面积狭小,仅是东部的十分之一。这两部分都为海岬地形地貌,都突出于海中,构成两个三角形半岛。东部这一块称为团岛岬,西部这一块称为海西岬,是黄岛的局部。团岛岬和海西岬,遥相呼应,间距仅约6公里,非常狭窄。我在小港的家中,天气晴朗能见度好的时候,可以清晰地看到对岸海西岬黄岛上的建筑物、油库和巨大的塔吊。构成青岛雏形期疆域界限的团岛岬和海西岬,如同蟹之两螯,紧抠胶州湾之咽喉,紧紧卡住胶州湾的进出口航道,在地形上具有易守难攻的地理特点。德国殖民者将海西岬划入殖民地内,其主要意图就是掌握扼守胶州湾的进出口。胶州湾内则是港湾水深,风平浪静,可谓天赐佳湾良港。德国殖民者当初选择胶澳之地,将东、西两部分地域合并,从现实和历史的角度来看,有利于青岛城市化的形成和发展,有利于经济商贸航运业的发展,可以说是一个有远见的选择。目前,海西岬的黄岛早已是青岛的开发区。随着开发区经济、商贸、工业、科技、城建的迅猛发展,黄岛已高度城市化,国务院已批准其成为青岛西海岸新区。它与老市区通过海底隧道、跨海大桥和轮渡已紧密连成一体。胶澳之地的东部区一直是青岛的主体部分,它曾是殖民时期都市化的主体,殖民者权力的核心所在地,人口聚集、经济繁荣,商贸航运、金融、物流的集中地。随着青岛市东部新区的发展,老市区商贸的繁荣程度明显衰退,但依然是旅游的黄金地段。

  从我国国家层面,法律条文明确界定的青岛疆域界限范围,首见于1922年北京北洋军阀政府颁布的《胶澳商埠章程》第二条:南北长度,北起北纬三十五度五十三分三十秒,至北纬三十六度十六分三十秒。东西宽度起自东经一百二十八度八分三十秒,至东经一百二十度三十七分四十秒。该文本规定的青岛疆域界限范围仍沿袭了德国租借地时期的疆域界限。20世纪30年代前后,我国军阀混战的局面基本结束。1929年4月24日,南京国民政府接管青岛政权后,下文明令规定的青岛的疆域地界,仍以旧《胶澳商埠》规定的地界为限界,实际上是沿袭了德国租借地的地界。

20世纪30年代初,青岛市政府对辖区的界限进行了实测。测量的结果为南北自北纬三十六度十九分二十四秒起,至北纬三十五度四十四分三十三秒。东西由东经一百二十度三分四十五秒至东经一百零二度五十二分十秒。实测结果经度长出二分十五秒,纬度宽出二十六分六秒。实测结果和法定界限有明显的差距。对此有一种说法,认为几十年来是沙涨潮落泥沙运移堆积造成的。我觉得这种说法有些牵强,几十年海面不会有这么大的变化,可能与早先划界测定时存在误差有关。根据30年代初测定的有效数字看,这次测定在米级,还是比较准确的。根据这次实测结果计算出来的青岛东部地区的陆地面积为461.476平方公里,西部地区的陆地面积为46.574平方公里。东部区的陆地面积约是西部区面积的10倍。青岛市区的陆地面积为551.353平方公里,所辖海域面积为576.500平方公里,陆海域的总面积为1128.253平方公里。域内所辖25个岛屿的总面积为43.703平方公里。其中,最大岛屿阴岛的陆地面积为28.79平方公里,其次是水灵岛,陆地面积为7.55平方公里。其他22个岛屿的陆地面积都不足1平方公里,最小的岛屿面积仅为0.006平方公里。

青岛市原称胶澳之地,从德国租借时期到青岛解放前,虽历经半个多世纪,但其都市化的范围没有超出德国殖民者租借地的范围太多。城市化的范围基本在德国殖民者于1890年6月14日颁布的《德属之境分内外两界章程》的内界范围内,位于大致从南向北由湛山、仲家窑、小村庄、海泊桥连接的弧线范围之内,属于重点管辖守卫的都市范围。在这条弧线上,均匀地分布着4座炮台。

海泊河口边的五号炮台，台东六路小学和仲家洼各有一座炮台，湛山太平角有德军的炮台群，显示它保卫控制的重点范围。在这条弧线内还有宽阔的城乡接合部，位于这条弧线内的东镇还有稀稀拉拉的农户和成片零散的耕地。然而，位于弧线以外的四方、沧口地区，德国特别是日伪侵占青岛时期建了一些纺织厂，充实了这一规划地区中的工业区。德国人租借胶澳之地的15年间，青岛市从无到有，无论是市政、商贸、交通、航运都有迅速的发展，青岛市的城市功能也已基本形成。但是，此后日本侵占、一次军阀政权、抗战胜利后国民党政权接收，历时35年，青岛城市化范围没有多大进展，没有大规模的市政建设。然而，原青岛城市化的部分，于20世纪30年代初维修扩建了前海栈桥，建成了水族馆和汇泉体育场等市政设施。自从我记事的20世纪40年代初，到青岛解放的20世纪60年代初，我所居住的东镇除了大量"难民"涌入外，没什么建设，哪怕盖栋房、修条道路都没有。东镇还是德国殖民者规划建设的劳工贫民住舍区，上下水道不完善，镇内还有农民及从事农耕的土地。

自20世纪80年代以来，青岛都市化的范围、程度和水平急速扩张。儿时小学同学的老家，"遥远的"李村、王哥庄、崂山、城阳、即墨都逐步成了青岛的一部分。宽阔的柏油马路街道相连，密集的高楼大厦从城市中心向外扩展，成片成簇的住舍小区与"远郊"连成一片。除了城市面积的扩大，建筑面貌也大为改观。我的故乡故居——东镇简陋低矮的平房，几乎已经完全被高楼大厦、高层住舍替代。我曾经读过书的顺兴路小学，原来仅有一排平房教室，现今已改建成多层楼房建筑。我小学、中学有的同学老家在李村，儿时总觉得他们的老家很远，现在从我家附近的公交车站，乘303

路公交车,不堵车个把小时就到了。一路上都是宽阔的柏油路,高楼大厦相连,哪里有城市乡村之分。李村已经成为繁荣的"李城",下车站有一个大型超市,其规模和繁荣程度不亚于"街里"内的任何超市。随着青岛市政府从市核心地段的原德国总督府石头楼,于1992年搬迁到东部浮山所地区,在这块原本土地瘠薄的海岸边地带,开启了东部地区的大发展。不过二三十年的工夫,这里就成了一座现代化的高端城区。高档写字楼、五星级大饭店、大型现代化超市、大公司的高层写字楼大厦铺天盖地,颇有纽约街区和一些高度发达的西方都市金融商贸中心的建筑模式,它的繁荣程度和建筑气魄远远超出了以中山路为核心、以前老百姓称为"街里"的地方。

随着青岛市的发展,城市的范围也在扩大,现今市区为5区3市,总面积达到10654平方公里,也有一个计算为10983平方公里,而城市化的面积为1102平方公里。由于计算上的内容不同和辖管地区的扩大,青岛的面积数据有很大的差异。由于青岛管辖范围也在不断扩大,对城市化部分的面积计算范围有所不同,计算出的面积数据变化较大。青岛现在所辖3个市区,市政建筑、行政设施以及地下水、上水管网一体化的部分都属于城市化的部分。按这些原则,城市化面积为1102平方公里比较妥当。从殖民时期到20世纪30年代初,实际的城市面积为551.754平方公里,青岛现在市区城市化的面积比雏形期法定面积扩大了两倍多。然而,至解放初期,青岛的城市化面积不过100余平方公里。从这个角度看,从解放初期至目前,青岛城市化的面积扩大了10倍左右。青岛城市化地区的面积和所辖地区的面积一直在变动之中,以上有关面积的统治计算只是对青岛疆域界限变动的一般感性认识。

最近几年,我来青岛转了不少地方,去东部和西部多次,对青岛市现代化的发展颇感自豪、骄傲,也相当惊愕。因为我感到青岛人在这么短的时间里,修建了胶州湾跨海大桥、贯通胶州湾两岸的地下隧道,开凿了多条很长的地下铁路,用二三十年的功夫建起了东部、西部两个现代化城区。我是个老青岛人,对青岛城市的繁荣发展,感到欢欣鼓舞。感谢青岛人民!感谢共产党的领导!感谢为青岛建设做出贡献的人们!我这几年逛青岛就产生了这些想法,同时回忆起了儿时的一些场景:东镇这个贫民劳工的居住区,没有一栋高层楼房,街道上很少能见到几辆车,客运汽车车厢后面还背着一个烧炭的炉子,"苦力"拼尽力气拉着大板车。现在,这里发生了翻天覆地的变化,要为青岛的发展进步高唱赞歌。

都市化的奠基礼

根据清朝政府和德国签订的《胶澳租借条约》,青岛的租借期为99年。实际上,即使到了99年的租期,德国也不可能将青岛交还我国,因为德国攫取青岛的目的是要把青岛当成进军亚洲的立足点,打算长期无止境地租借下去。香港就是个例子,在我们强大势力的压力下,香港即使到了租借期,英国政府依然不想将其归还给我国。在我国政府对香港回归绝不让步的状况下,经过艰巨的谈判斗争,英国政府不得不将香港交还我国。

德国人租借青岛后,他们心里明白,要想在青岛立住脚跟,必须稳定社会,安抚民心。因此,德国殖民者自1898年在青岛登陆以来,就立志把当时仅有2万余人口的青岛打造成海外殖民地的样板。他们采纳了德国议会和海军部把青岛作为商埠和海军基地一起发展的建议。根据德国政府这样的思考,他们派来的建筑规划师首先对青岛的发展建设进行了精心的战略规划。将青岛辖境范围划为五大区域,"其宜于商业者,则辟为商业区;宜于工业者则辟为工业区;宜于建筑住舍者,则辟为住舍区;宜于潜居颐养者,则辟为颐养区"。将汇泉一角划出全区之外,作为特别警备区。德国殖民者在租占青岛的15年间,所有建设项目,都是按照此分区计划的思想逐步进行的。这一分区规划建设的思路为青岛城市建设发展奠定了良好的基础,并且影响深远。我国接收青岛后,也基本上是按这一规划思路进行建设的。这种先进的城市规划建设思想具有相当的启发意义和应用价值。

德国租借青岛以后,大批欧洲殖民者、商人和我国新兴的民族资本家来到青岛,他们需要良好的居住和生活条件。在德国人权利核心地带——市区南部的前海地区,建造了大批田园别墅,并根据地形地貌特点,设计了沿等高线螺旋上升的马路和横切串起的道路,用花岗岩石砌成垫起的台阶路,将盘山马路连接起来。据1934年出版的《青岛指南》的描述:"这里的马路多用沥青筑成,两旁人行道中,每隔丈余,则植洋槐一棵。每当春夏之交,绿树葱荫,畅人心意……谓之田园城市。""青岛空气之清新,风光之佳丽,实可冠绝全国。"如今,人们说青岛是我国最欧化的城市。德国殖民时期开启的城市规划建筑为此打下了良好的基础。此后,青岛市区建起了成千上万套田园别墅性质的住舍。德国殖民时期开建的上下水工程,特别是地下排水工程,青岛许多老人至今仍交口称赞。我见到的前海太平路岸边的下水道出口大得可以通行卡车。青岛的老市区从未发生过积水和水淹的事故,说明当时建设的下水道功不可没。当然它的规模不能和如今青岛巨大的城市下水管网相比。

德国人把青岛当作军港也好,商港也罢,都需要便捷的海陆交通。1904年,德国人修造了台东镇至柳树台的公路。虽然全长仅30.3公里,但却是中国最早修建的长途汽车公路,故有"中国第一公路"之称。此后形成了以城阳为陆路交通枢纽连接市区交通网络的交通中心和以海西岬与团岛岬之间为咽喉的海上交通网。

中国最早的长途汽车站营业厅(始建于1904年)

现在的青岛中山路是德国殖民者于1897年始建的,原称斐迭里街。它南起前海栈桥岸边,北至大窑沟,全长仅1500米,将前海的黄海和后海的胶州湾陆路联系起来。殖民时期,它的南半段为欧洲人居住区,属于德国殖民时期的权利核心地段;北半段为华人居住区。该街两侧纵横交错的街道是青岛繁华的中心。"其繁华景象不亚于上海,一切娱乐设备,莫不应有尽有。"这里曾集中了许多老字号商店、商场、娱乐场所，曾经是青岛商贸金融繁荣的一张名片。我年幼时老人们说上街里，就是指去这个地方。

前海栈桥码头是清朝驻胶澳总兵章高元于1892年始建的军用码头，也是青岛最早的港湾码头。德国租借青岛后，为了增加运力，于1901年将栈桥长度由200米延伸至350米，延长部分改为钢架木面结构，并增铺轻便铁道，以便于运输。

青岛横切的盘山道路

直到1905年，商贸海运中心转移至新建成的胶州湾内大小港一带后，才将栈桥码头改为引水船港。前海栈桥是经过几代人的数次大修改造才变成了今天这个样子，成为青岛的一张风光名片。为适应商贸海运大型船舶发展的需要，从1898年冬开始，德国殖民者动工修筑大港环形防波堤。为加快建设速度，1900年，该工程交给德国汉堡的一家机械工程公司来施工。1902年1月，总长达4550米的大港环形防波堤建成。该防波堤的建成，为青岛大规模的海港建设奠定了良好的基础。在这一基础上，青岛大港陆续建成了13个可停泊万吨级的深水码头，使青岛的商贸货运能力有了大幅度的提高。

为了控制山东的资源和商贸，德国殖民者不惜血本，在山东省投资修筑胶济铁路。1909年6月，德国14家大银行集资5400万马克，选择中国历书上的黄道吉日，于当年9月9日开工修筑胶济铁路。德国政府对胶济铁路的修筑非常重视，德皇威廉二世特派亨利亲王，亲临青岛主持胶济铁路开工典礼。胶济铁路工程修筑进展迅速，仅仅5年时间，干线全长395.2公里、支线全长45.7公里的胶济铁路就全线铺通竣工，耗资5290万马克。青岛市区的两个车站，起点站和大港站都是哥特式建筑，都很漂亮。

青岛作为德国远东海军基地和海运商贸中心，舰船的维修是不可缺少的。1898年10月，德国造船技师奥斯塔在青岛湾畔创建了一个修船所，次年为满足德国远东舰队的需要，德国胶澳总督府将该修船所收归总督管辖，并改称青岛船坞工艺厂，也称总督府工厂，用于维修德国远东舰队舰船和建造舰艇。这为青岛造修船业的发展奠定了良好的基础。

随着商贸海运业的发展，加强海关事务管理势在必行。于是，中德两国于1899年签订了《青岛设关征税办法》，并于同年7月1日设立了胶海关，由德国人任税务司长，统管进出口税务。此前的1898年9月，德国政府已经宣布青岛为自由港，实行自由贸易政策，无疑对青岛的经贸发展起到了推动作用。

工商经贸的发展离不开金融机构银行业，1898年5月，德国人在青岛创办了德华银行青岛分行。这是青岛现代意义上的第一家银行，开启了青岛现代银行建立的先河。对于城乡、商贸、行政机构人员来说，通讯联系必不可少。1899年，德国人将租借之初创办的、仅由两名德国人管理的邮政代办处，迁入安徽路和广西路东南角上新建成的邮政办公楼后，将邮政代办处改称胶澳德意志帝国邮局。100年来，该楼一直是邮政、电报业务楼。2014年，青岛联通公司出资维修恢复原来面貌。该楼外观设计异常靓丽，在德国都很少见到如此漂亮的哥特式建筑，是青岛西式建筑的"古迹"、山东省最漂亮的哥特式建筑，也是青岛开创现代意义上的邮政事业的奠基场所。

德意志帝国邮局在迁入这座新办公楼的同年加入了世界邮政联盟，取得了独立发行邮票的权利，于1901年首次发行胶澳普通邮票，图案印有德皇游艇。该邮票不仅在青岛使用，还在胶济铁路沿线各地，如潍坊、胶州、济南等地邮局和代办所使用。

电力对于工商贸易、军事和行政管理以及居家生活都十分重要，是现代工业发展和生活的基础。1898年，在现在天津路和河南路交口附近，德国人建立起第一座电灯房，内装50马力移动石油气罐发电机两部，发电容量仅75千瓦，专供德国军队及行政办公用。别小看了这座不起眼的发电所，它是山东省历史上最早的发电所，为青岛的电力事业开启了发展之路。

青岛最早的工业是德国人于1901年在柏林注册创办的德华蚕丝公司，厂址设在青岛近郊的沧口。1903年，英、德等国的5家公司联合在香港注册成立了英德啤酒有限公司，厂址设在登州路，

胶澳德意志帝国邮局旧址

为现青岛啤酒厂本部原址。如今,它已扩大成多处大型生产基地。初建时,这座啤酒厂名叫盎格鲁—日耳曼啤酒厂,1904年10月投产后由德国人经营,生产淡色啤酒和黑色啤酒,年产2000吨,行销上海、天津、北平(京)、香港等地。1906年,在德国慕尼黑国际啤酒博览会上,青岛牌啤酒获得金奖。它是如今闻名国内外的青岛啤酒的诞生发祥地。

德国胶澳总督于1903年投资兴建的屠宰场于1906年建成,场址在观城路。它是青岛也是我国第一座现代化的屠宰企业,实行卫生检疫检验等工序。日伪时期改为打蛋厂,新中国成立后曾改为罐头厂,现今的厂房仍保留在原址,可能是作为"古董"保存着。

德国人租借或者说强占青岛,当然不是为了建设和发展青岛,而是把青岛定位为进军亚洲的桥头堡、海军基地和商贸航运中心。建设住舍、商贸、工业、交通、城市行政等设施是有必要的。

德国租借青岛后,首先要考虑的是如何保卫这块殖民地,防止其他列强殖民国家争夺。1840年鸦片战争以后,资本主义列强英、法、日、美、俄、德、葡萄牙、西班牙等国都对中国这块"唐僧肉"虎视眈眈。为争夺在中国的势力范围,他们曾发生过相互殴斗的战争。为了保卫住进军亚洲的桥头堡,德军不遗余力地修筑了一些"坚如磐石"的庞大防御工程。

德国租借青岛后,最早也是最大构筑的防御工程是位于汇泉岬太平山半山腰的炮台工程。该工程分上下两层,两排5门巨炮,炮台下方建有德军兵营,兵营和炮台相互连接,在地下隧道口建有屯兵室数十间。这里是驻青德军最大的军事要塞,德军将这里划为特别警备区。如果说在汇泉岬修筑的这个炮台工程是德军守卫青岛的第一道门户,那么在青岛山顶部修筑的炮台工程就是守卫青岛的第二道门户。青岛山山高坡陡,居高临下,可以控制和威慑进出胶州湾前海的水道。青岛山炮台工程由南北两组炮台和地下防御指挥部构成,于德国租借青岛的第二年,即1899年建成。此外,德军还在太平山、团岛、海泊桥和仲家洼等地修筑了陆上防御工程。我儿时就曾见过东镇的3座炮台,一座位于仲家洼,现已半埋于云溪小区的一院落内的路边。说来也巧,我的五妹就住在这个院内,我去她家时发现路上的这座炮台掩体,可能是因为它太坚固了,开发商不愿花大钱把它铲除掉。我小时候常在这座炮台周边挖野菜,因此即使它半埋于地下,我也能把它认出来。另一座炮台位于台东六路小学教室楼东南角,还有一座炮台位于海泊桥和内蒙古路交会处。这3座炮台连成一条弧线,恰好在德国殖民当局公布的殖民地管辖的内外界线上。这3座我当时看到的炮台都是炮台掩体,它们的大小和样式完全一致,像大椭圆馒头,侧面有一个小门。我小时候常到台东六路小学玩,总爱看看这座神秘的炮台,从炮台小门向里瞅瞅,但不敢向里跨一步,当时都在传说里面有地下通道与其他炮台相通。在第一次世界大战日本重兵侵占青岛时,这些炮台工程在德军保卫青岛的战争中起到了有效的防御作用。

在老一辈人眼里,德国殖民者比日本人好得多,对德国货印象也好。我父亲有辆德国造自行车,他总爱夸这辆倒轮自行车好骑,适合青岛上下坡大的道路。他骑了几十年,我骑了三四年,确实好骑又不爱出毛病。他还有一把德国制多用途小刀,不知用了几十年,可能上百年了吧,现在还在我一妹妹手里,刀面都削成深凹形的了,但还挺锋利。他们老人一提到日本货就摇头,我儿时也对日本货印象不好。日本人在市政建设方面也无所作为,没有搞过像样子的建筑。我父母住过的广西路邮局宿舍楼是一栋日本时期的建筑物,与周围德国时期的建筑物相比,它的外观就不好看,屋顶漏水,维修部门还修不了,楼顶层是木板地面,楼的阳台都向下塌了,维修部门加了一块很大很厚的木梁,防止塌落,房间里尽是木隔断。德国人建造的房子都靓丽精美,而且坚固耐用。当然,日本货现在也变好了,以前日本缺少资源时做什么东西都很省料或使用代用品。

德国人在青岛殖民经营了15年,将欧洲工业革命和文艺复兴后的城市科学建设理念带到了青岛;因地制宜地将青岛分区规划建设,从事的城市建设以及航运、陆路交通、电力、邮政、通信等行政设施建设都是开创性质的;促进了青岛的迅速崛起,为青岛的城市发展奠定了良好的基础。当然,这不能与青岛如今的发展进步相提并论。

据1914年日军强行侵占青岛时的人口调查统计,青岛市的人口已达16.2万人,城市功能已臻完整,人口也具城市规模。德国人在青岛经营的15年,贸易发展迅速。在德国租借青岛之初的1900年,青岛的航运贸易仅为80万海关两,至1913年,即日本强行侵占青岛的前一年,青岛的航运贸易已达6004万海关两。13年间,青岛的海洋贸易额增加了近75倍,足以显示德国人租借期青岛发展之神速。

在19世纪末帝国主义列强图谋瓜分中国的时期,青岛被德国强行租借是我国的不幸,但这也是青岛的发展机遇,为早期发展奠定了良好的基础。很难想象如果日本人先于德国租借或侵占,青岛会是个什么样子。从这方面来说,青岛是幸运的。日本曾两次侵占青岛,事实证明了当时的日本考虑的是赤裸裸的掠夺,不可能去建设殖民地。

尽管青岛有着良好的发展条件、巨大的发展潜力,但万事开头难,德国殖民者在青岛城市发展中起了引爆和催化剂的作用。

德国殖民者在青岛规划设计了市政建设,创办了现代意义的工厂设备,修建海堤大坝,开发港口,构筑陆路交通,建设田园别墅式的街区住舍等,为青岛早期城市发展做了许多铺垫工作。

20世纪二三十年代青岛就有"东方瑞士"之美誉,现在已成为久负盛名的海滨旅游城市,每年吸引数百万游客前来欣赏美景。青岛美在哪里?那就是自然风景与城市建筑,两者相融合形成的人文生态景观美。青岛现在集中连片的城市化地区比德国殖民地时期大了10倍以上。我们现在说青岛是我国最西式欧化的城市,实际上是指德国殖民时期五大城市规划建设中的地区和颐养区,主要是德国人权力的核心地区和欧洲白人居住区,现在青岛的标志性风景点和建筑物大多都集中在这个地区。很巧,2015年我在青岛住的时候,看到《青岛半岛报》上的一条消息,称青岛已把这些地方列入历史颐养文化街区、"保持青岛老味道"的行列中。

天赐绮丽风光与建筑艺术之美

我国乃至世界上的许多城市风景都与其独有的自然条件,地理、地质、地貌环境,以及历史文化底蕴有关。桂林山水甲天下,桂林地区的石灰岩喀斯特地质地貌环境和湿润多雨的气候条件,造就了它山清水秀甲天下的自然景观。苏州和杭州都具有湖光、山林、洞穴、溪泉等自然景观特色。古刹庙宇、典雅的园林,与南宋文化的底蕴相互交融。山色秀丽、湖光潋滟、庙宇幽静,自古以来就吸引着达官显贵、文人墨客前来修身养性,赋诗作画,苏杭天堂之美誉就油然而生了。

现今人们提及青岛,常会提升嗓门,用赞美的口气讲:"哟!那是个好地方,很美呀!"青岛设市不久,"东方瑞士"的美誉就应运而生了。德国殖民者在青岛打造了一番,进行过规划建设,但更重要的是青岛的自然条件优美,早就有小桃源之说,良好的自然环境,辅以人工塑造,青岛就成了"东方瑞士"。与青岛不同,瑞士是个内陆国家,多山丘湖泊、雪山林木。我去过瑞士,那里确实风光优美,阿尔卑斯山脉和穿过它的多瑙河造就了美丽的自然风光。而青岛和瑞士不同,早在1917年,隐居青岛的国学大师、文学家和政治家康有为,就精辟地用16个字概括了青岛美丽的自然风光:"碧海青天、绿树红瓦、不寒不暑、可舟可车。"青岛美就美在"碧海蓝天":花岗岩岩石的地质、崂山余脉造就的低山丘陵地貌、弯曲的岩石海岸,波涛汹涌的大海、白色的浪花,在低山丘陵地上建造了田园式的家园别墅。林木繁茂的山丘中,垂直式的街道将盘山道路连在一起。街道马路深藏山林之中,显得幽静自然。青岛三面环海,受气流的影响,总是蓝天白云,空气清新。诗人墨客在此触景生情,留下不少赞美的诗篇和记述。20世纪30年代前后,青岛就成了著名的文人汇聚地,诞生了大批优秀的文学作品,著名的有洪深的《劫后桃花》,这是中国第一本电影文学剧本。王统照、老舍、臧克家等11位名作家在《青岛民报》副刊《避暑录话》发表了67篇散文、游记、诗歌等优秀的文学作品。萧军在青岛完成了《八月的乡村》,萧红在青岛完成了《生死场》等名著。1934年出版的《青岛指南》认为青岛"空气之清新,风光之佳丽,实可冠绝全国"。这都是青岛在发展初期就获得了"东方瑞士"之美誉的原因。青岛地处风光秀美的崂山东麓余脉延伸的半岛上,拥有优良的沿岸港湾,多姿多彩的地貌,傍山依海、连绵曲折的海岸。我国明末大旅行家地理学家徐霞客曾在《名山游记》中写道:"五岳归来不看山,黄山归来不看岳,登黄山天下无山,观止矣!"黄山峻拔灵秀,奇峰秀石,美如画屏,古木参天,植被繁茂,郁郁葱葱,三奇五绝,汇天下名山之精粹。徐霞客说,看了黄山就不用再看别的山了,没有哪座山胜过黄山。是不是也可以说,青岛归来不看海。青岛街道楼宇与山林就在海岸上,孤帆点点,海鸥鸣叫,浪花翻滚,烟气浩荡,金黄的月牙沙滩柔软细腻,岸边栋栋田园别墅盘山而建,红瓦绿树郁郁葱葱,如画如梦,真可谓人间天堂。青岛从一个渔村海埠在短短的一百二十余年的工夫能成为一座现代化的城市,而且建市不久就被誉为"东方瑞士",得益于天时地利人和的有机交融。大自然赋予了它美之胚胎,有好玉才能琢雕出名贵文物珍宝。青岛人有一个共识,青岛之所以能这么美,"空气之清新,风光之佳丽,实可冠绝全国",是源于"擅天然之美,而益之以人工"的积淀。

青岛初期的城市建设,得益于德国人将欧洲工业革命和文艺复兴后的城市建设科学理念带到青岛。他们因地制宜,按青岛的

鸟瞰青岛前海老市区

自然地理条件进行了规划,并按区划规划按部就班地建设。应当说,在建设初期他们就很好地利用了自然地理特征并保护了生态环境。青岛是出能工巧匠的地方,青岛人能将建筑师们的设计变成现实,建造成精美的建筑物。据不完整统计,青岛市区至今保有德国、意大利、西班牙、丹麦、英国、荷兰、俄罗斯等 28 个国家建成的、风格迥异、外观靓丽的建筑物数千栋,其中不少堪称建筑艺术珍品。有一年,中央电视台在全国性的猜谜活动会上出了一道题:我国哪个城市被誉为建筑博览会,谜底是青岛。答案不无道理。我的一位亲戚,他的一位日本年轻友人从西安来青岛探访。在青岛逛了几天之后,他在饭局上谈及游览青岛的感受,说日本没有像青岛这么漂亮的地方。我觉得他说的话是真诚的,并无虚伪之意。我是地理学家,也可称作旅行家,因为工作关系和自费旅游,到访过国内外数百座城市。就像几十家国内外媒体人游览青岛的感言一样,青岛是旅游者的乐园。要识青岛真面目,走走看看"三路一线"就足够了!三路中的第一路是中山路北头东拐至馆陶路、上海路,再拐向市场三路,这是青岛最繁荣的老街区。青岛的"古街"中山路是青岛最早建成开发的街道,它是 20 世纪初由德国殖民者开建的,其南段曾称裹迭里街,殖民时期是欧洲人集中居住区,属于殖民者核心统治区,有德国警察兵营以及洋人面包房、咖啡馆、舞厅、电影院、照相馆等。这条街汇集了青岛的许多老字号店铺。春和楼饭庄、劈柴院、盛锡福帽店、瑞福祥绸缎店、享德利钟表店、天真照相馆等都与中山路同时期创立,是青岛百年历史的见证。中山路北端的大窑沟,是青岛开建之初挖土烧砖窑的地方,现今这里既没有窑也没有沟,是一个公交车枢纽站。在青岛港内码头新建了我国最大的邮轮客运厅。欧式风格的大港车站群楼依然耸立,在我儿时，这个站是青岛最繁忙的车站，我们都是在这里乘火车。这个车站的几栋楼很漂亮，虽然火车早已不在这里停靠，但大港老车站现今可能是作为"古建筑"有意地保存在那里。

大窑沟向东拐有条东西向的馆陶路，曾是德国租借时期的商贸、金融中心。馆陶路始建于1899年，现在是青岛的海关、后海码头和大港火车站一带，德国殖民者将此规划为洋行区，20世纪初叶，随着进出口贸易迅猛发展，这里一度成为青岛的金融中心，汇集了德国、日本、美国、英国、法国、丹麦、比利时、葡萄牙等国大公司的分支机构以及多家银行，曾成为青岛的金融中心，丹麦领使馆也在此街上。其中，仅日本商贸企业就有6家，包括正金银行、三菱洋行、大连汽船株式会社、日本商工会议所等。现保有原汁原味的优秀历史建筑25座。早在2008年12月，青岛市就按照"修旧如初、修旧如新"的思路，将馆陶路打造恢复成青岛德国风情街，恢复了历史建筑风貌。该路东端有座中国第一条公路汽车站的营业所和汽车站场。

2016年8月8日，我听说在"德国街"举行德国产品推销会，就前去观赏。实际上，这个推销会已经是第五届了。

中国最早的长途汽车站站场

第五届德国商品展销会场　　　德国街（馆陶路）原丹麦领事馆旧址

这个会上有小规模的德式盛装表演，十分热闹，引来不少观众。表演结束后，我逛了逛这条街的商摊，主要推销的是德国、法国、意大利的企业生产和在青岛生产的品牌啤酒以及葡萄酒、牛奶、巧克力之类的货品。这条街道基本保持了原有建筑风貌。这里有一处饭店，我曾与几位老同学在此聚会。我曾到访过德国名城莱比锡。德国风情街上的这个餐馆和我见到过的莱比锡老街上的餐馆，装修风格甚至连服务风格都有相似之处。这条路东口有一个长途汽车站，路北侧有一个停车场大院，路南侧有一栋非常漂亮的欧式建筑，原来是德国人建的车站售票处，现在改成了交通博物馆。这个车站建筑群体非常漂亮，且值得参观，记录着青岛客运汽车发展进步的历史，还是我国最早的客运汽车站和我国首条长途汽车公路"台柳路"的起点。距"德国街"西头不远，中山路北头有个地方叫劈柴院。劈柴院汇集了许多著名的鲁菜系饭馆，还有一些杂货店。附近的绸缎店瑞蚨祥、谦祥益、中药铺宏仁堂等店铺，都是青岛最老的商店。这里还有一些娱乐场所，曾经是青岛市的平民娱乐中心，包括老电影院、戏院、魔术团、茶社、说书场。我国著名相声演员马三立，1932年就曾在这里闯荡江湖。著名戏法演员李来福、著名琴书演员关云霞等一批省内外知名艺人都曾在此演出。不过，现在的劈柴院更像是古董，只剩下不大的部分，仅保有戏台和几个老餐馆。

  我推荐的第二条路线是通过胶州湾海底隧道参观青岛西部新区。旅游除了欣赏自然风光、人文景观,还应当受到精神陶冶。到欧洲旅游,导游带你去看的大多全是金碧辉煌的教堂和奇特的城堡,让你领略欧洲中世纪以来的建筑艺术成就。我建议的这条路线汇集了青岛近百年来宏伟的建筑工程和近一个多世纪以来的文化建设景观。这条路线中的亮点,是游览胶州湾海底隧道。我曾穿越这条海底隧道数次,每次都感到震撼。胶州湾海口两岬间的海面距离仅6公里,曾有人建议修建跨海大桥。就现在的技术和青岛的经济实力,建座跨海大桥并不是一项很难的工程,但遇到战争,敌人可能会炸大桥封死海口,让大型舰艇出不去进不来。青岛似乎悄无声息地修建了穿越海底的隧道。这条隧道长7800米,最深处在海平面以下70.5米,它从市内的团岛岬尖处穿越胶州湾海

胶济铁路大港站旧址

口海底至海峡对岸的黄岛。它将青岛老市区和西部新区黄岛紧密地连在一起。设计车速为每小时80公里，双向六车道，现有多路公交车十余分钟即可通过全程。我到青岛很喜欢乘1路隧道车到黄岛。1路公交隧道车起点站位于距我家不远的大窑沟公交枢纽，该路汽车经过老市区的胶州路、江苏路、广西路，都是山地丘坡路。这条路线的两侧基本保持着原殖民地时期的建筑风格，多为欧式庭园建筑，还有几处靓丽的欧式建筑物及诸多景点。江苏路边的观象山上有始建于1910年至1912年的观象台。1924年，中国气象学会就是在这里成立的。观象台边还有我国仅有的两个水准点之一的黄海水准点，另一个水准点位于天津大沽口。别小看它，我国建筑物的方位、高度都依它而定。江苏路南段是一条树荫葱郁的高陡坡山路，路的东边是青岛老市区的主体部分。这里有众多欧式田园别墅。这里还有所江苏路小学，它的前身是始建于1901年的德国总督府小学，专招收德国殖民者及驻青德国军人的贵族子弟，从路边可以看出它仍保持着原始校貌。公交车从江苏路南端拐向广西路，广西路最像德国有小巴黎之称的莱比锡的老街。这里还曾是德国殖民者统治的核心地段。在广西路的东端起点附近，还保留着若干原德国殖民时期的欧式风格建筑和典型田园别墅。其中，路东北不远处的原德国总督官邸，是我国目前为止最大最美的单体别墅，也是游客很喜欢的一个景点。位于江苏路中段一座山丘上的基督教堂，原称德国人礼拜堂，是典型的德国古堡式建筑、基督教建筑艺术佳作，现在是国家文物保护

新建的我国最大的邮轮码头鸟瞰图

单位。在广西路上,你还可以看到原总督府、前海栈桥、小青岛、帝国邮局、胶济铁路修建时的哥特式老火车站。沿着这条路线,汽车由团岛进入海底隧道。隧道内路面宽敞洁净,灯光柔和明亮,让人感觉十分舒适。2013年,我第一次穿过隧道时,让我回想起2000年,我曾乘出租车穿过美国纽约与新泽西州间的海口隧道——哈德逊海湾海底隧道。它和胶州湾隧道的长度差不多,可哈德逊海口隧道路面狭窄,灯光昏暗,地面潮湿,还有点儿渗水。相比之下,我们的胶州湾海底隧道档次要高得多。从这个隧道可以看出美国的城建老旧问题。穿过胶州湾海底隧道,就进入黄岛经济开发区,现经国务院批准成为青岛西海岸新区。与许多经济技术开发区不同,它是规划很好的新型城区。这里有宽敞的滨海大道,路的东边是浩瀚的黄海,路的西边有许多绿化很好的小区、高楼大厦,也有海尔花园式的新厂房。美丽洁净、空气清新的生态环境,吸引了中国石油大学、山东科技大学、青岛理工大学、青岛滨海学院、青岛黄海学院、北京电影学院现代创意媒体学院、青岛职业技术学院、青岛港湾职业技术学院等多所大学院校和分校在此落户。这里汇集了全国百分之三十以上的海洋研究机构和百分之五十以上的高端海洋研究人才。2014年至2017年,海洋生产总值由590亿元上升到了2909亿元。青岛西海岸新区是我国第九个国家级新区,但生产总值却迅速攀升至第三位,而且发展速度会越来越快。它将迅速发展成为我国海洋产业基地,成为青岛经济发展的新亮点。它正在建设10个国家级重点实验室、50个企业研发中心,培育500个高新技术企业。它将成为海洋科研、生产和生活方式融合发展的先进模范城区和海洋产业尖端产品的产区。在生产海藻酸盐一类高新医用产品的同时,海洋工程机械制造产业也在迅猛发展,如北船重工建造的新型 40 万吨超大型矿砂船、向挪威出口的我国自主建造的全球首座半潜式深海渔场、具备 3000 米级深水铺管能力的起重工程作业船、世界上目前速度最快的三体船等高端海洋工业产品。与此同时,还建成了全球最大的 40 万吨级矿石码头、我国最大的 30 万吨级原油码头、我国接卸能力最大的散装粮食码头、中国第一个液化天然气接收站和全球领先的自动化码头等工程设施。它已成为欧亚大陆桥经济带东端的起点,一带一路交汇点上最耀眼的明珠。现在,青岛西海岸新区的人口已达 200 万,已是一个中等城市的规模。到青岛旅游的人去黄岛逛一逛非常值得。青岛还有一座曾上榜福布斯、荣膺"全球最棒桥梁"荣誉的跨海大桥。它全长 36.48 公里,海上段长达 26.75 公里,起点位于青岛东部新区的海尔路,终点止于西部的黄岛开发区东岸,还有伸向胶州湾西岸红岛的支线桥。2014 年夏天,我乘自驾车穿越大桥,大桥桥面宽阔,高悬大海上。进入大桥区,桥面向前朦胧延伸,一眼望去看不到尽头,离陆地渐行渐远,感觉投入了大海的怀抱,尽享天海一体的辽阔,它和乘船海上航行的感受不一样。到青岛旅游的人,最好能亲临其境,感受一下吉尼斯榜上有名的宏伟工程——胶州湾跨海大桥。参观这两个宏伟壮观的工程,你就会感受到青岛人的气魄和创新魅力。当然,后来建成的港珠澳大桥从长度和难度来说都是世界第一。

我建议的另一旅游线路,是青岛最具观光魅力的传统路线。它汇集了青岛设市建制以来大部分的新老景点,也最能体现青岛历史文化景观的特色。如果游客乘火车来青岛,到青岛站下了火车,出站以后可以瞄上一眼青岛站。这座漂亮的哥特式建筑仍保存原有面貌,作为新站的一部分保留在那里。我推荐的这条旅游

曾为殖民地权力核心之一的德国人礼拜堂

线路,西起前海栈桥,沿着南海岸向东延伸至奥帆基地、石老人,一直到崂山。它是青岛市绝佳的传统的旅游路线。沿途的景观特色可以概括为城在山中、海在城边、红瓦绿树、碧海蓝天。这条线路与大海没有间隔,清风习习,夹杂着大海特有的气息,迎面扑来,令人心旷神怡。放眼望去,尽是欧式洋房、田园别墅。名刹古寺、典雅庄重的中式古典楼阁点缀其间。

这一旅游路线的起点前海栈桥始建于光绪十八年,即1892年清朝胶澳总兵章高元修筑的军用码头。历经德国殖民地时期大规模的改扩建、20世纪30年代和新中国成立后多次大修改造才成了现在这个样子。它全长440米长桥的南端终点上建有一座两层高的八角亭阁,叫作回澜阁,外观酷似天坛的祈年殿。栈桥宛如一条巨龙横卧于碧海银波之中,是青岛十大美景之一。栈桥北头岸边为栈桥公园,栈桥南端与小青岛隔海相望。栈桥和小青岛的匹配是青岛的一大标志景点。

位于栈桥东南方的小青岛,面积仅有0.024平方公里,小巧玲珑,浑然天成。因岛形酷似一把古琴,故又名琴岛,岛上矗立着一座洁白的锥形灯塔,塔身高15.5米,由白色大理石砌成,灯塔高32米,从对岸太平路上望去,葱翠欲滴的琴岛中央,捧出一座挺拔的白色灯塔,宛如芙蓉出水。当夜幕降临,洁白的灯塔顶部,红色灯光闪烁不停,形成一道靓丽的风景线。小青岛上的这座灯塔,始建于 1900 年的殖民时期。百年来,在夜晚的黑暗之中,灯塔闪烁不停,扮演着一个忠实可靠的指路神,为进出青岛港湾的船只指引着航行的方向。小青岛与岛上漂亮的灯塔也是青岛最美的十大景点之一。从栈桥北端的小公园,向东行至太平路,尽管这条线路的长度仅为 2 公里,却是一条富有历史意义的线路。这就是德国侵占青岛后于 1893 年在沙滩礁石上用大块长条花岗岩石砌起来的海岸大道。它的路边就是海岸,站在路的南边的护栏前,远眺栈桥的回澜阁和小青岛心情格外舒畅。再向远望,青岛市海域的第一大岛,宛如屏风似的薛家岛,清晰地展现在你的眼前。薛家岛是进出胶州湾的必经水道,有幸你还能看见巨轮从岛前经过。太平路体

建于1910年的青岛火车站

现了青岛一个世纪的沉浮，它的东段北边曾是青岛设市时清朝胶澳总兵衙门的兵营，从太平路可以仰视对面的原德国总督府。太平路中段路北边的"天后宫"，始建于明成化五年，距今已有540多年的历史，是一座非常典型的中式庙宇古建筑群。它有座古色古香、琉璃瓦盖顶的戏楼，其他建筑物为清水墙、小灰瓦，雕梁画栋，金碧辉煌。正殿供奉着海神天后妈神，说明在500年前，这一带已是渔村海埠聚集地。天后宫是渔民出海前祭奠平安的神殿。这一地段可称为风水宝地，清朝政府设市建制的衙门建在这里。太平路向北不出两公里左右曾是德国殖民者选中的宝地，其施政、统治领导管理机构、居住中心都建在太平路中段北岸东西不出一二公里的地段。太平路的中段有条青岛最短的青岛路，仅有一个门牌，因它与沂水路高低悬殊，宽宽的马路北端只好修成陡的石阶路，中间还有一个小小的街心公园，正对着原德国总督府。1906年建于观海山南坡上的这座总督府俗称石头楼，是一座全部由花岗岩大块石条砌的建筑物，建筑风格奇特，高达30米。因位于山麓高坡之上，天然造就了其肃穆、威严、壮观的气势。这座建筑物的一大特征是全部由精美的灰白色花岗石料构筑。它凝聚了历史与艺术之美，值得游人慢步欣赏它的奇特美妙之处。从太平路向北两公里，到总督府前的湖北路，两条路宽左右的地段和总督府周边当年是德国殖民地的权力核心之所在。总督府西南马路对面是帝国法院。总督府东南处附近有一座欧洲人监狱，建筑风格很特别，像座古堡又似别墅。总督府西南向的马路边有座帝国图书馆。在它的西南方位，广西路、安徽路、莒县路把口上的一座建筑物是1901年建成的德意志帝国邮局旧址。这座邮局加阁楼共4层高，街区转角处各耸立着一个尖塔楼，还有弧形老虎窗。整栋建筑线条流畅，精致华美,是一座典型的哥特式建筑。它被誉为山东省最优美的建筑物。这座邮局距前海栈桥头仅两三百米,游客不妨顺便来看一看。现如今的邮政博物馆,里面还有 20 余国 80 余种老旧电话机可供参观。

总督府门前路向东两公里有座总督官邸,是一栋建筑面积 4000 余平方米的超大型、超豪华别墅。它的建筑风格十分气派,有两种花色的墙,还有精美的石雕。据说它的精美豪华程度不亚于德国波兹南皇宫,凝聚了青岛和德国建筑艺术的精华。虽经历了 100 余年,它仍然是我国最精美、最豪华、最宜居、最大的单体别墅。2012 年暑季,我与老妻攀登上信号山脊的观景塔,居高临下眺望,青岛老市区尽收眼底。我们从信号山观景塔楼南坡下山,参观了这座花草树木环绕的别墅,现称作迎宾馆。它确实内外建筑装饰十分精美豪华,内部设施高贵幽雅,让我感慨万分。据说因建筑过于豪华,曾受到德皇威廉的批评。总督府向东北不过 1 公里处有座教堂,为原德国人礼拜堂,始建于 1910 年 10 月,由礼拜堂和钟楼两部分组成,建在一个小山坡上,是典型的欧洲罗马样式建筑。这里的牧师兼总督顾问昆祚是殖民时期的权力核心人物之一。

德国原总督府旧址

站在栈桥上向北望,透过太平路上空,仍然可以看到双塔天主教堂的空中部分。它是 1934 年由德国建筑设计师毕娄哈依据哥特和罗马式建筑风格设计建造的天主教堂。它的塔身高 56 米,红瓦覆盖的锥形塔尖上各竖立着一个 4.5 米高的巨大十字架,塔身由钢筋混凝土与花岗石底座筑成。这座教堂高耸秀气而又古朴典雅，是哥特式教堂建筑中的精品，是我国唯一的祝圣教堂。这座建在高坡上的教堂挺拔秀丽，以前曾是青岛的地标建筑物。虽然现在被远近的高楼大厦遮蔽得不那么显眼了，但仍是我国独一无二的哥特式祝圣教堂。

从始于栈桥的太平路到莱阳路，再到东海路，这里是青岛沿海岸建筑艺术亮丽的风景线，是青岛最欧化的田园别墅建筑地段，是自然风光和人文建筑艺术交融汇集的生态景观秀美地区。

殖民时期总督官邸鸟瞰图

太平路东段有座建筑面积仅672平方米的礼堂，这座礼堂建于1935年，在青岛老年人中是一座无人不知的建筑，因为在当时能建这么一座建筑，需要"巨额"的投入，由多家银行投资才得以建成。现在，这座礼堂已成为青岛文化艺术中心和音乐厅。沿着海岸等高线东南走向的莱阳路北丘坡面的小鱼山地区是殖民地时期修建的花园别墅区。青岛的这个地段依山傍水，不暑不寒，空气清新,环境幽雅,曾有不少名人在此居住。这里的福山路和鱼山路堪称名人故居之路。康有为就曾在这里住过多年,并于1927年在这里病逝。他描写青岛的诗文就是在这里写的。老舍的名著《骆驼祥子》也是他在这里任山东大学教授时写成的。在莱阳路拐角之地的海岸边,有座规模宏大的海军博物馆,里面陈列着真枪真炮,包括新中国成立后我国购买的苏联主力战舰、退役的潜艇以及飞机等实物。海军博物馆里陈列的舰船都可以上船参观。来这里参观,你还可以了解到我国的海军成长史。

走出海军博物馆,沿街向东百十多米就来到了鲁迅公园。它的独特之处在于除公园牌楼前那块郁郁葱葱布满马尾松的茂林地块外,它沿着海边岩礁向东伸展,是我见过的名副其实的海上公园。沿着海边的石板路,可悠闲漫步,直达青岛水族馆。一路上,浪花拍岸,草木茂盛,令人感到神清气爽。

在鲁迅公园东面路边海岸礁石上的两座外观古朴的建筑,是

青岛水族馆

1932年建成的青岛水族馆。这是中国人设计建成的第一座水族馆。知名的国学大师、曾任北京大学校长的蔡元培称之为"吾国第一"水族馆。红色花岗石砌成的外墙与粉色礁石形成反差，建筑色调与周围环境极为融洽，与莱阳路北面高台阶丘坡上的欧式花园别墅相映成趣。另一座和水族馆距离不远、外观相近的建筑是1937年基本建成的海产博物馆。1954年，中央文化部建议：一座称水族馆，以展示海洋活体为主；另一座称海产博物馆，对展览内容进行了大调整，以展示海洋标本为主。1954年，敬爱的周恩来总理来青岛参观考察了水族馆，他指出："青岛水族馆好是好，就是太小了。"根据周总理的建议，青岛水族馆现在已扩建为4个部分：梦幻水母宫（原水族馆内）、海洋生物馆、海兽馆、淡水生物馆。新开辟了海底世界。展出的海洋品种和数量相当丰富，有许多稀有活体品种。这几个新建展馆都是通过地下、水下通道相连，没有破坏地面原有的景观风貌，令人赞叹，现在已经成为到访青岛游客的主要参观景点。我曾参观过国内外许多水族馆和海洋大世界之类的景点，在我看来，青岛水族馆的活体海洋生物和标本比较丰富，参观起来让人赏心悦目。2016年夏天，我同家人参观了这个海洋展览系统。我特别欣赏梦幻水母宫，透过水族箱洁净的海水，可以清晰地看到水母的心脏跳动，还可以和水母嬉戏。我觉得到青岛的游客，一定不要放过参观水族馆的机会。

由水族馆向东走，不一会就来到了青岛第一海水浴场，它是我国少有的天然优良海水浴场，半月形的海湾绵延数公里，每年夏天都有数百万青岛人和外地游客来这里游泳戏水，有时候，一天就能达到30万人。我在中学时期，每年夏天都泡在这里，身上晒得黝黑。沿着海岸边的南海路向东南走，就到了被誉为"万国建筑博

青岛第一海水浴场

览会"的八大关。青岛人几乎无人不知、无人不晓的八大关,位于汇泉岬半岛上,面积仅约 70 公顷。这里有依我国 8 个主要关隘命名的街道,俗称"八大关"。这里的地势起伏跌宕,沿途有 300 余栋风格迥异的西洋式别墅以及与其相匹配的精美庭院。这里的道路都栽有林木灌丛,郁郁葱葱,每条道路的树种类不同,如韶关路全植碧桃,正阳关路全植紫薇,居庸关路种的是五角枫,紫荆关路种的是雪松。这里有座靠近海边、建在岩礁滩涂上的"花石楼"。它是由一位德国工程师设计建造的,以供德国总督钓鱼休息,故又称"歇脚楼"。据说蒋介石曾秘密居住在此处,现在成了一个景点,供游人参观,里面房间架构的设计确实适住好看,里面还有一些照片介绍曾下榻过的名人。继德国建筑师开建以后,俄、英、法、丹麦、希腊、西班牙、瑞士、日本等 20 余国的能工巧匠,在这里建造了带有其民族风格的花园式的别墅,每栋都很漂亮,建筑风格各有特色。1932 年,针对八大关地区的建筑发展和保

青岛天主教堂老街道旧址

八大关的花石楼远景

护,中国政府颁布了《整理市街计划案》,将八大关划为特别规划地,只建别墅并对别墅建筑密度、高度、层数、围墙做出规定,不允许有外观类似的建筑式样。现今八大关以其独特的建筑艺术特色在我国闻名遐迩。1994年1月4日,国务院公布青岛为历史建筑文化名城,八大关地区的建筑是重要因素之一。2001年6月25日,八大关被划为全国重点文物保护单位。在2005年《国家地理》主办、我国34家媒体协办的中国最美城区活动中,八大关榜上有名。现今的八大关地区不仅保持着原汁原味的建筑艺术环境特征,其西南的太平角半岛上落成的八大关公园,宜于游者休闲漫步。

八大关东面的海岸沙滩比较宽阔,曾有一个造船厂。改革开放以来,这里进行了大规模的填海造地,形成了青岛的东部区。

青岛东部新区海滩

五四广场上的那座鲜红火炬艺雕之处,当年是一片海水。现今这里到处是高楼大厦和绿树成荫的人行道。宽阔的柏油路四通八达。这里集中了许多大公司的办公写字楼、大型国际超市、高级大饭店。这一地块已经成了青岛市金融、商业、文化、政治中心,颇似多伦多、悉尼、纽约的核心区。

五四广场向东是坐落于浮山海湾的帆船基地,规模宏大,专为北京奥运会帆船比赛修建的,堪称"中国奥帆之都"。这一个浩大的海洋系统工程,包括一座伸向大海的堤坝码头,码头堤坝两边停满了各种样式的帆船,供游人租用出海游玩。这里也是帆船人员培训中心。这里还有超大型购物中心和超大型地下停车场。2015年夏天我来此一游,体验到我国帆船事业兴旺繁荣的景象。

青岛奥帆基地帆船胜景　　　　　青岛奥帆基地一角

湛山寺是我推荐的第三条游览路线的最后一个景点。湛山寺可能是我国最年轻的传统寺庙,始建于20世纪30年代初,1931年国民政府交通部部长叶恭卓(新中国成立后曾任全国政协委员)、时任中东铁路稽查局局长的陈飞青和佛学家周叔迦等倡议,当时市长胡若愚、沈鸿烈支持,青岛市佛学会会长王湘汀赞助,哈尔滨极乐寺住持倓虚法师来青主持兴建这座寺庙。1934年动工,1945年全部完工,历时10年。寺庙的建筑规模不算大,

湛山寺正门

占地23亩,但它具有我国历代寺庙的特色,有大雄宝殿、天王殿、三圣殿、藏经楼,以及山门、石狮子、药师塔、方丈寮、讲经堂等。有佛像22尊,藏经楼有古经6000册,山门外的一对石狮据说是明朝年间的。湛山寺坐落于太平山南麓、汇泉岬东北的山林中,自然环境优美。

2014年秋我曾与家人前去瞻访过。我非常欣赏寺内林木成荫、清静优美的景色。它也是青岛十大风景名胜之一。如果你能把这3条路线都走一遍,就认识青岛真面貌了。

崂　山

崂山被誉为中国海岸第一名山,给绮丽的青岛锦上添花。到了青岛不去崂山,相当于到了北京不去长城,会带着遗憾而返。

崂山由巨峰、流清、太清、棋盘石、仰口、北九水、华楼等风景游览区组成。崂山最高峰——崂顶高1133米,是中国海岸线上的第一高峰,耸立在黄海之滨,高大雄伟,当地有"泰山高高,不如东海之崂"的说法。

据记载:"秦始皇东登崂山,以望蓬岛,皇辇所至,辄征民人,修治道路,民为劳役苦,故曰崂山。"另有民间传说"崂山高峻,往游者每感跋涉之劳",加山之意故有崂山之称。以上两种说法,核心是个劳字。古书对崂山记述:"山中岩石突兀,姿势庄严,峰上有峰,谷中有谷,更以地临东海、天气变幻、山色岚光,为内地名山所不及,益以道观数十点缀其间,故览胜探幽者,恒踵地之相接焉。"崂山有十二美景。"巨峰旭照":最为绮丽壮观,是崂山美景之冠。"龙潭喷雨":崂山南麓八水河跌落深潭,水如玉龙,吐雾喷雨,景色壮观。"明霞散绮":在太清宫之北,竹树葱郁,绿荫掩映中的明霞洞,背后石峰耸立,山壑深邃,朝晖夕阳,霞光变幻无穷。"太清水月":当万籁俱寂之时,光洁的月亮被一团金辉托出海面,溶溶月色倾洒海面,浮光激滟,玉壶水镜,景色幽崎绝伦。"海峤仙墩":地处崂山南部的"八仙墩",是由海蚀岩洞组成的奇特自然风貌,由于海水冲击,崖岸断落如厦,崖下海中有10块两米高的石墩,传说八仙过海时曾在此小憩,此处风劲浪高,波涛汹涌,十分惊险,被誉为崂山第一险景。"那罗佛窟":位于华严寺之西,是座天然石洞窟,四壁如削,洞顶有一园洞,颇似火山口,天光由此圆孔透入,巨大的花岗岩洞宽7米,高深各10余米,实属少见。"云洞蟠松":崂山东部的白云洞,坐落在400米的高山上,其景之惊奇,风光之绮丽,实为奇特。"白云洞"由巨石架构而成,左为青龙石,右为白虎石,前为朱雀石,后为玄武石,洞顶古松,势如腾龙,绿荫冉冉。"狮岭横云":太平宫东北的几块巨石,侧看成岭,竖看成峰,状若雄狮,横卧苍茫云雾中,海风吹来,若惊鸿。"华楼叠石":位于崂山水库南岸,海拔408米,峰岭矗立于山顶东部一方形石峰上,叠石高耸立于晴空,因异石突起,犹如华表,又称华表峰。"棋盘仙弈":明道观之南的奇特孤峰顶上,一长15米巨岩向西探出,形似跳水平台,远望又似一株灵芝高插云端,形似棋盘。"岩瀑潮音":位于北九水尽头,四面峭壁环绕,东南高壁裂开如门,瀑布从此泻下,山谷轰鸣,声如澎湃怒潮。"蔚竹鸣泉":北九水村东北凤凰山下的蔚竹庵,海拔500米,蔚竹成林,苍松繁茂,怪石奇秀,涧溪成韵,泉水叮咚,清新幽静。

自古以来对崂山的赋诗很多,不妨列举几句以揭崂山之秀美:"群峰削玉几千仞,乱石穿空一万枝。""海阔望云低,苍茫接太虚,青山间绿水,紫雾伴红霓;崂山高且稳,可做上天梯。"崂山除具奇特亮丽的自然风光,还是我国道教的发祥地之一。自春秋战国时期,就有方士云集。崂山道教鼎盛于元、明两代,至清代仍久盛不衰。有九宫、八观、七十二庵之称。这些宫庵散落在崂山群峰谷崖壑间。香火鼎盛使崂山成为盛极一时的道教名山。现有道观宫庵太清宫、上清宫、明霞洞、太平宫、华楼宫、蔚竹庵、白云洞、明道观、关帝庙、大崂观和太和观等。

崂山游者,一般必先游观太清宫。它是崂山道教祖庭,是崂山最古老最大的一处道观,始建于西汉建元六年(公元前140年),迄今已有2000多年的历史。几乎每个朝代都对太清宫进行过修缮。这里至今仍保留着典型宋代建筑风格。目前的太清宫占地3万平方米,有殿宇房屋155间,由3座大殿、4座陪殿、长老院及客房组成。三宫殿前有一棵汉柏,树高22米,树围3.84米,树冠13~14.5米,树龄已达2100多年,是青岛最老的名木古树。太清宫林木茂密,有许多古树名木插在宫殿周围。蒲松龄在此撰著的《聊斋志异》中有8篇是以崂山为背景的。《崂山道士》《香玉》等作品,让崂山更带上神秘色彩。太清宫还是道教文化、拳术武当派之发源地。

崂山是一座充满神秘灵气和诗情画意之山,从青岛市内游崂山非常方便,各区都有直达崂山的公交车。崂山管理部门的服务比较周到,可以让游客愉快地游山。

第二篇　成长中的坎坷与烦恼

日本强行侵占青岛

1897年11月,德国以"巨野教案"为由,强行占领当时称为胶澳之地的青岛,翌年3月6日强迫清政府签订《胶澳条约》,为期99年,青岛正式成为德国的殖民地。1914年8月,第一次世界大战爆发,主要战场在欧洲,德国是主战一方。德国在青岛驻军大部分撤回德国本土,无大的能力顾及远离其本土的这块殖民地。早已觊觎青岛的日本,认为这是乘虚侵占青岛的良机。实际上,日本政府在第一次世界大战爆发前夕早已秘密派其要员探查青岛的经济和自然条件,探查德国的战备和守卫状况,为掠夺青岛做好了准备。

第一次世界大战爆发后,1914年8月15日,日本急忙对德国发出最后通牒,限德军于9月15日之前将胶澳租借地无条件交给日本,德国驻青岛部队司令未予理睬。于是日本联合英国以英日同盟名义,于8月23日与德国宣战,日本正式对德国宣战后随即调集5万兵力、70余艘舰船,准备进攻青岛。德国威廉皇帝并未示弱,宣布胶州湾进入军事戒严状态,并征召德国在山东的侨民入伍,准备和日军决一死战。8月23日,日本海军第一舰队封锁了胶州湾进出口的海域。9月2日,日本第十八师团的一个旅在青岛百公里外的龙口登陆。接着,该师团的另一个旅在青岛附近的崂山湾仰口海岸登陆。参战的英军有1682人,在完成从陆地对青岛德军的包围后,日英联军向德国青岛守军发起全面总攻。11月6日,日军向德国最后的一道防线发起进攻。德军终因寡不敌众,1914年11月7日,德国军队统帅迈尔·瓦德克上校在青岛俾斯麦兵营地下德军司令部命令各个要塞的德军向日军投降,并派出代表前往青岛近郊的吴家村与日军前沿指挥部洽谈投降事宜。次日,德军统帅迈尔·瓦德克上校在他给德皇威廉二世的电报中宣称:因各种不利条件,为了青岛不毁于战火,为保护更多生灵,不得不开城投降。此后他被押往日本看管。1914年底,日军开进青岛市区,占领了青岛。就这样,日本利用第一次世界大战的机会,趁火打劫,占领了青岛,至此青岛又沦为日本的殖民地。

日军在侵占青岛的过程中,残忍至极,一路烧杀抢掠,无恶不作,仅在青岛邻县平度就逼迫当地民众5日之内缴纳猪、羊各1000头,粮食500万斤等物资,并公布了极残忍的惩斩令:"(一)阻碍日军一切行动者斩。"(二)"切断电线和损者斩。"(三)"知罪不举报窝藏为匪徒,从重治罪,村中一人触犯全村尽处斩刑。"一个侵略者能颁布这样的血淋淋弑杀的惩斩令,恐在世界上都实属罕见。

日本侵略者占据青岛后,日本占领军没收了所谓德国在青岛和山东的一切财产,包括中德合办企业。此外,日本占领军还接管了德国人在淄川、坊子、金领镇等地兴建的厂矿企业。1914年底,日军将德国兴建的胶济铁路接管,并改称山东铁道。1914年11月27日,日本陆军司令部宣布在青岛设立守备司令部,由日本中将神尾光臣担任司令,直属日本天皇领导,对青岛的军政、民政事务进行全面管控。

日军侵占青岛不久,首先颁布了《军政施行规则》,限制青岛人民的言论和行动自由。为使其侵略合法化,掩饰侵略,日本侵略者于1917年9月宣布撤销军政署,改称青岛民政署,对青岛市民实行严格控制。日本这个以掠夺财富和资源为目的的国家在市政建设和维护方面无所作为。但是为了加紧加大对山东的掠夺,日本设立了埠头局、港工局、港政局,修复了它侵占青岛时与德军交战中遭破坏的港口设施、航道标志,完成了小港堤坝等工程和码头的修复,以加快向日本输出煤炭、铁矿、粮食、棉花、食盐等物资。1918年12月30日,驻青岛日军司令部颁布了《青岛港则》,对青岛港口的商贸严加控制。日本人驱逐我海关管理人员,派日本人进驻海关。日本政府早在1915年,即侵占青岛的翌年就强迫中国政府签订了关于海关事务协议,以日本人取代德国人的海关大权,由日本人全面控制海关。

1914年12月28日,日军侵占青岛后不久,便宣布青岛向日本本土居民开放,导致日本人在青岛的数量猛增。据统计,1911年德国殖民时期,在青岛的日本人仅有312人,1915年1月,日本侵占青岛仅1年左右的时间,在青岛的日本人骤增至4000人,到1922年我国收回青岛时,日本人已达24132人。日本侵占青岛后的七八年间,来青岛的日本人增加了近80倍,大量日本人来青岛后聚集在青岛市北区的聊城路和辽宁路一带,这里形成了日本侨民居住地。他们借助于日本侵略政权的势力,除全面压制打击新兴的中国民族资本发展外,还全面掌控了青岛的工业、商业、外贸、金融等经济基础。日本人侵占青岛后的第二年,从1916年开始,在青岛建立起一些大中型工厂、企业和小型作坊和若干大型棉纺纱厂。1919年，日商大康纱厂建成后，又相继兴建起钟渊纱厂等几座大型棉纺织工厂。日商还利用其政权势力，在济南等地设立了贸易商行，以控制原棉交易，压价收购原棉，盘剥棉农，为日本侨民开办的纱厂赚取更大利润。日侨除建大型纱厂外，还在东镇和四方等地兴建起2家大型面粉厂、1家啤酒、3家火柴厂、5家油脂厂、19家盐厂和若干作坊。为了从青岛掠夺日本工业发展所需要的大量食盐，1919年，日商于10月21日开办了中日盐业株式会社，日本把公司称为株式会社。实际上，日本人全面垄断了青岛的盐业生产和经营，将大量的食盐以非常低廉的价格运往日本。

德国殖民者在青岛实行自由贸易，将青岛作为自由港。日本侵占青岛后，为独占经贸利益、操控经贸、打压我国新兴的民族资本工商贸易业，采取征苛税和其他军政手段，极力阻挠我国民族资本经济的发展。

日军通过其颁布的《青岛守备治罚条例》和《青岛守军刑事处分令》等条规，实行严酷的军法镇压。日本人可以制造各种借口对青岛市民实施刑事拘留、审讯、判刑，甚至杀害。青岛市的工人遭遇更悲惨，日商工厂的中国工人，每日要工作12小时以上，稍有差错就要受到日本监工的毒打，许多工人被折磨致残致死。日本人在侵占青岛后胡作非为，疯狂掠夺我国的财富资源，残忍迫害镇压青岛市民，让青岛市民生活极其艰难痛苦。日本人于1938年1月再次侵占青岛后表现得更为残忍无度。我出生和幼儿时代正值日本第二次侵占青岛时期，我至今对日本兵的残暴记忆犹新，对日本的残暴统治和疯狂掠夺非常憎恨。

中国政府收回青岛之艰难

1918年11月,第一次世界大战即将结束,战争策源地的德国战力已耗殆尽,发出停战宣言,希望按美国总统威尔逊提出的14点主张签署休战议和。次年1月18日,巴黎和会召开。我国人民十分希望青岛和山东问题能在会上得以解决。中国政府对此也相当重视,派出了以顾维钧、陆征祥、王正廷等外交精英和山东省负责人士共52人的代表团前去出席巴黎和会。按常理日本从德国人手中强行夺取的青岛和山东的利益,应无条件交还,不应该有任何异议或悬念。但是,日本在巴黎和会上大耍无赖,从中作梗,胡搅蛮缠地提出先让德国把青岛交给日本,再由日本交给中国的荒谬论调。日本的无理取闹实际上隐藏着一个险恶的阴谋。如果让德国人将青岛交给日本,青岛就成了日本的战利品,它继承德国的这块殖民地就合法化了。日本怎么还能再把青岛交还我国?

日本人在巴黎和会的阴谋诡计,按道理应当受到入会国家的反对和谴责。但是,参加巴黎和会的一些国家,诸如英国和意大利等国,出于自身的利益,对日本代表团在会议上胡搅蛮缠采取消积默认的态度,实际上是怂恿、支持日本的做法。

日本人这种蛮横无理的行为遭到了我国人民的强烈抗议声讨。1919年2月13日巴黎和会上,我国代表团中的顾维钧在会议上发表了长篇演讲,陈述了青岛问题的由来和中国直接收回青岛的理由,要求战败国的德国将青岛和它在山东获取的权益直接交给我国。在4月17日英、美、法、意、日五大参战国的代表会议上,日本代表威胁说如果不将原德国殖民地青岛交给日本,日本将退出会议。会议对日本这种威胁行为采取了忍让宽容的态度,采取了将中国提案搁置不议的做法。

但在其后4月30日的会议上,会议决定由德国把青岛和山东的权益让予日本。中国代表团对会议的决议提出了强烈抗议,并拒绝在协议上签字。巴黎和会上这种公然偏袒日本的决定传回国内,引发了"五四运动",北京大学等高校师生群情激昂,游行示威,火烧卖国贼曹汝霖的住所,痛打卖国贼章宗祥。5月11日,北洋军阀政府逮捕示威学生32人的消息传到济南后,山东省推选代表前往北洋政府国务院,要求国家勿在巴黎和会上签字。与此同时,在巴黎和会开会期间我国著名政治家、非常有影响力的学者梁启超等仁人志士,竭力劝说执政的北洋军阀政府大总统黎元洪、国务院总理段祺瑞,拒绝日本人极其不合理的要求。他们两人对日本的无理要求都无表态。在这种状况下,梁启超等爱国人士募得资金10万元,并亲赴巴黎开展力争青岛归还我国的活动。他动员了在法国勤工俭学的20万中国人,轮流与我国代表团接触,让我国出席巴黎和会的代表拒绝在巴黎和会上签字,并私下和美国代表沟通,动员美国代表在会议上支持将青岛直接归还我国。美国出自本国利益,会上并未明确支持日本。我国代表团依据巴黎和会和《凡尔赛和约》的第一百五十六条及第八条拒绝在和会上签字。1919年5月19日,在凡尔赛宫的签字仪式上,中国代表的两把椅子空着,中国代表拒绝出席签字仪式。

在巴黎和会上,美国也是输家,美国代表团长威尔逊也是空手而归,没有取得任何利益。1920年美国总统选举结束后,新任美国总统哈定声言要捞回美国在巴黎会议上未获得的利益。

1921年7月,美国新任总统哈定决定召开华盛顿会议,并邀请英、法、意、日、中、比、荷、葡等国参加"九国会议"。会议确定的两个议题,一是讨论限制海军军备,二是解决远东和太平洋地区问题。远东问题就是中国问题,核心是山东问题和青岛问题。九国会议于1921年11月12日召开,会议历时近百日,各国围绕自身的利益展开了激烈的谈判。

但在会议上,日本亦不想轻易将取得的青岛利益拱手让出。美、英、日在青岛和山东问题上展开了激烈的争斗。在这种局面下,日本决定确保它在青岛和山东实际利益的条件下,来解决山东问题。在这种状况下,经历多轮艰难谈判,最终中国和日本于1922年2月4日签订了《中日解决山东悬案条约》和《附约》。日本被迫将德国租借地青岛和山东的利益交还我国,在当时能签订这么个协议,已是很大的胜利,也是各列强国家复杂矛盾博弈的结果。1922年2月6日,中国、美国、英国、日本、法国、意大利、荷兰、比利时、葡萄牙等国经过多轮谈判博弈,基本达到各自利益的平衡。会议即将签署的《关于中国事件应适用各原则及政策之条约》(简称"九国公约")包含尊重中国的主权和独立、领土与行政的完整。在该条约的压力之下,中日双方于1922年1月31日达成解决山东悬案条约。

尽管日本被迫签订了山东问题条约,但在交还青岛的过程中,日本在经济上又狠狠地咬了中国一口。它不提自己接收德国修筑胶济铁路前并无投资,也不讲它接收以后,在胶济铁路运营中所赚的钱财和掠夺了多少山东省的资源,却让我国出资5340万马克,约合3200万两银圆的代价向日本赎回胶济铁路。日本在青岛掠夺和经营盐田投入的资金,中方估价260万元,而日本索要764万元。在中国收回青岛的过程中,日本总共从中国又讹走6100万日元,折合银圆5445万两。

1922年12月10日,在青岛原德国总督府,也是日本占领军的司令部,举行了归还青岛的交换仪式。当天中午12时,举行了中、日国旗升降仪式。中国举行了隆重的庆祝仪式,鸣放礼炮,锣鼓齐鸣。12月15日,日本驻青岛守备司令部撤销,日军撤离青岛。至此,日本第一次侵占青岛从法律层面上正式宣告结束。

上午刚举行完归还交接仪式,下午日本就借口有领事裁判权,非但不撤离,却把擅自设立的领事馆转化成日本在青岛的政权机构,并擅自在青岛的主要街区如山东路(现今中山路)、台东镇、四方、李村等要地和交通枢纽地段公然私设日本警察派出所,上百名日本武装警察和宪兵公开执行警务,搞两面政权,严重侵犯我国的主权。实际上,青岛的市政管理权仍然被日本警察和宪兵控制着。日军撤离后,青岛仍有两万多日本侨民。他们成立了日本侨民组织"日本留民团",拥有数千枪支。平时他们分散各处,必要时集中,兴风作浪,无恶不作。日本私自设立的领事馆成了日本人在青岛的指挥部,两面政权的青岛日本"政府"与日本侨民团组织沆瀣一气,经常挑起事端,兴风作浪。

北洋军阀政府接收青岛

此时,我国正处于军阀混战时期,接收青岛的北洋北京军阀段祺瑞政府对地方的影响力不大。在这种情况下,青岛地方政权,哪里有势力和能力来管辖市政。政府管辖能力弱,再加上日本的两面政权和日侨的兴风作浪,青岛经济和社会秩序受到很大的影响。

北京北洋军阀政府收回青岛后,还是做了些力所能及的事情,于当年颁布了《胶澳商埠章程》,明文划定了青岛商埠管辖区域界限。虽然该疆域界限的划定沿袭了德国租借地时的经纬度划界,但它是中国自己的政府明令规定的青岛市管辖疆域界限,故具有合法性和权威性,它对青岛设市建制以来市区的界定有重大的历史意义。可以说它是我国从法律上首次认定青岛这座城市的存在。

北京北洋军阀政权接收青岛后,首先收回青岛发电所,改名为胶澳商埠电气事务所,并于次年吸收日本商人参股更名为中日合资电气股份有限公司。其中,中国民族资本占有54%的股份控股,资本金为200万,我国商人随石卿任董事长,日本商人桥夫隆任经理。该电气公司所在地——中山路北头的一栋欧式小楼,现作为纪念物仍保留在原处。在我国政府接管青岛的当年,青岛商人傅炳照等人创立了山左银行,并于1923年登记注册,在济南、大连等地设立了分行。它标志着中国民族资本在青岛金融业的开创和发展。1923年7月5日,交通银行青岛市分行除收取胶济铁路路款及办理各种存蓄款、货款、汇款、贴现业务外,还办理外汇兑付业务。1923年2月1日,日本将山东铁路及其一切附属财产移交给事先成立的胶济铁路管理局。1923年11月19日,胶济铁路完全由中国政府管理运营。随着中国政府的接管和管辖,青岛社会的形势也趋于逐渐稳定。根据1922年青岛人口调查,我国收回青岛时的人口已达286944余人,较10年前增加13.7万人。新设立的青岛商埠局的职责相当于青岛市政府的领导中枢,统揽青岛的一切行政权力。商埠局督办相当于现今市长的角色。商埠局以下设立财政、总务、秘书、民政、外交等部门,开始按部就班地管理青岛,青岛的经贸、市政建设也开始得以正常发展。1922年,日本虽从法律层面和形式上将青岛交还我国,但他们凭借在华的政治影响、经济优势,垄断着青岛的经济,操纵着青岛港口和海关,操控着进出口贸易和铁路运输。随着青岛经贸的发展,工人阶级队伍也日益壮大，工厂、企业的员工已达十余万。随着经济的发展，特别是日本人的资本和民族资本对工人的打压及残酷的盘剥，社会矛盾特别是工人阶级和日本、英国工厂企业资本家的矛盾斗争日益尖锐。马克思主义、社会主义思想开始被工人、劳苦大众吸纳接收。

最早来青岛传播马克思主义思想的是中共一大代表邓恩铭。1923年，他来到青岛并谋得了《胶澳日报》副刊编辑之职。他利用职务上的方便，登载革命性文章。他还在青岛设立书刊销售处，积极推销《向导》和《共产党宣言》等进步书刊，宣传革命理论和思想，为在青岛建立革命进步组织奠定了舆论基础。1923年11月，在中共早期党员王尽美、王振翼的组织指导下，在青岛公立职业学校和电话局建立起中国社会主义青年团青岛第一个支部，它是青岛最早的革命进步组织。中共二大后王尽美等组织成立了中共济南小组，邓恩铭受济南党组织的派遣和委托，在青岛筹建党团组织，并建立起第一个党组织。青岛中共党组织的建立，给黑暗军阀统治下的工农大众带来了革命思想。在1927年前的国共第一次合作时期，根据中共中央的指示精神，青岛的中国共产党组织和国民党组织携手共同努力，在青岛组织建立进步的民众团体。从1924年下半年至1925年上半年，青岛组织建立起来了几十个进步团体，其中较大的组织有胶济铁路总工会、四方机厂工会、纱厂工会、反帝大同盟、女权运动大同盟、妇女运动委员会、新闻记者联谊会等。青岛民众力量的发展空前壮大活跃。在中国共产党的领导组织下，劳动民众的各个组织开展了反抗剥削迫害的斗争。但是，对日懦弱的北洋军阀政权，对劳工大众的反抗斗争却进行了严厉的镇压，屡屡制造惨案。

1925年4月19日,日商大康纱厂5000名工人游行,揭露抗议日本厂主迫害工人、破坏工会组织等行径,引爆了全市工人的大罢工,迫使日本在青岛的六大纱厂全部停产。但不久在日本帝国主义和反动军阀势力的逼迫下,工人们忍辱复工,但上工的人数不足一半。不出一个月,工人进行了第二次大罢工,日本军舰驶抵青岛进行武力威胁。北京北洋军阀政府的张宗昌和胶澳督办温树德出动军警2000余人,包围了多家日商纱厂和工人宿舍,在棉纱厂内外向赤手空拳的工人开枪,当场打死8人,重伤17人,逮捕75人,解送回家3万人,制造了震惊中外的"青岛惨案"。受到镇压的青岛新兴工人阶级并未被严酷的镇压所吓倒。就在日本帝国主义和反动军阀镇压青岛工人的第二天,英美帝国主义又在上海屠杀示威游行的学生和市民,制造了震惊中外的"五卅惨案",激起了全国人民的反帝风暴。以工人为主力军的青岛市民再次掀起了反日、反英帝国主义的游行示威和罢工高潮。事隔不到两个月的7月23日,日商大康纱厂童工被殴成重伤的事件再次引起了青岛纺纱工人第三次同盟大罢工。第三天,军阀张宗昌对工人进行了残酷的镇压,领导这次工人运动的青岛中共党组织负责人李慰农和创办《青岛公民报》的胡信元,大胆抨击时弊,支持工人运动,被张宗昌军警逮捕并杀害。李慰农时任中共青岛地委书记,被杀害于团岛,他是第一位牺牲于青岛的中共党员。除了工人的反帝斗争,农民也发生了反苛税的斗争。1927年8月发生于青岛胶南县大刀会的农民暴动,参加人数多达数万人,他们砸日商盐场和盐局,围攻乡公所,抗击官兵,声势浩大。军阀张宗昌调用飞机、大炮和骑兵围攻,进行了极残酷的镇压。军阀政权对外对日怯懦,对自己的人民残酷无情。

南京国民政府接管青岛

20世纪30年代初,我国军阀混战的政治局面基本结束,全国政局逐渐稳定。1929年4月14日,南京国民政府委派陈中孚接收青岛政权后,将青岛划为特别市。青岛成为我国5个直辖市之一,直属南京国民政府行政院管辖,并于同年颁布了青岛市组织法,规定青岛的行政组织系统均由该组织法界定。同年5月又颁布了青岛自治组织法。依据该组织法确定成立的青岛行政管理机构,与商埠局的管理体系有很大的不同。青岛市政管理机构为一处、八局、一台、一所。一处即秘书处;八局为社会局、财政局、公安局、教育局、公用局、卫生局、工务局、港务局;一台即气象台;一所即农林事务所。1930年3月,南京国民政府任命葛湛侯氏为市长,他莅任后为缩减行政开支,扩充事业费,将公用局并入公安工务二局,卫生局并入社会公安二局,使行政管理机构压缩为六局、一台、一所。葛湛侯氏在任内期间对市政建设、道路修筑、上下水道的维护以及发展教育等方面还是做了些有益的工作,但他莅任市长仅一年半。1931年12月,蒋介石任命沈鸿烈为青岛市市长,沈氏接任市长后,对市政管理系统进行了调整补充,先后在李村、沧口、九水、阴岛、薛家岛五大乡镇各设立乡区建设办公室1处,以处理乡村事务和建设事项。沈鸿烈任市长后,青岛市的权利核心由市政会议、参事室、秘书处3个部分构成。至此,南京国民政府接管青岛后的行政管理机构日臻完善。沈鸿烈在青岛任职时间较长,影响也较大。为什么葛湛侯氏任职期间工作颇有起色,却只任职一年半,蒋介石就任命沈鸿烈为市长?沈鸿烈原是"东北王"军阀张作霖东北军的舰队司令。九一八事变后,蒋介石看中了东北军舰队的实力,即召见他到庐山密谈,向他提出3个交换条件。条件一,他将东北海军全部开往青岛。条件二,任命他为青岛市市长兼海军司令,青岛的全部税收由他支配。条件三,提请国民党中央,任命他为中央执行委员。在蒋介石重大官利的诱惑下,沈鸿烈脱离了张作霖,率东北舰队来到青岛,投靠到蒋介石门下。1931年12月,沈鸿烈被正式任命为青岛市市长。沈鸿烈投靠蒋介石后,死心塌地执行蒋介石反共亲日方针,破坏中共组织,逮捕共产党人,摧残抗日力量,镇压反日罢工和反日学生运动。沈鸿烈忠实地执行蒋介石"攘外必先安内"的政策。1938年1月,蒋介石在汉口处决了原山东省省长韩复榘后,任命沈鸿烈为山东省主席、山东省国民党党部主席,兼任山东省保安司令。就在1938年1月2日日军已兵临青岛城下的情况下,沈鸿烈用蒋介石给他的保安司令官职,收编土匪武装势力,继续摧残抗日力量。1939年4月30日,他指示他的部队在博山袭击八路军山东纵队第三支队,残忍地杀害干部和战士400余人,制造了震惊中外的"博山惨案"。此时日军早已侵占了青岛和山东广大地区,他如此残忍地杀害抗日军民,其罪行是不可饶恕的。抗战胜利后的1946年,蒋介石任命他为浙江省省长。1949年沈鸿烈逃往台湾后,蒋介石任命他为战略顾问。1969年3月,沈鸿烈病逝于台湾省台中市立医院,结束了其罪恶的一生。

南京国民政府接管青岛后的4个月,1929年8月24日明令规定了青岛市的疆域管辖界限。该明令规定仍以北京北洋军阀政府文本规定的胶澳商埠地界为青岛市管辖地域范围。

20世纪30年代,全国社会政局稳定,青岛的市政管理系统也基本完善,但日本的经济势力对青岛的经济影响仍很大。民族经济得以发展,市政建设、文教方面也都有长足的发展进步。青岛进入了难得的经济、商贸、文教发展的"黄金几年"。1934年出版的《青岛指南》中这样描述:"青岛商业中心区域的繁华程度,不亚于上海,一切娱乐设备,莫不应有尽有。"青岛最繁华的街区,当数山东路(现中山路),这里进驻和集中了许多我国有名的老字号、经济势力很强的商号,如春和楼饭庄、亨得利钟表店、盛锡福帽店、天真照相馆、瑞福祥绸缎店、福禄寿电影院,还有集餐饮、玩耍、说书、酒楼、餐饮等于一体的劈柴院,以及"舶来品"的咖啡厅、酒吧、面包房之类产业。早年的山东路,现在的中山路,之所以能呈现近百年的繁荣,和它的地理位置、规划建筑有关。中山路这条仅一公里半长的道路,将前海和后海的胶州湾贯穿起来。中山路的建成,将前海和后海逐渐建成的大、小港区及铁路和公路运输系统联系起来。随着大、小港的兴旺发展,其岸边的馆陶路聚集了许多银号。财贸商贸企业、海关也设在这个地区。馆陶路在殖民时期兴建了许多欧式银号和企业办公楼房,目前仍然保留着许多殖民时期的房屋。它的建筑和内部装饰格局,同我在德国看到的莱比场的旅店酒楼相似。因馆陶路基本保持殖民时期的建筑样式,现市民称它为德国街。青岛当年的经济繁华和它完善的海、陆以及航空运输业的发展有关。现在这里胶济铁路有两个车站——大港站和青岛站。馆陶路东头有座我国漂亮的欧式公路车站。大港火车站现今早已停用,但它仍保留着德国修建胶济铁路时期建造的欧式的建筑容貌。那座德国殖民时期建的汽车站,从20世纪30年代初就有通往山东各地的长途汽车,主要运行线路有青烟(台)、青黄(县)、青海(阳)等长途汽车。当年青岛海洋运输业也迅猛发展。由于日资企业的航轮较大、技术先进,国际航线和航程较远的航线基本操控在日本企业手中。主要航班有青岛至大连、天津、广州、香港、新加坡和东南亚各地的航线,以及青岛至东京、神户、大阪、名古屋、京都的航线。青岛至朝鲜仁川、釜山等远程和国外的航班都为日商航轮公司控制,而我国的航轮企业,最远航线为青岛至海州(连云港)一线。青岛的民企航轮集中在胶州湾内各县乡镇,由于价格低廉且便捷,航运业相当繁忙,每天都有航班,如同现今的长途公交汽车。

除海运和胶州湾内船舶运输,青岛的铁路运输设施和运营的繁荣程度在我国也是名列前茅。1923年1月1日从日本人手中收回胶济铁路后,我国政府对铁路进行了维护,增加了设备和车辆,铁路设备在全国也是最好的。20世纪30年代初,胶济铁路运营规范有序,管理相当开放。可提前10日购买胶济铁路沿线主要车站,如大港、四方、沧口、高密、坊子、潍县、青州、张店等至济南的客票和全国国营铁路各站联运车票。如果中途下车后不再前往目的地,还可以退换剩余车票款。此外,还可以买往返票、团体折扣票、学生10人以上集体旅行票、学生假期返乡票、未满12岁儿童半价票。对于去东北谋生的乡民百姓,由胶济线北上的车船联运票更优惠,除火车票6折外,轮船统舱票仅收1.8元(相当于普通作坊工人工资的十分之一左右)。

20世纪30年代初是青岛发展的黄金时期,青岛的邮政、电报、电话行业得以发展完善。除了广西路和堂邑路两所始建于殖民时代的邮政局外,在东镇、辽宁路、四方、沧口和码头各建立了一所二等局,其中东镇邮局是一所欧式建筑的老邮局。1932年秋,青岛沧口机场建成。青岛增加了邮政航空业务,飞机航班较少。航空邮政业务仅限上海、南京、安庆、九江、汉口、沙市、宜昌、济南、天津、吉林和哈尔滨等城市办理。航空信函重量和包裹大小也都有严格限制。国内函件不超过 5 公斤,国外信函限 2 公斤以内。当时邮局开展的邮政储蓄业务颇受欢迎,以储蓄可靠、利息可靠、利息高、起价很低而赢得人心。如 1 元钱即可开启账户。当时的教员薪水每月 30~40 元,邮储起价相当于 3 斤多猪肉、4 斤多豆油的价格。邮政储蓄还开设儿童零钱业务。低于 1 年期的储蓄、不满 1 元钱的储蓄,可买成邮局发行的 5 分或 1 角钱 1 张的邮票,如将 1 元一张的邮票格纸贴满,可到邮局改为现金存储。在当时经济发展水平较低的情况下,这种汲取零星钱财的做法,有很好的经济意义。

青岛的电报和电话业务,在我国开展得较早,青岛的电话业务开创于德国殖民时期,最初仅有 4 部电话。长途电话除在堂邑路总局设立外,在台东镇电报局内,还设立分局 1 处。在当时进行长途通话需办理通话证,并交纳保证金 10 元。胶济铁路沿线各县均通长途电话。

青岛有线电报在德国殖民地时期已建立,但一直没有发展,1925 年 2 月 1 日正式开通青佐线,从此便开通了我国海线的国际通讯。由于电报业务骤增,电报局从山东路(中山路)迁往广西路和安徽路转角的原德国人书信馆。20 世纪 30 年代初,青岛电报局增加高通讯率设备以便利发报。线路也进行了扩展,除青佐海线外,还开展了青岛至大连的海线。此外,青岛到烟台、济南,青岛至上海和天津及山东境内各地都有高效电报机,通讯便捷异常。

为适应商贸和旅游业的发展,还扩建了大港码头等港口设施,拓宽了通往崂山的旅游道路。

20 世纪 30 年代初至中期的几年,青岛经贸工商的发展繁荣达到一个鼎盛时期。据海关统计,1931 年青岛的进出口贸易额较

1900年增长了300倍,青岛的出口货物以农副产品为主,主要有花生、牛肉、棉布、鸡蛋、煤炭、草帽等。进口货物则以粮食、棉花、纸张、茶叶、煤油、糖、颜料、钢铁、机械制品为主。出口货物中的棉布、花生油、花生饼、火柴、卷烟、蚕丝织物等机制品,大部分由外国人在青岛设厂生产。进出口贸易基本也控制在外国人主要是日本人手中。华商民企主要经营土特产品,以收集货物赚取微薄利润为主。据1933年调查,青岛市内共有商贸公司店铺6513家。其中日资商店有929家,且以大型垄断货物为主。食盐一向是青岛的大宗出口商品,1929年中国以300万元的高价把日本人侵占的盐田购回。协议每年供日本和朝鲜至少100万至300万担食盐。协议还规定,盐业商贸只归中国一家经营,然而日本人不遵守协议,从旅顺普兰店贩盐到青岛,单立门户自行经营盐业,压低盐价,使青岛的民族盐业蒙受重大损失。但由于青岛的盐业生产已由煎熬法改为晒盐法,大量海滩开为盐田,青岛的食盐产量猛增,年产量达700万担至1000万担,食盐仍然是青岛的大宗出口物品。

当然,20世纪30年代青岛经贸工商业的繁荣发展是建立在小农经济基础上的繁荣,不能和今日经贸发展同日而语。

经济繁荣的同时,文化教育也有新发展。在这方面,山东大学在青岛的建立和青岛水族馆的建成,是两个具有历史意义的文教建设成果。

1930年秋,在青岛召开的中国科学社第十五次成员会议上,与会的知名学者、社会活动家,如蔡元培、李石曾、胡若愚、蒋丙然、宋春舫等人积极倡议成立中国海洋研究所,开展我国的海洋研究工作,并荐言先成立青岛水族馆。同年由教育部等部门出资2000

万元,作为建设水族馆的补助经费,委托青岛观象台海洋科负责设计施工,1931年1月开工建设,仅用1年时间,1932年1月建成。

青岛水族馆设计建设速度之快和质量之好、建设之优美、选址之适宜都非常值得赞扬。它给青岛留下"吾国第一"的水族馆历史遗产。青岛水族馆以展示海洋生物为主题,集收藏、科研、科普、旅游、休闲、娱乐为一体。

1931年,我国著名教育学家蔡元培力挺山东大学建在青岛。将私立青岛大学改建为山东大学。山东大学成立后,由知名学者赵太牟接任校长,他聘请了我国一些知名文学家和科学家任教,其中有老舍、洪深、张煦、丁山和著名的科学家王淦昌、童第周、曾呈奎等。20世纪60年代初,我进入中国科学院时,后3位都是我院几个著名研究所的所长、学部委员即现今称的院士。当时的山东大学师资整齐,教学水平高。为了加强教学,提高科研水平,先后建成了科学馆、工学馆、化学馆、水力实验场等;为图书馆增添图书,还建成了体育馆。由于校内人才荟萃,名流云集,成就斐然,山东大学成为教育界仰慕的国内知名高等教育学府。

由于这一时期社会政局基本稳定,工商经贸繁荣,由行政事业和民间资本投资、捐献建筑了一批至今仍然靓丽的建筑工程项目。

20世纪30年代,经贸工商发展,人口增加。据1930年12月人口统计,青岛人口已达中等城市水平,有42.64万人,较1922年从日本侵略者手中接收时增加了70%,而男性比女性多了10万人,说明大量男性从农村、乡镇进入青岛市务工。

此外,这个时期来青岛经商办企业的外国人也有增加,达到1.2万人,其中日本人最多,还有俄罗斯、朝鲜、德国、英国、美国和意大利等十余国侨民,有的从德国殖民时期就来到青岛。在中山公园西北边有一处规模相当大的"万国公墓",里面绿树成荫,石碑林立,石碑上刻的全是外国字,有的还贴有照片,这里是欧洲人的墓地。在中山公园东北山坡上还有一座日本人火葬场,百姓叫它"肮骨楼"。

20世纪30年代初,青岛人也在沉思:我们怎么总是受外国人,主要是日本人的凌辱欺压?许多人认为是中国人身体不健康,他们还没有认识到经济科学落后就要挨打的道理。当时认为,既然身体不好就要受欺凌,所以兴起习武强身的想法和热潮,于是,大量修建国术馆。1931年,由政府出面、社会捐助,建设起功能齐备的青岛国术馆,市长任馆长,同时邻近的县镇,如胶县、即墨、平度等地也相继建立起国术馆。截至日本全面侵略中国时,仅青岛一地就建起15处国术习武场所教练武术。习武对强身肯定有益,我从小身体瘦弱,抗战胜利后,我母亲送我去学过几个月武术,感觉身体强壮多了,中国的武术对身体健壮肯定大有好处,但绝不能遏制列强的欺凌。

除了习武强身,思想文化方面也很活跃。1929年9月1日,著名作家创办的青岛第一份文学期刊《青潮》为文学界"挣扎、呻吟未来命运"。1932年,中共地下市委和"左联"中的党代表主要活动是通过《民报》《晨报》《时报》等报刊发表进步作品,开展读书活动,把马列主义经典作为必读书,揭露国民党的反动政策,唤醒民众投入抗日救亡运动。

日本再次侵占青岛

1937年卢沟桥事变,日本开始全面发动了对我国的侵略战争。日本侵略中国的战争开始于东北1935年的九一八事变。1937年

7月7日七七事变不久,8月初日本内阁就迫不及待地批准了进攻青岛的秘案,并做好了侵占青岛的准备。1937年8月14日,两名日本兵在德县路天主教堂附近被刺杀,事后调查是日本特务机关的特工人员化装成中国人的狙击手刺杀的,日本人自己制造的这个命案,目的是以此作为侵占青岛的借口。早已停泊在青岛海岸的十余艘日本军舰准备武装登陆。同时日本民团武装也蠢蠢欲动。在此严峻形势下,蒋介石任命沈鸿烈为青岛军队总指挥,两个月后又电令沈鸿烈实行"焦土"抗战,寻机撤离青岛。12月18日,日本陆军参谋部发出侵占山东和青岛的作战命令。同日,沈鸿烈下令青岛保安队炸毁日本九大纱厂、青岛啤酒厂、两座橡胶厂、四方发电厂等工厂设备。同时,沈鸿烈下令被困在胶州湾内的中国海军第二舰队的7艘军舰和港务局的5艘小火轮以及其他共20艘舰船在港口码头的主航道上放水入舱沉入海底。作为青岛市市长兼第二舰队司令和青岛军队总指挥的沈鸿烈,并未组织人民或调用军事力量抵抗日军的侵占,而是遵照蒋介石"攘外必先安内"的政策,采取不抵抗主义,于1937年12月27日率领他的海军陆战队、保安队、警察队、党政官员、眷属9000余人弃城而逃。

1938年1月10日,日本侵略军的第二舰队及海军陆战队的60余艘军舰和几十架飞机进入青岛海域、领空。随后,日军第二舰队在海军陆战队司令官铃木贯太郎率领下的3个大队日军分别从山东头、浮山所、汇泉湾、青岛湾和青岛近海岸等多处登陆,迅速占领了青岛市区,并在山东大学内设立司令部。1938年1月10日,日本军队没动一枪一炮占领了青岛。

日军占领青岛后,于1月11日即派日本海军基地工程队来到青岛,修复供电、供水设施,并打捞被沈鸿烈沉于航道内的舰船。

日本占领青岛半个月后，在日本海军特务部长柴田弥一朗的操控之下，成立了"青岛市治安维持会"，由原胶澳商埠局总办赵琪出任会长。"维持会"是打着维持青岛治安的旗号行使行政机构职能的汉奸政权，其下设立了秘书处、总务部、警察部。日伪组织"维持会"，以维持治安为名铲除和消灭抗日势力。"维持会"成立后，先后举行了"国民党员脱党大会"，对抗日的共产党人采取的是扫共灭党的政策，成立了"扫共灭共委员会"，召开"反共救国大会"。开展以消灭共产党及其领导下的抗日军民为重点的"市区大搜查"和乡村大扫荡等，同时开展了献媚日本侵略军的"捐款购赠友军（日军）慰问袋"的活动。

中国共产党始终领导青岛人民进行着艰苦的地下抗日斗争。1937年10月，中共青岛地下党组织根据中共中央指示，决定发动群众，建立抗日游击队，将青岛中共组织迁入崂山一带，带领山东大学师生组建了"中华民族解放先锋队"，开展对日军的游击战争，并于同年11月成立了崂山游击队第四中队。中共青岛市委团结一切可以团结的力量，建立广泛的抗日民族统一战线，进行抗日活动。因此，日伪政权始终把中共及其领导的抗日力量当成眼中钉、肉中刺，而对国民党政权中的官员则采取拉拢亲近的方针，大量的国民党官员投靠日本侵略军，成了汉奸。

1940年1月23日，伪国民党中央主席、原国民党副主席汪精卫和伪中华民国临时政府委员长王克敏、南京伪中华民国维新政务院院长梁鸿志，在日本操纵之下，为统一各地傀儡政权，建立伪"国民政府"并在青岛举行会谈。"青岛会谈"通过了伪中央政府大纲、政纲、政府名称、国旗、首都、三民主义、伪中央政治委员会组织等。"青岛会谈"是国民党亲日派向日本投降的卖国行径，是国民党亲日派叛变卖国投降的一幕丑恶闹剧。

对于汪精卫等国民党亲日投降派的叛变卖国行为,中共中央立即号召全国人民团结起来进行"讨汪反蒋运动",提出打倒汉奸汪精卫、打倒伪中央政府等号召。

日本第二次占领青岛后,企图将青岛建成它侵占地的治安示范区,以稳定青岛。它要把青岛作为日本侵略战争的资源、物资、劳工输往日本的基地。

1941年3月30日,日本侵略军在青岛举行数万人的"强化治安动员大会",实质上是强化日本法西斯统治的宣誓,同时日军在其报刊上连篇累牍地制造强化治安的舆论,美化侵华战争,在中小学进行奴化教育。在城乡强化保甲组织,实施连坐法,即一人抗日株连九族的极其恶毒残忍的做法。其间,日军和日本警察、宪兵经常在青岛近郊县城即墨、胶州、崂山等地烧杀抢掠,捕杀抗日民众。从抓捕的乡民百姓身上抽血为日军伤兵用,被摧残致死的青壮年乡民不计其数。日军在青岛的所谓的治安行动,除把其大量掠夺的山东资源输往日本外,还大量抓捕青壮年作为劳工,将他们胁迫到日本,在日本惨死的劳工为数不少。据不完整统计,由青岛输往日本的劳工至少有3万人。另据有关报道,从青岛输往伪满洲国和日本的劳工多达74万余名,其中大部分为山东劳工。日军采用围村抓壮的做法。恶劣的劳动环境,让许多青壮年失去生命,导致一幕幕惨剧发生。

中共领导的山东军民抗日势力一直相当活跃,与日军进行着顽强的斗争,中共领导的抗日军民逐渐占领了山东大部分乡村。日本第二次侵占青岛时期,其铁蹄统治是极其残忍的,其罪行罄竹难书,特别是日本战败已基本定局的前两三年,日军在兵员不足的状况下,采取更加残暴的手段对待青岛人民。同时加紧加快掠夺煤炭、铁矿和粮、棉花等生产生活物资,运往日本,结果造成青岛平民百姓生活极端困苦,缺衣少食、冻死饿死的人并非少见。我母亲出门回来经常难过地说到某某路边墙根又冻死一个人。那时市民百姓生活很艰难,经常吃了上顿没下顿。日军在这一时期对中国人的杀害与镇压,让我一生都特别憎恶。

第三篇　故乡情怀

故乡记忆

人生如梦，岁月如歌。我像是做了一个梦，这个梦很长很长。耳闻目睹的事，至今仍历历在目，记忆犹新。

当我醒来之后，萦绕在我脑海中的只有两个影像：一是极端贫困的家境生活，二是日本恐怖统治下的社会环境。

从记忆中的事实来推算，我六七岁就开始记事了，经历的事太刺激脑子和眼球，脑海里刻画的沟纹太深了吧，所以记事这么早。

现今的孩子生下来，从幼儿园开始，吃得好、穿得暖，唱唱歌，跳跳舞，玩玩游戏，我的孙辈们就是这样生活成长的。我常去孙辈的幼儿园接送孩子，在幼儿园看到孩子放学了还想在幼儿园玩玩，滑两下滑梯再走。社会发展进步了，生活条件好了，他们享受的是温暖，记忆的是幸福。而我幼儿时期记忆的全是苦难和恐怖。

在纪念抗战胜利70周年大会的前夕，我们社区有一个广告："了解和感受过日伪侵略的人，可去社区登记。"我想去登记，老伴说，若你登记后，让你做报告怎么办？我说我讲上两个小时不用打稿也不会卡壳。因为日本欺压、残害、杀戮、抢掠中国人的罪行太多了。幼儿时期我所受的苦难、濒临于饿死冻死的经历、留在我脑子里的伤疤，永远也不会抹掉。

我出生成长在一个德国殖民者为劳工搭建的贫民窟里。1898

年青岛沦为德国殖民地后,德国人欲将青岛打造成它进军亚洲东方的桥头堡、模范殖民地的商贸军港。从德国派来一批规划建筑设计师,他们来到青岛以后,对青岛市内的自然环境条件进行了详细的调查勘测,将有关材料带回柏林,组织有关专业技术人员,研究制定了青岛建设规划。但是,他们制定的这份规划,并未涉及青岛东镇地区。德国人在港口、码头、道路等施工中,从山东各地招募了大批劳工,导致青岛远近城乡的农民迅速涌入青岛。我父亲是在这个大潮后期进入青岛务工的。他只有十来岁,被人从家乡胶州领到青岛,他是青岛堂邑路邮政局的工人。从我记事起,他就在那里上班,我不清楚他为什么一直住在远离单位的东镇,可能是因为东镇是劳工贫民住舍区的缘故吧。

无依无靠的贫穷农民的到来,给当地的生活、住舍、卫生等各方面带来了严重的压力和社会问题。而中国的承包商们,为节省经费、赚取更多的利润,不管劳工的死活。承包商们依托东镇地区的旧村陋舍,为涌入的乡民、劳工搭建的窝棚极为简陋,夏不遮雨,冬不避寒,卫生条件极差。因此,霍乱、痢疾、伤寒等传染性疾病暴发流行。德国殖民者在获得充足廉价劳动力的同时,也引发了大量严重的社会问题。传染病的暴发流行,不只是影响工程的进程,也影响到德国殖民者和欧洲白人的健康与安全,甚至造成德国殖民者首领人物因传染病致死的情况。这些严重的社会问题和环境卫生问题的爆发,使德国殖民者恍然大悟。他们终于认识到虐待劳工,不管他们的死活,工程进度也难以为继。于是,德国殖民者开始考虑劳工的安置问题。在安置劳工聚集住舍时,他们首先考虑的是如何保证欧洲来的白人和殖民者的健康问题及居住环境。其次,他们考虑的是劳工居住地不能离工地太远,以免劳工们在路途上花的时间太长,体力消耗太多,以影响工程的进度。因为当时都是步行上班,没有交通工具可言。德国殖民者考虑再三,选择了东镇原杨家村附近这块地方,作为劳工安置地。德国殖民者选择这块地方作为劳工的居住地,是因为东镇这个地方处于欧洲白人居住区的东北向,其间有贮水山、太平山、青岛山3座山脉,将欧洲白人和殖民者聚集地与其东北部的东镇的劳工聚集地分割开来,以保证欧洲白人和殖民者聚集地的幽雅环境。东镇这个地方距大兴土木工程的大港、港口、码头、道路修筑和铁路车站工地等都不太远,步行大约半个小时就可到达。此外,东镇这个地方又是通往远乡近郊,如李村、崂山、城阳等地的咽喉要道,劳工的进出比较方便。基于这样的考虑,德国殖民者按照安置贫穷乡民劳工的定位水平,在东镇开启了劳工宿舍的规划建设。

德国殖民者在选择建造劳工安置区的时候,还是经过深思熟虑的。他们选择这个地方有着有利的地形、地貌和水文、地质条件。青岛多山,东镇是难得的一块面积不小、起伏不大的波状平原。它在排水供水和交通道路的建设方面都十分有利。德国殖民者选择这个地方后,是按照劳工住舍标准进行施工建筑的,在规划设计和建筑标准方面都是低档次,道路街道狭窄,上下水道不完善,饮用水按街区分片供应。我家大院马路对面就有一排水龙头,周围大片街区的居民从这里挑水吃,我们院里除局长的住舍有自来水龙头外,一个大院的十几户人家都用院里北边的一个水龙头供水。在东镇的中部有个叫"水龙盘子"的小广场,有几个水龙头,周围许多住户都在这里挑水吃。按规划设计的房屋低矮紧凑,屋内面积狭小,茅厕没有上下水道,茅坑都是人工掏粪便。新中国成立前没有化肥用,农民常进城淘粪水。

按照德国殖民者原设计规划建设的东镇劳工住舍区的长宽都是400米，但我从《青岛指南》一书中的二万分之一大比例尺地图上量算，建成的东镇劳工居住区实际长度为1000米，宽度为600米。南北方向，从台东一路到台东八路8条道路的路间距离平均为62米，东西向东从顺兴路到西边最后一条路的丰盛路为23条路，路间距仅为46米。南北向路间距比东西向的路间距长16米。住房都是沿路一字排开，房屋之间无间距。德国殖民者为劳工建设的东镇这个劳工住舍小区，宛如一个纵横竖直的长方形棋盘，小区内的道路宽度基本一致，大概可以错开面包车的宽度。直到青岛解放前我还没在小区内看到过汽车开行，连自行车都极少见，所以马路显得宽敞亮堂，因为路边都是清一色的低矮平房不遮光。路面是沙石土路，也没有栽植树木。屋前仅有一窄的略高的挡水台阶，路面当中部位有点坡度，雨水可顺势流淌。但是小区最南面的台东一路和市里过来的辽宁路及南北穿行小区的威海路都是柏油路面，也比较宽，路两边还各有两米来宽垫高的人行道。这两条东西南北交汇的柏油路，是市内通往远乡县镇的咽喉要道。这两条大道，除设有人行道外，路的两侧各有两条相距1米多宽的用厚大长条花岗岩岩石铺的轨道，如同铁路铁轨。当时主要的货运车辆是人拉的大板车，尤其是码头上装卸货物的大板车，一车可拉二三千斤货物。这种大板车的两轮轮毂包有一圈厚铁。马路两边的花岗岩轨道就是为它设计建造的，大板车的两个车轮正好压在花岗岩石轨道上，既可以防止大板车的铁毂压坏柏油路面，又起到防滑的作用。尽管有这么两条轨道，那些拉车的人还是很费劲，拉这种大板车的人都是体强力壮的大汉，即使他们拼尽力气拉，有些路段也很难拉上去，因为青岛的马路总是上下坡度大，拉大车上坡的时候,经常还得雇用拉上坡的人,拉上坡的人将自己携带的带有铁钩的绳子钩住大板车辕上的铁环,帮着把大板车拉上坡以赚几个铜板,他们是"苦力"的帮手,是最卖力又是赚钱最少的"苦力"。日本曾两度侵占青岛,除抢掠资源、杀虏中国人外,不搞市政建设,中国百姓在日伪统治下没有经济条件修路建房,所以直到日本投降的时候,东镇的市政市容面貌没有多大改善。20世纪30年代,家居青岛的我国著名作家王统照,在其《青岛素描》中说道:"东镇原是个小小的村庄,现在成了工人小贩的居住区。""自然马路、电话、汽车样样有,可是旧式的黑板门、红门小店铺的陈设,冷摊的叫卖者,仿佛到了中国较大的村庄一样。这里很少有摩登式样,有不少的短衣破鞋的男子,与乱拢着髻子仍然穿着旧式衣裤的女子。小孩子光着屁股在街上打杂,拾蚌螺的妇女提着柳条筐从海边回来。"同时期还有位从鲁西农村来的大妈,对东镇的感受是:"都说青岛是大城市,净洋楼,可到了青岛(东镇),还是住平房,一间房子半间炕,窗户也是窗棂糊纸。"他们对东镇的印象与感受,折射出了当时东镇的社会面貌。最近几年我在东镇转了不少地方,在我原居住的大院,邮局营业厅大门斜对面马路对过、顺兴路南端路口,还有十来栋殖民时期盖的老旧平房,我没有弄清为什么就这个地方把口的十余间平房和道路还和原来一个样子。实际上,20世纪40年代初,青岛东镇的平民百姓住的条件和生活比这更惨,又加上日本残忍的统治和疯狂的掠夺,人们的生活必需品粮食、棉花、煤炭等极端缺乏。

东镇殖民时期规划小区的平房样式

据《青岛指南》介绍,青岛市民住舍大致分为四区四等。观象山以南到海边一带的住舍为一等住舍区,每月每方丈租金需 5 元。市区中部湖南路、湖北路到禹城路一带为二等住舍区,每月每方丈租金 3 元左右。第三、四等住舍区称平民住舍区,它们大致位于台东和台西地区,每月每方丈租金只收 1 元的修缮费。在台东和台西镇的一些周边地区,住舍和生活条件极为简陋,生活极为悲惨。据《青岛指南》介绍,这些地方的住舍"大抵皆搭盖板房草舍,聊避风雨,与上海闸北交通路一带的情形相仿。此等草房板舍类皆狭陋异常,其高度有低头而不能直立者,炕灶相连接,杂物零乱无序,秽污之气,往往刺鼻。男子大抵以拉大车、拉洋车、做工、撑船或捕鱼为业。女子以糊洋火盒居多,老幼妇孺则皆以拾煤核、打海蛎子等事借以弄一二枚铜板贴补家用,亦可为苦之至矣"。这也是我儿时东镇的社会、住舍环境面貌,也体现了我的家庭环境和遭遇。

我非常羡慕许多人有丰衣足食的家境和美丽的故乡,可我的故乡和家境却让人乐口难开。尽管如此,我终究是出生在东镇这个地方,在这里长大,在这里有着我太多太多的苦辣酸甜的记忆。它仍让我不失对故乡东镇有亲近的情感。因为我就是从这里来到这个世界上的,望乡之情人人有之。2011 年,我女儿在青岛小港附近买了一套 150 平方米的住舍,满足了我的望乡之情。每当夏秋时节,我和老伴总会回去住两个月,像住进疗养院一样,过一阵子修身养性的生活。每当我路经东镇故居马路的时候,总会站在原大院门口附近向那里瞄上几眼。一切都变了,原来空荡荡的大院,盖了一栋东镇的标志性建筑。一座数十层高的大厦,像个黑柱子立在那里。周围的街道马路依旧,但平房变成了高楼,而且密密麻麻的,行在路上感到非常压抑。那时,从我家住的大院门口的西北向、台东一路和辽宁路交会处的一块空旷的大三角形空地,是一个风口区。现在这块三角区仍在,只不过面积小多了,且周围稀疏的小平房变成了高楼大厦。1944年的春天,在这个三角地段形成了一个小龙卷风,香烟盒、包烟的金纸飞上了天,三角地南侧香烟摊的一个破柳条筐还挂在电线杆上,周围一片狼藉。规划建设的"小区"之外,许多路是顺势而建。利津路是一条东北走向的宽土路,这条路和这条路向西是工业区。这里有些小作坊、锯木场、火柴厂。我小学一个同学家里开了个木材厂,我去他家玩过,一个大院子,大门也很宽大,里面堆了些圆木。两人拉的大锯,把圆木锯成板材,这就是个工厂。弹棉花、榨油、磨豆腐都算工厂作坊,但这一带有4个像样的现代化意义上的大工厂。利津路中段向西有一座卷烟厂,它占据着两条宽马路,有一个很大的钢筋混凝土厂房。它是英国人办的工厂,叫大英烟草股份有限公司青岛分公司,创建于1924年。1952年我国政府接管后,该厂现已发展成为我国最大的卷烟生产集团,现已搬迁外地。在它的南向1公里左右有一个日商榨油厂,该厂始建于1917年,坐落于辽宁路和华阳路拐角的这座油厂,是青岛最早的机械榨油厂。20世纪40年代初,从码头和火车站方向有大量大板车向里拉花生,日本投降的前两年,大板车在进厂前,有的人跳到车上,用刀子把装花生的麻袋豁个长口子,向自己带的小口袋里装花生米,拉大板车的人装作不知道,日本人的警卫已经顾不上这个了。我有时就拣点掉落在地上的花生米。青岛解放后,这个厂改为青岛植物油厂。20世纪90年代合资改制生产花生油,这里成为很有名气的榨油厂。在榨油厂东向约1公里处有一座面粉厂,它的厂房是栋瘦长的钢筋混凝土高楼,是当时我见到的青岛最高的钢筋混凝土大楼。从外观看它是一座现代面粉厂,这个厂的围墙沿昌乐路的大河沟而建,墙下有一个猫头大小的洞,从洞里有很小的水流出,可以看到水中有麦粒流出,这是面粉厂的洗麦水。东镇的南边登州路上有一座我国著名的青岛啤酒厂,抗战时期我从登州路向里看,院子很大,但没有像现今这么多高大的不锈钢罐等酿酒设施。东镇的榨油厂和面粉厂在当时都是像样的大厂,它的产品都运往日本。豆饼、麸皮销售青岛市场。有一阵子,我家连豆饼、麸皮也买不到。

直到1949年6月青岛市解放,东镇仅有两所小学。一所是东镇最西边的顺兴路小学,这是我受教育的启蒙学校,初小是在我入学的那个位于台东六路西头的小四合院里上课。它是1924年由政府出资兴建的青岛市5所小学之一。它的主体是一个大的校园,南墙有一排带前廊子的平房教室,可供十来个班上课,那时这所小学不超过二三百个学生,我们五年级就一个班,40人左右。学校里的设施非常简陋,一个开阔平坦的沙土地面的大操场,上面光秃秃的没有任何运动设施。另一所小学在东镇的最东北角上,建在一个高石台阶上。这所学校的大门在台东六路北侧,大门口是由多层花岗岩岩石长条铺垫的一个石台阶,高出地面2米左右,那时没有汽车,也没有自行车,进出大门没什么不便的,学生上几个台阶就进入学校了。校门不远处的平房,是教职员办公备课的地方。这个学校的操场更大,有三四个篮球场大,操场上也没有什么运动设施。在它最北边有一栋大的教学楼,我记不得有几层了,它沿着学校北墙一字排开,比顺兴路小学大得多。就在这排长条教学楼的东南角不远的地方,有一炮台掩体,我对此记忆深刻,我虽然不是这个学校的学生,但常去这所学校玩。到了这个学校必定会到这个掩体看看。这个炮台掩体是钢筋混凝土铸成的,坚固无比。

在这个掩体西南边有个小门，我不清楚这个门怎么小到只能一个人进出，从这个小门向里看黑乎乎的，看不到什么。这所小学大概是青岛最老的小学了，始建于清光绪二十八年，即1902年，是中国清朝政府出资兴建的。2014年秋，我在自家住的海逸家园小区看到小区新建的小学门墙垛子上有块牌子写着"青岛市台东六路小学集团海逸学校"。这所具有115年的老校又焕发了青春活力，为青岛小学教育做贡献。也是在2014年的秋天，我曾去顺兴路小学观望，正逢假期，仅有一保安人员在学校大门口值守。我只好从门口向里张望，一切都变了，它的西墙和南墙，现今是多层教学楼，校园变得小了，南和西两栋多层大楼衔接起来阻挡了视野，学校的周边也是高楼大厦，不像我在校读书时，它的南边和西墙外仅有几间散落的平房。在我小时候东镇就这么两所小学，现今都成为焕发青春的老校，成了名校、重点学校。我的启蒙学校唯一没有变的是校门东侧的那个平房，学校工友在这里摇铃报上下课的时间，我对这个小屋感到熟悉和亲切，当年我在学校时，喜欢听到摇铃声，特别是下午，放学后我可以在大校园的操场上愉快地玩上两小时。

东镇虽然是个贫穷人居住的地方，但五脏俱全。在东镇的中南部有座青岛唯一的综合市场楼，在当年青岛市的12个市场中，仅这一个称综合市场。它当时是一个很大的市场，南北跨3条路，东西跨两条街。这座建筑物东西南北路间各有1个门，进出方便。这栋楼有个2米高的花岗岩岩石底座，所以它虽然仅两层楼高，但显得高大壮实。据说它是当时青岛著名商人杨圣训通过募集股本资金创建的，是一座完全由商人操办经营的商业市场。它之所以叫综合市场，因为当初建造时，内部除了设置蔬菜摊位、鱼肉摊位、洋杂货铺、布匹针线和鞋帽服装等店铺摊位外，还有演出北方曲艺杂耍的戏院、说书场、电影院等。这个综合市场是建在贫民劳工聚集地的地方,出售的货物也是低档次的。它的娱乐场所,也是为下里巴人安排的,档次也是低级的,是一个典型劳工贫民性质的游艺、娱乐场所。出我家大院大门,沿台东一路向东走十来分钟,就到了这个综合市场的南门。进门的一层是卖海货的,昏暗的灯光,湿漉漉的地面,一股腥臭味。所以我们进南门后,不通过一层上楼,而是走楼东侧的通道,走到东门上楼梯,直接到第二层,那里卖的是针线布头、洋火、打火石和马粪纸、引火纸以及铸铁锅、泥瓦盆、粗瓷碗盆、高粱秸盖垫、铁镐、铁锹、扫帚等生活必需品等。我家是贫民区的贫民,到这个市场买的也就是这些东西。这个综合市场楼一层的东南角上有一个平民戏院,演的是地方戏即墨"肘股"。人们常议论那是个拴老婆橛子的地方,确实到这里看戏的妇女居多。有钱没钱省几个钱看场穷戏,买张低价戏票也是人之常情。我记得我母亲就带我进去看过戏,像我这么点的小孩是不要票的。戏院里设备很简单,就是成排的长木板凳和窄的长条桌子。坐着看,站在边上看,都可以。大人们看得津津有味。可进去后,不一会儿我就趴在桌子上睡着了,而且睡得很香,戏散了母亲再把我叫醒领我回家。这个综合市场西门楼上有一个小电影院,就像学校教室那么大。抗战胜利的那年,我二姐她十六七岁了,带我到这个电影院看过电影,她喜欢看电影。那时这里演的电影是黑白片的无声电影,我当时才刚10岁,一点也看不明白,哪里有兴趣看这种电影,尤其电影院里黑乎乎的,所以进去不一会儿就睡着了。我从小就有爱睡觉的毛病,至今仍然如此,而且一旦睡着了什么也听不见,人家说打了一夜雷,我连一点雷声也没听见。这几年我女儿曾带我到天桥电影院看大片,影片里什么都有,声音也很大,我不爱看。电影演的时候虽然响声很嘈杂,可我也能睡觉。有一次她带我去看成龙演的大片,进到电影院里,开演不一会儿我又睡着了,看完电影,家里人都说这个电影好笑,可我就是睡得很香。

  2012年秋天我在青岛,有一天,我的小妹说带我到东镇的一个大型超市去购物。东镇是我的故居所在地,去东镇等于回故里看看,我就跟着去了。我小妹带我去的大超市叫万达广场利群超市,到那里一看,噢,这是在原综合市场楼那个地方拆迁盖的,它的规模比原综合市场楼高太多,从地上一层侧墙的楼梯看,至少有六七层。一层卖水产海鲜,鱼、虾、蟹、海参、鲍鱼等应有尽有,你想要什么海鲜,这里准能买到。以前综合市场楼卖海鲜的地方,因为家穷买不起,压根就不去。二层卖水果、糕点、糖果、巧克力,以前没有注意到综合市场里有这些东西,在庙会上看见卖糖瓜、关东糖就很不错了。三层卖家用电器,智能电冰箱、多功能电视机、电脑、手机、电饭煲、豆浆机、榨汁机,什么都有。四层上布匹、服装、鞋帽、金银首饰等琳琅满目。在逛这个大超市的过程中,我想不过70年的功夫,我宛如生活在两个世界。我小时候综合市场里洋布、洋火、卷烟就是洋货了,大量的商品就是铸铁锅,当时叫生铁锅,再就是粗瓷盆碗、泥盆、铁锹、铁镐。可以说从农耕时代,一跃进入了计算机、智能手机时代。原来综合市场楼东南向不远的地方,也是一个让我难以忘怀的地方,这里有一个小南山市场,实际上是一个杂货市场,类似外国人的跳蚤市场。当时这里是一块大的开阔的坡地,主要是蔬菜集散地,特别是秋冬季节,远乡近村的农民,用独轮车推着菜到小南山市场叫卖。山东省的这种独轮车之前打蒋介石时,起了很大作用。农民从远乡把白菜、萝卜推到小南山市场。从老远的地方推着白菜,白菜的外帮总会掉落一些,农民出售白菜、萝卜时,都会将菜帮、萝卜缨丢弃。我常跟着母亲到这个市场买白菜、萝卜,那时深秋和冬天也就只有这两种菜。我跟母亲买菜的同时,顺手拣拾点人们丢弃的菜帮菜缨。回家把好的做菜粥吃,差的剁碎喂鸡,那时我家人吃的饭和鸡食差不多,可以说我们家吃的是鸡食水平。当然不如现今的鸡饲料,现今的鸡饲料有蛋白质和其他营养品配方。抗战胜利后不久,山东省的城乡几乎都解放了,青岛成了国民党军队占领的一座孤城。各地城乡的财主、土豪、劣绅和国民党地方的高级官员跑到青岛来的不少。他们带了许多珍宝古董、名贵古物、字画来到青岛。小南山市场成了他们变卖这些东西的集散地。我随父亲去过几次小南山古董变卖地,那里的地摊摆满了古董。我父亲非常喜欢精细瓷器,虽然抗战胜利了,我家还是穷,没有额外钱去买那些古董一类的东西。另外,当时没有多少人把这些古董、文物珍宝一类的东西看得多珍贵。我父亲喜欢瓷器,还是买了几个很精细的瓷碗、古玩瓷盆,当时都是不值钱的老旧瓷器。除了在小南山市场买菜买点杂货,我还在抗战胜利后的一年,在这里卖过火柴。我父亲从批发厂商购进一小木箱火柴,让我在小南山北进口处零卖。在那里蹲上一天,也赚不了几个铜板,赚不着一斤半斤的玉米面钱,有点瞎折腾,所以不久我就收摊不干了。现今这个地方盖了几栋高的市场楼,我曾去卖海鲜的市场转了转,除海产品之外还有多种淡水鱼。说真的我还是喜欢小时候那个开阔地上的露天小南山市场。

  前年在青岛看到一条消息,说青岛市开展护鸟的专项行动,保护迁徙的鸟类。据调查青岛有候鸟391种,百万只以上。这一消息勾起了我儿时曾经喜爱养小鸟的事。小南山市场向南越过一条小河沟,再跨一条较宽的沙土路,现在叫延安路,路南有一大片农田。秋季这里种的多是荞麦和地瓜，有一大片荞麦地，有些人在这里捕鸟，在荞麦地的一头支上一张一二十米长、两米来宽的细线网，捕鸟人从荞麦地的另一端，拿着个长杆，哄打喊叫，让鸟向支网的方向飞，很快许多小鸟撞到网眼上动弹不得，捕鸟人把鸟放到随身带的鸟笼子里。秋天我常常去看捕鸟，有时也跟着捕鸟人喊喊叫叫，那时不知爱护益鸟。在综合市场南门，路南有一块石砌的高平台，因为它是个花岗岩石平台，上面没有树木，仅长些杂草，这个高平台的地方秋季是一个鸟市，在这里有一大片卖鸟的摊位。卖鸟人摊位前摆放的扁平鸟笼里面挤满了小鸟。抗战胜利后这个地方很活跃，有些有钱的人，到这里买上几笼子鸟，当场放生。有的小鸟因关在笼里时间长了，放出来飞不动，常落在不远的地方。我和一些孩子常常去追捉这些飞不动的小鸟，捉回家养着。我非常喜欢红靛颏儿这种漂亮的小鸟，它长得纯正苗条，胸脯鲜红，全身黄绿毛。蓝靛颏儿胸脯上是蓝色的，这种鸟非常好看，我曾养过几只。去年秋天我在青岛住处楼下的小区院里，见到树杈上挂着个鸟笼，养的是一只红靛颏儿，这只鸟算是上品，我问养鸟人买这只鸟要多少钱。那位养鸟人说一万元左右。我家还养过一只小黄雀，这种鸟不仅好看，喜鸣，鸣起来像唱歌。还有一种翼上有醒目的黑色及黄色条的小鸟，叫金翅鸟，它比黄雀还漂亮，但叫声不行。我还养过一只像麻雀样的小鸟，头顶上有块红色彩毛，我们当时叫小红头，学名可能叫红头灰雀，我把它放在一个小方的竹鸟笼里，养了有几个月，有一次不小心，忘了关笼子门，结果那只小鸟飞走了，没想到过几天又飞回笼里，后来我干脆不关鸟笼门，它飞走又飞回好几次，后来再也没有回来，这鸟真的挺有意思。那时青岛这种迁徙的小鸟非常多，价格又非常便宜。当时家中养小鸟的人不算少,比今天养狗更普遍。

　　我母亲常跟人说,我小时候很皮,很贪玩,整天不着家。我家住的房子又小又暗,别说没有可玩的东西,家里连个坐的地方都没有,总不能整天都躺在土炕上吧,除非生病的时候,所以我只好在外瞎玩,瞎逛游。大自然就成了我的玩具,成了我的课堂。它让我心情舒展。大自然给我教育、教训,甚至让我过鬼门关。现在的小孩,生活的内容太丰富,看电视,玩手机,当然还有繁重的作业。现今小孩不仅常常相互串门,一起玩,过生日还常常聚聚,他们绝不会整天不着家。我听说过像我外孙这么大,不过十来岁的小孩经常一起玩,你来我家玩、我去你家玩是常有的事,还常常生日聚会。我那时候很少去其他小孩家串门,我上小学后也只记得去过一个同学家玩过。那时人们都很穷,生活压抑,人的关系冷漠,那时有钱有势的人家把穿破旧衣服的小孩看成是野孩子。我9岁多才上学,确实听到过有人说我是个野孩子。我上学前确实没有跟一个小朋友一起玩过,到哪里我都是独来独往的。大自然让我快乐,从七八岁起我就经常一人进大山,因为在山里玩,我感到快乐。我常去的大山距我家很近,出我家大门,向东南方向走,不远就到了进山的桑梓路。这条窄短的土路,南边是日本大兵营,它的围墙是铁栅栏的,从路上可以清楚地看到里面。这段不足10分钟的路段,十分吓人,尽管我从未看到过里面的日本兵。因为日本兵在青岛经常无端地残害中国人,所以可能有日本兵的地方总会让人感到害怕,走路总得十分小心,看看周围是否有日本兵。这条小马路的北边是一条大的河沟,是从大山里流出来的河溪,路的南端,隔着一条稍宽的土路,这条土路的南边就是山林,路北路南生态截然不同,路北日本大兵营的东边还有几户人家,还有一个打谷场,有一个很小的泥水湾。桑梓路顶头的土路现今叫延安路,当时没有路名,也未曾听说过它叫什么路。这条宽阔的土路当时很少有人走动,在日本投降之前我几乎没有看见过行人和车辆。现今是车水马龙,人们很难想象,抗战胜利时这里还是少见人走动之路。在路的南边有一个路边坡,下去就是一条清清的小溪,踏着几块石头一跳就过去了,过了小溪就进入了灌草丛生、林木茂密的山中。这个山是青岛市区内最大的太平山的余脉,在山上仅有一条人踏出来的弯弯曲曲的羊肠小道。太平山是花岗岩石山体,山坡上有许多风化的球状花岗岩石,山上长有许多大栎树,坡面上杂草非常茂密。有条从东山制高点修过来的小马路,好像是条军用道路,通向太平山不远的另一较高山头,山头上建有一炮楼。这条小路和汇泉公园的樱花路相连接。我去中山公园看樱花就是走这么条路。我经常也从这里进山玩,但不到深山玩,通常就在离路边不远的山坡的密林中游玩。这里有一小块没有灌木丛和蒿草的三角地,四周有几棵高大的栎树,我经常在这里爬树。山坡上有一种带刺的小灌木,上面长满鲜红的小豆豆。孩儿们叫它狗奶子,摘下来放在嘴里嚼嚼有点甜,在山林中玩总会摘点嚼嚼。抗战胜利的前一年春,我沿着这条山间的羊肠小道去汇泉公园看樱花,从山脊一下山坡就看到一片粉色的花海,当时汇泉公园的樱花路又宽又长,路的两旁各有一排大樱花树,是德国殖民时期栽植的,樱花盛开时,繁茂的枝条上没有树叶,全是密密麻麻的樱花,两行樱花树冠枝条像一把把粉红色的巨伞,看樱花的人涌满树下。樱花路的南头靠南门就是正门,路西不远处有两栋西式洋楼,像座红瓦黄墙的别墅,现今仍然还是那个样子,其中北边的一栋,现今已是公园管理处。楼东原来是一块有护栏围起的草地,在仅有尺把高的护栏里,绿绒似的草皮上有几个日本妇女在那里跳舞。她们穿着花色鲜艳靓丽的衣服,身后背着一个方块花包袱。这种梳妆打扮,让我感到好奇怪。那个有低矮护栏的草地是只准日本人在上面活动,她们在上面又吃又玩,穿戴得又好。她们吃完了,把饭盒丢在草地上扬长而去。我对于她们的饭盒与吃的东西有点好奇。我进入草地,从草地上拾起一个饭盒。饭盒的大小比我们现在常用的长方铝饭盒略小,是用薄木片做的。我看到饭盒里面还有几粒白亮小颗粒。当时我不知道是大米粒,因为当时不仅没见过大米,连大米两字都没听说过。现在我家也可以随心所欲地吃东北大米。我又回想到我小时怎么那么傻,连大米一词都不知道。一次乘高铁和东北一位老乡聊天,聊到我小时候不知道大米,这位东北老乡说,他那个地方种大米,日本人规定中国人不许吃大米,真是欺人太甚,岂有此理。就在那块草皮东北,没有几十步,有个小动物园,我记得有几只小猴蹦来跳去的很逗乐,小孩爱看。这个小动物园有六七只"四不像",因为它长得奇特,所以青岛很多人都爱去动物园看"四不像"。这种动物原产我国,但不知道什么时候已在我国消失了。青岛动物园里的"四不像"是怎么消失的?在北京报纸上我曾看到一条新闻:1985年,我国从英国引进20余头麋鹿,就是"四不像",饲养在北京南海子,我立刻就想到青岛动物园中的"四不像",那时是日伪时期,青岛动物园中我国原产的麋鹿的消失,日本统治者应该负责任。

除了到汇泉公园看樱花,我还常去汇泉公园西部的小西湖游逛。小西湖西南角岸边那棵巨大的法国梧桐树很漂亮。这里非常幽静。当时到这里游逛的人很少,那时人们的生活都很艰难,哪里还顾得上闲逛。现在不同了,在这里建了个不小的综合游乐场。当时的小西湖更像是个天然湖泊,护坡的大块石头上常可以看到钓白鳝鱼的人。钓鳝鱼要做一个绳扣,放在鳝鱼常露头的大石头间的缝里,当鳝鱼伸进绳扣中,猛拉绳扣,就把一条长一尺左右的鳝鱼提上来了。我在小西湖主要是看人们钓白鳝鱼。此外,我喜欢这里高大的林木、幽静的环境。从小西湖向西北有一条密林小路,它差不多和注入小西湖的水源溪流相平行。从小西湖上溯约1里地,有个滚水坝,坝的两岸被大树覆盖。坝内有一深而窄的小水溪。我逛完小西湖回家的时候,路经这个水坝,经常要在这里嬉水,从坝上下到水里狗爬几下,因当时我还不会游泳,离开坝扒几下,赶快再回到坝上。这个坝内的水是山泉流出来的,很凉,水里和岸边有许多癞蛤蟆,学名蟾蜍。像火柴盒大小的蟾蜍,非常难看,表层深黑,肚皮为紫红豆斑,它在水中跟人混游。这种体小的蟾蜍是有毒的。这个溪流水中还有一些蠕动的蚂蟥,它的学名叫水蛭,在水里它爱钻进皮肤吸食血液,如果发现它向皮肤里钻,就用鞋底打,把它打出来,那时穿的鞋都是纳底布鞋。水蛭制品也是一种稀释血液、抑制血栓、活血化瘀的中药,我现常服这种叫脑血康的药物。现在我回忆自己当时又不会游泳,在那么凉的水中玩水,水中又有癞蛤蟆,又有钻皮肤的蚂蟥,怎么就不怕危险,不怕虫害,跟现在这么大的小孩相比,有点不可思议。

　　五月端午节,青岛民间有个习俗,天刚蒙蒙亮的时候上山拔艾蒿。我常去玩的大山坡上,石缝里艾蒿长得密茂高大,足有两尺多高,弄蒿子总是我的事。拔回来的艾蒿带着露水摆放在门口,说是防病避邪。我家里端午节习惯包"菠萝叶"粽子,这种菠萝叶是橡树的叶片,像小提琴形状的橡树叶片。豇豆北京叫花小豆,用橡树叶片包豇豆做成的粽子别有风味,很好吃。弄橡树叶是我的事,我喜欢爬树,那座大山坡上就有些粗大的橡树,我爬上树,采集又大又新鲜的橡树叶带回家包粽子。这些活并没有其他家人跟随我,都是我一人独往独来。那时家里人和自己都想不到危险。

抗战胜利后的那年秋天,一次我爬到一棵大树上,悠闲地半躺在一个大树杈上,突然听到噼里啪啦的声音,吓得我从树杈上掉下来。我从地上迅速爬起来,一眼看到不远处站着一个全副武装的国民党兵,手里提着一把冲锋枪,刚才把我吓得从树上掉下来的是他拉枪栓的响声,这个军人大概一看是个瘦小的破毛孩,没说什么就走了。我也算幸运,这个兵没开枪,否则就不可想象了。

我小时候正如我母亲说的整天不着家,除上那座大山玩,到汇泉公园玩,有时还到海水浴场玩。我还去过北面的海泊桥那个地方玩。沿着顺兴路向东北有一条较宽的土路,那时下大雨,路边低洼有积水的地方,很容易抓到小鲫鱼。我就捉过几次小鲫鱼,拿回家放在缸盆里,很容易养活。大水缸也不能加水太满,下雨阴天气压低,鲫鱼会向缸外蹦。从顺兴路向东北方向的宽土路走到头,海泊桥附近上溯海泊河是水源地保护区,河的南岸有一较宽的林地,有一低矮的石砌围墙,我从一个残墙低矮的地方爬上墙头,沿围墙顶部走,走到墙头的一个地方掉下来了,右腿的膝盖骨正好触在断墙的一块大尖石的石尖上,扎破了一个口子,顿时血流不止,当时有点懵,不知该怎么办。急了,我随手抓起一把石灰样的墙灰,按在破裂的伤口上揉搓。用石灰渣土揉搓伤口是很痛的,当时哪还顾上疼不疼,能不流血就行了,按揉了一阵子,血不怎么流了。忍着疼痛一瘸一拐的好不容易走回家,到了家还装着没事,怕家里知道了自己要挨骂挨打。这个伤口后来留下一个明显的三角形伤疤,虽经过了这么多年,还能隐隐约约地看出疤痕。现在回顾起来觉得幸运，这么深的伤口，放上渣土没有得破伤风，膝盖骨半叶板也没有留下后遗症。现在遇到这种情况，肯定要到医院外科清洗消毒伤口，然后缝上几针，再打破伤风针，吃消炎药。去年我洗鱼扎破皮肤，到医院医生就是这么给我处理的。我少幼时代遇到的危险事很多。抗日战争胜利后的1947年夏天，我想不起来到海泊桥去干什么，回返的路上，看见海泊河滩上有一个很像我家暖和被窝烫壶样的东西。我家就有一个这个样子的烫壶，一个扁圆的铜制罐上面有一个旋钮盖，扭开盖倒进热水，放在被窝里取暖，因为那时没有暖气，冬天被窝里也是刺骨的冷。我下到河滩把这个像烫壶一样的铁家伙搬到岸边，我把螺丝盖转开，里面装满银灰色的粉末。我正在瞅着纳闷，琢磨这是个什么东西的时候，走过一个大人，瞅了瞅我在干什么，他说是个地雷，吓得我丢下赶快跑了。这个大地雷可能是日本兵或国民党军扔的，因为当时的八路军还造不出这么好的地雷。它可能是被洪水冲进河滩里的，估计在丢弃时，他们把引爆装置拆除了，否则我就不好说了。我小时候在外瞎玩瞎跑，没有不感兴趣的事。我家大门北边有一个小教堂，这个教堂从外面看没有教堂的十字架标志，就是一个稍高的大房间，屋里有十余排长桌凳子，能坐下百八十人，我也不知是基督教堂还是天主教堂，习惯上大家都叫耶稣教堂。我每个星期日差不多都去，坐在后排，进去不一会儿就趴在长桌子上睡着了，等人家讲完经的时候我也会醒来，领一张印有耶稣被钉在十字架上如同两张扑克牌大小的彩色画片。我很喜欢这张鲜艳的彩色画片，所以每周日去教堂，为的是领张彩色画片。德国殖民者来到青岛，把基督教也带到了青岛，青岛建有数处教堂，有的教堂建筑在全国都著名。就东镇这个贫民窟也有教堂,从这个教堂沿路向东300米有一处神父住的豪华寓所,是田园别墅式的住舍。这可能是东镇这个地方最好的住舍了。除了这个耶稣小教堂外,东镇还有两座大庙,一座就在顺兴路小学东边,外观看上去是一个外墙红色的大殿。这座大庙的庙门开在前一条街上,庙的大门朝东,其实我经常从它的北墙和西墙路过,但我从来没有到它的东门进去看看。

另一座大庙叫下村庙,沿我院西墙的马路向西南向走不了10分钟就到了,它是中国道教圣地崂山的下庙,始建于元代,主祀玉皇大帝。所以它又名玉皇庙,占地面积不大,仅5亩,有一座雄伟高大的主殿,殿中有一座玉皇大帝金灿灿的巨型塑像,主殿两侧有座关帝庙。我记得最清楚的是在庙门东内侧有座小庙殿,是座娘娘庙。到这里的年轻妇女居多,她们手上拿着一条红线绳,急盼自己生个小孩。娘娘庙是下村玉皇庙香火最旺的地方。青岛旧俗"忙腊月,耍正月",大多商业行当平日很少有休息日,春节那时都说过年,商界通常正月十五后才开门营业。庙会就成了人们聚集杂耍游乐的场所。摊商小贩们多卖食品、玩具、工艺品、小百货等,还有小戏摊,跑旱船、踏高跷、变戏法的。春节期间包括日伪时期都有庙会活动,春节我经常去下村庙会,因为它距我家太近了,出大门走不了几步就到了。这里人头攒动,摊贩林立,戏曲杂耍应有尽有。那时庙会的食品、玩具、工艺品和现在的概念完全不同。食品基本上是萝卜、糖球、糖瓜。青岛有俗话说:"烟台苹果莱阳梨,赶不上潍县的萝卜皮。"潍县萝卜清脆可口,有点甜,个头细长,一般一个不大于半斤。冬天的晚上在我家屋里就可以听到街上卖潍县萝卜的叫卖声:"潍县萝卜!潍县萝卜!"我儿时将萝卜当水果吃。那时市面上的苹果、梨不多见,一般百姓民众吃不起。糖球是青岛庙会上的流行食品,下村庙会上糖球到处可见,比较便宜,很多人爱吃。关东糖百姓叫糖瓜,也是下村庙会最常见的食品。卖糖瓜的地摊,多用像钟表盘的圆转盘,转一下转盘的针,针指到几块糖就拿走几块,带有游戏性质,要想吃糖瓜,拿钱转几下。玩具很流行的是一种薄玻璃吹成的容器,用嘴吹,前面的玻璃就会震动出声,因为前面的薄玻璃很容易吹破吸入口中,所以新中国成立后不久就禁止再卖这种玩具了。庙会上还有两种纸和泥巴做的玩具,一种是不倒翁,用纸浆做个壳通常把纸壳部分画成一个古代美女,画得很鲜艳,底座是用黄泥做的,由于身轻底座重,按倒它,它会自动站起来。还有一种用纸浆浆壳做成小老鼠的样子,嘴巴上有几根长的胡须,肚皮下面是一个黄泥滚子,由橡皮筋控制,提起来放下就向前跑。拉洋片的、变戏法的也都吸引眼球,现在来看这些东西都太原始了。

  我从儿时起就四处游荡,可能和好动的性格有些关系。从客观上讲,主要还是和社会环境与家庭条件有关。我出生成长在一个父母都没有文化、没上过学的贫苦农民、工人家庭,在新中国成立前父母每天都在为生活挣扎,哪里还顾得上管教孩子。在日本统治下,哪里还有什么社会教育。从幼儿开始,我自发地进入了浩瀚的大自然,大自然就成了我自由自在的欢乐天地,成了我的课堂。危险和风险始终与我相伴。从少幼到成年,我确实遭遇多次生命危险,可以说是九死一生。十七八岁那年一人从栈桥头上向岸游泳,离岸还有一段距离时感到体力不支。有一次钓鱼站的地方距岸较远,站的地方较高,涨潮海水上涌太快,差点跑不出去,那次也有生命危险。在生命禁区沱沱河采样,站起来差点栽倒,当时没带急救用氧气。出差乘坐火车,我乘坐的火车与拉大炮的火车剐蹭,我就坐在紧靠车头的第一节车厢里,车头的司机受了伤,列车停了很长时间,换了新车头才开行。出差山西因严重肠炎便稀,造成血液缺钾,下了火车急送北大一院急诊输钾。若再延迟一步都不好说了。我还有过"死而复生"的情况:11岁那年,我从柴草堆上向下跳着玩,没注意脖子挂到晒衣服的铁条上,掉到地上就不省人事了。听说家里人把我抬到屋里炕上,揉了一阵子,没有生命迹象,家人看我大概没有复活的希望了,就准备后事了。不知谁看到我的手指动了一下,接着又开始对我拳揉掐捏,我又活过来了,真够吓人的。

我确实羡慕现在的孩子,生下来就是家里的宝贝、祖国的花朵,3岁上幼儿园,6岁上小学,学跳舞,玩游戏,学唱歌,吃得好穿得暖。我生下来就是在日本的残酷统治下,生活在贫民窟里,在大自然里过着危险而快乐的生活,在自然生态与苦难的社会环境融合的"大学"里成长壮大,经受了大自然的洗礼,这就是我的故乡,给我留下了太多苦难和记忆的故乡。

故居苦恋

故居,即曾住过的房子,但也有不同的认识和解读。有的人认为只有名人才有故居或逝去的人所住房屋才可说是故居。有的地方政府,不管名人到此住过多久,都贴上名人故居的标签。对于故居我倾向于这样的诠释:出生以后,童年或更长的时间与父母等长辈、兄弟姐妹一起住过的房子是故居。我从工作以后,儿女跟着我老两口和他们自己成家以后总共搬迁过10次,还不算在国外住的1年,哪里算是他们的故居?哪里都可说是他们曾经住过的地方,若说成是故居有点太牵强。

可我的故居完全符合上述的诠释,我的故居在青岛东镇台东一路上的东镇邮政局大院里。我在这里出生与父母家人住了17年,这里是我的故居,怎么诠释都无悬念。我们家住在大院的东北角上,房子的东墙和北墙是院墙的围墙部分。整个东墙和南墙没有门窗,仅北墙和南屋西墙上有个很小的窗户,东屋的小窗户长2尺多,宽1尺多。因为房子低矮,墙外又是台东一路的人行道,从外面跷跷脚,跳一下就能看到屋里,虽然家里破破烂烂的不怕看,但总觉得不好,所以这个小窗户从未打开过。我家住的房子门朝西,房子中间是个门厅,进门向两侧各有一个小门框,南北各一小间房子,虽然是3间房,但面积相当小,总面积不超过20多平方米。门厅里面南侧是一个大土灶,支一口大锅,就像小公共食堂炒菜熬粥的大锅,土灶的左侧有一个大风箱,风箱边上有一口大水缸和乱堆放的柴草,这间房厅就满满的了。朝南向的小套间,是一间房子半间炕,靠东墙是一个大土炕,它和烧火做饭的土灶有烟道相连,冬天把靠灶一头的炕起开几块砖坯,让灶的烟道进入炕里以取暖,春天再堵住通往炕前的烟道,让它直接和烟筒相连。这间屋子不到10平方米,一个大炕占去了一半,炕前的走道西边,全是堆放杂物的地方,我们家唯一的家具是一张抽屉拉门已脱落的木制二屉桌,放在这间屋子的窗根上。桌子的上下堆满乱七八糟的东西,这间房子向西的小窗户也从未打开过,小屋既不透光又不透气,夏天闷热,冬天寒冷。门厅北边这一间,也是贴东墙有张木板床。这是我父母带上一个最小的孩子睡觉的床铺。这个屋子的另一半也是乱堆杂物的地方,我确实记不得家里还有什么家具。我们几个小孩睡的炕比较宽大,我们都是并排横着睡在炕上。因为是土坯炕,上面铺着一领高粱秸皮的席子,睡在上面很硌人。有一年春天,父亲带上我到十几里外的湛山海滩上拣拾了一些海藻垫在席子下面,这样感觉确实松软舒适多了。现在已看不到海滩上被潮水弄上海滩的大堆大堆的褐色海藻了。弄这海藻的困难就是距家太远,往返足有30里地,那时出远门全是步行,又不吃喝,倍感劳累。父亲推着他的自行车,载上一大麻袋,我再背上一小口袋,往返一次要大半天。我家住在台东一路路南,已经不在德国殖民者为劳工规划建设住舍的小区内了,但我家这栋房子和小区里的房子内部结构完全一样。屋子一年四季很少进阳光,屋里相当闭塞,冬凉夏热。我们一家经常住七八口人,可想有多拥挤了。我家出门北边是大院的北墙,门口正对汽车站的东墙,汽车站冲我家的一面没有门窗。我家屋子南面相隔一米多并排是一户人家的北墙,这面墙上也没有门窗。我家从他家的北墙用向日葵杆、竹木棍隔了一下,就形成了自己的一个小院。门前汽车站的房子,前高后低,屋尾缩进一截,在我小院的门右侧形成一个三角形的空地。我们利用这个拐角围了一个养鸡的小围栏,用碎砖块和泥搭了个小鸡窝,养了五六只母鸡。抗战胜利后我的两位兄长从祖籍胶州来到青岛上学,我家住的这套小屋实在睡不下了。我们利用车站东墙和院北墙的夹角形成的一块小三角形空地,买了点薄木片、木棍、油毡等,自己搭建了一个十余平方米的小屋,我们兄弟3人在里面睡了两三年,觉得挺宽畅,还挺满意的。那个时候没有舒适度要求,有个地方遮风雨就满足了。东镇大多人家住舍内没有上下水道,晚上睡觉用尿罐,白天在屋的南侧小夹道方便。我们院十来户人家仅有一个至今我见到的最简陋的厕所,在院东墙中部用碎砖石块砌的一个低头才能进去的厕所,上面遮了几块油毡,下雨时这里面还滴水。我还经常去局长家的卫生间,他家有6间房子,卫生间在筒子房最外边一间,上台阶就可进入卫生间。这个卫生间有上下水设施,蹲坑是陶瓷的,在当时可说是高档卫生间。我也不是总常去这个卫生间,有点不好意思,虽局长夫妇俩人挺和善的。我家大院中部是块大空地,可能不少于1亩地,多数人家都开了块地种菜,我家开了4小块地,有2块在院的当中,2块在我家路边。开春后我父亲到集市上买点茄子苗,我帮着栽到地里,栽上后上面遮一块纸挡光防爆晒,过几天茄苗缓过来后,再把纸去掉。除栽上1块地的茄子,还种上2块地的架豆,架豆种子是头一年留下来的老架豆种子。田间地边种上扁豆、向日葵,还有地瓜花、粉豆花、鸡冠花。把地种得满满的,绝对是高效利用土地。除了买茄苗外,其他都是前一年留的种子,不用花钱去买。秋天还种两畦菠菜,一畦地10平方米左右。我家种的菜长得好,产量高。我父母亲都曾是农民,会种地,再加上种的菜肥水足所以生长繁茂。我家养了五六只母鸡,冬天隔一个多月掏一次鸡粪,有10厘米厚的鸡粪,因发酵冒着白色蒸汽,我把铲出的鸡粪撒进菜地。青岛夏秋季节雨水较多,菜地不怎么浇水,天有点旱时,我就下到水龙头下面的池子里,舀出些池塘里的漏水浇菜。架豆要用细木棍、竹竿搭一个架子,架豆很快爬满架子,挂满豆荚,隔三岔五就能摘两篮子。当时吃不完的茄子和架豆用开水焯透,晾晒干了后留待冬春缺菜时吃。那时种菜是粮食不够瓜菜代,和我们现在吃菜的目的不同。扁豆在秋季进入生长旺季,秋季摘扁豆一次也能摘上一篮子,扁豆得经常摘,摘晚了容易老,而扁豆纤维很多,老了就不能吃了。春天下来菠菜的时候,我家上顿下顿吃菠菜,拌菠菜、炒菠菜、熬菠菜,那时也没油,拌菠菜最可口。芥末面拌菠菜虽很刺鼻,但还是很好吃的。我们家从春到秋吃了不少自己种的菜。开春后自己种的菜没有长起来的时候,主要是挖食野菜。现在讲吃菜有利健康,那时我家里吃菜完全是为了充饥,没有粮吃菜来代,特别是日本投降的前一两年,在极端缺乏食粮的状况下,夏秋晾晒的菜,在冬天缺少野菜的时候,起到替代粮食的作用。那时候只要能充饥的什么都弄来吃。我们大院东墙边上有3棵大洋槐,开春大树冠上全是槐花,我们院里很多人家都去采集。弄根竹竿,再拴上个长铁条钩子,就能把一串串的槐花拉下来,有时候还要上树摘。槐花是不能直接入口吃的,要把槐花在锅里焯透,捞出洗净挤干水,可以撒上混合面、麸皮或豆渣蒸熟食用。槐花还可以用来做包子馅。

我家住的邮政局大院周围是当时的交通"中心"。我家住房背后不宽的马路是汽车站。日本占领青岛时的"公交"车比现在的面包车大不多少,车后还挂着个炉子,就像以前单位上烧开水的煤炉子。汽车在站上的停车场,要加碳捅炉子,用炉口的手摇鼓风机向炉子吹风,点燃新炭后把炉口封好,因为日伪时期缺少汽油。我家屋后,一墙之隔的汽车站被炭渣、炭灰、炉烟弄得很脏,对我家还是有影响,不过那时不懂污染。我有时还去拣点未燃尽的炭块拿来烧。我家大院西墙外是马车站,马车当时是东镇通往市里的主要交通工具,车篷里可以对坐6个人,在车篷厢前的长条板凳是驾驶马车人员的坐凳,马车驾座两旁伸出两根长木杆,并排有两匹大马拉车行进。欧洲中世故事片里经常出现这种样式的马车,它最显眼的是两个大车轮子和车篷厢,很有艺术感。这个马车站马路的上半段正好是我家大院西墙的外墙段,马车站的停车站经常停着很多马车,加草喂马,马粪马尿堆成片,又脏又臭又臊。

我就是在这样的居住环境中,从出生长到17岁。我对故居的记忆就是苦难。高尔基曾说过贫穷和苦难是一所大学,我就是在这所大学里长大的。社会存在决定思想意识,它造就了我吃苦耐劳、生活艰苦朴素、对舒适度要求不高的特点。现今生活条件很好,不愁吃不愁喝。我不抽烟不喝酒,有点瘦肉炒菜,有馒头和米饭吃就十分满足了。

我的吃穿仍然是简朴,没有高的要求,我不忘本,所以对暮年的生活很满足,没有再高的要求。不忘初心,方得始终。若想透了,就会活得潇洒,活得自在,活得踏实,活得愉悦,这样的生活就是幸福美满。

贫困潦倒的少幼时代

弹指之间今年我已82岁,退休正好22年。退休以后,国家一直在给退休人员增加养老金,现在的养老金比我刚退休的时候增加了3倍多。从去年开始我还可以拿到北京市政府给80岁以上老年人的生活补贴100元。钱不在多少,体现了国家和政府对老年人的关怀。一位老同学说,哪有这么好的时代,中国历史上仅有大唐皇朝发放过养老金。我们今天远远地超过了大唐时代。我的父母亲没有赶上这么好的时代,他们受了大半辈子的苦难,好在他们暮年的生活也有很大改善。忆往事,极为贫困潦倒的少幼时代,说起来就连我的孙辈们也难以相信。时间不过几十年,生活变化之大,如隔几个世纪。

经历了80余年的我,感知社会主义好、共产党好,并深切体会到习总书记说的"中国的事还是要靠共产党来办"的伟大论断。中国要沿着新时代的社会主义路线奋勇前进,民富国强的中国梦一定能实现。

我六七岁开始记事的时候,青岛人和我的家境都处于最贫穷、最苦难的时期。贫穷落后的旧中国、日伪残暴的统治、疯狂的掠夺,让青岛平民百姓处于没吃、没穿、受冻挨饿的苦难之中。

我对这段时间的回忆产生一个疑问:我家里有十来口人,竟然没有一个人饿死冻死,虽然也死过两个孩子,但不是直接饿死的,是穷死的,没钱治病。

我家在这样的状况下,没有冻饿死一个人,我首先想到的是我母亲。她为了养活一大家子人,非常勤劳俭朴,精打细算,但巧妇难做无米炊,没有粮没有食料怎么也做不出饭来。为了活命,全家都得去挣扎。现今的人们很难想象七八岁的孩子就要帮家里养家糊口是怎样一种情形。

我在日本投降的前两年还卖过香烟,当时我只有八九岁。卖香烟比卖火柴更苦些,胸前挂一个薄木板长盒,上面摆上香烟。我整天在我家大院西墙外的马车站叫卖香烟,转来转去卖不了几盒。那时的人家都很穷,有烟瘾但没有多少钱买,买香烟都是按支买。这样一种市场状况,卖香烟也赚不到什么。我卖香烟还带着拣拾烟头、烟蒂。我母亲抽旱烟,不知什么时候她开始抽旱烟,她把拣来的烟头放在旱烟锅里吸,那时不知抽烟有害健康,也不清楚烟蒂更有害。我卖香烟的地方,有钱人不会买我的低档次的烟,没钱的人按支买,所以卖一天烟,也赚不到什么钱,再加上亲友、邻居议论,让这么小的孩子卖烟,所以不久我也不卖烟了。可家里也没有让我闲着,汽车站拣拾未燃尽的炭渣块,垃圾堆里拣煤核、拣拾柴草,什么事我都干过。抗战胜利前后,我最忙的事是挖野菜,最常去的地方是穿过仲家洼这个村子向东不出一二里地的农田,因为坡地土壤瘠薄,庄稼长得低矮稀疏。这里主要种高粱、谷子、豆子和地瓜等耐旱作物。开春不久,田埂、地边到处长满一种野菜,像蒲公英的样子,但是叶片肥大,叶面上长满密密麻麻的毛刺,我们叫这种野菜"芑芑毛",学名怎么称不清楚。这种野菜吃起来没有异味,因为它的叶片肥厚,吃起来比较耐饥,但口感粗糙。我家可没有少吃这种野菜。2012年,我偶尔从《北京晚报》上看到一则小消息,标题是"田间地头刺而菜",文中说春雨过后,到处生长的这种刺而菜,不仅好吃,还有医疗保健功效。他说的这种刺而菜,很像我小时候挖的野菜芑芑毛,它对于充饥解饿来说是相当好的一种野菜。到了夏秋季节,除挖野菜,更多的是摘地瓜叶。当时种地瓜的农民,有一个习惯就是要经常翻秧,并摘除过密的地瓜叶片,那个时候的农民认为这样做,有利于养分集中在主根,让主根结地瓜。所以农民不反对我们摘采部分地瓜叶片,当然,我们也会细心地不碰伤地瓜蔓。现在说地瓜叶很有营养价值,可那时采摘地瓜叶就是充饥。

　　除了挖野菜,采摘地瓜叶,我们经常还要带上钉着破布鞋的木棍,就像蝇拍一样,用来打蚂蚱。那时不用农药,田野、坡地上总有些乱飞的各种蚂蚱,把蚂蚱打个半死,拣拾起来,放到随身带的破布口袋里,回到家把大铁锅烧热,把半死不活的蚂蚱放进铁锅里,翻炒几下就成了美食了。在野坡地里除打蚂蚱,还常捉蝈蝈,采摘地瓜叶时,常常听到蝈蝈的叫声,顺着蝈蝈的叫声慢慢走过去,仔细看它在什么地方。蝈蝈一般都喜欢待在谷子、豆子和玉米的上梢部位晒太阳,看准了轻手轻脚走到它跟前,用大拇指和食指,迅速掐住它的脖颈。有时挖一次野菜可以捉三五只蝈蝈,越是毒太阳晒的时候它越爱叫,越好捉,捉回的蝈蝈常放在自己用席面编的小笼里,放在晒太阳的地方让它叫,捉得多了就放在自家的菜地上,随它去吧。从我记事到抗战胜利前几年难熬的日子里,野菜是我家渡过难关的救命菜,特别是冬季,晚上熬一大锅菜粥,加点豆渣、麸皮等。每人喝上两大碗,我的肚子大,得喝像现在卖牛肉面的大碗两大碗,喝完了早早就上炕睡觉,若不早睡觉,两大碗菜粥顶不多长时间,就会很容易有饥饿感。我少幼时候青岛冬天很冷,屋里总是冰凉的,没有光,非常黑暗。睡得早,夜间长,夜间起来撒尿,不爱钻出被窝,尿炕时有发生,挨父亲的揍,也无话可讲。

  饥不择食,那时就没有不能吃的东西。抗战胜利前的那年秋天,我去小南山南边的一块庄稼地,看到一只小田鼠,我追上去把这只肥胖的小田鼠打死,就在它的旁边,我看到有个鼠洞,向里挖挖,越挖越大,洞里面有一堆花生,哈,我真像发大财了,把花生和田鼠都带回了家。我母亲用黄泥把田鼠包裹起来,放在火上烤,烤熟后去掉外裹的泥,田鼠就让我吃了,我还觉得挺好吃。实际上这已经不是我第一次吃老鼠了。我觉得当时吃泥裹烤的老鼠比前几年我在杭州吃叫花子鸡还有味道。叫花子鸡也是用泥包裹烤制而成的。

  2013年,我和亲友到青岛老字号劈柴院聚餐,炸蚂蚱、炸蝎子上大席,成了美味佳肴。现今人们好菜好饭吃腻了,吃点怪味,尝尝鲜不足为奇。我当年吃这些东西是为了充饥。

  青岛街面上,春天总会见到挑着大箩筐卖雏鸡的,我家常买十只八只雏鸡,养大了最多剩五六只。养鸡这事我挺烦,太费事,要拣砖头搭鸡窝,天天剁鸡食,关鸡窝,折腾一年多才下蛋,还要定时掏鸡粪,夜里黄鼠狼来了,还得出来打黄鼠狼。小时候对黄鼠狼有许多神秘的传说,黄鼠狼这种动物的确有点诡异,只要鸡窝有个小洞,甚至找不到像样的鸡窝洞口,黄鼠狼就能进到鸡窝里,咬死鸡,拖走鸡。黄鼠狼进入鸡窝,鸡的叫声十分难听,简直是哀鸣。家里养鸡是否合算我一直怀疑,头一年的鸡,第二年春天开始下蛋,春天有十天半月的时间抱窝不下蛋,夏天最热的时候歇伏,也有段时间不下蛋,碰上鸡瘟全死光。鸡瘟可能是现在说的禽流感。只要听说哪里有鸡瘟发生,就会很快看到自家鸡的鸡冠子变白,死得很快,周围人家的鸡没有一只能逃脱。但是当时并不知道它可传染人,有时看着鸡快死了,立马把鸡杀死炖了吃掉,舍不得把病死的鸡扔掉。我家养鸡还碰到过一个千载难逢的怪现象。曾有一只母鸡,总共下过5个又粗又长的大鸡蛋,每个鸡蛋都有十来厘米粗,略长一点,足有半斤重,奇怪的是这个鸡下的鸡蛋的蛋黄里还有一个完整的大鸡蛋。蛋黄里的这个大鸡蛋比平常鸡下的蛋还大些,而且蛋壳也和平时鸡下的蛋的蛋壳一样硬。唯独大鸡蛋的蛋壳稍软。有一次这只鸡下了个大鸡蛋没有及时从鸡窝里拿出来,被这只鸡凿破壳吃了,只剩下里面的鸡蛋。这个巨大的蛋壳除薄一点、软一点之外,其他也看不出有什么不同。若是现在,这种怪异的大鸡蛋肯定要送到有关研究部门研究研究。那时只感到惊奇,也在家里放一阵子自我欣赏。

我养了多年的鸡,包括抗战胜利后的几年也还在养鸡,养的鸡数量反而比以前还稍多几只,有十来只。但在日伪时期,我不记得我吃过鸡蛋。我父亲有个习惯,早上不吃饭,把一个鸡蛋用开水烫一烫,将鸡蛋壳顶打一个小洞,把生鸡蛋吸掉,我不清楚他这个喝法听谁说的,那时认为喝生鸡蛋有营养。以现在的知识来看有危险,容易得传染病,且营养价值大大降低。家里养的几只鸡,下那点蛋,还不够父亲早上喝的,别人都轮不上吃鸡蛋。母亲说不能让父亲身体垮了,他垮了家里老少八九口人更没辙了。母亲带着我们孩子吃糠咽菜,父亲也有点粮食吃,有时甚至还喝点小酒。

我家生活最艰难最难熬的一段时间,是抗日战争胜利前夕的一年,这段时间连麸皮、豆渣等都难以弄到,菜粥都难以为继。凡能入口充饥的东西都很难弄到。一天,我跟着母亲一起到东镇维持会去领混合面,老百姓管它叫"橡子面",混合面里面确有橡子粉。东镇维持会离我家不到100米。我和母亲到那里时,已经是人山人海了。母亲这个小脚弱女子,好不容易挤到前面,手里攥着混合面票证,这个混合面票证就是维持会发的。结果母亲非但没有领到混合面,还挨了狗汉奸一顿毒打。这些狗汉奸虽然也是中国人,跟日本人学的也够狠毒的,丧尽天良,丢掉人格。母亲没领到混合面,又气又恨回到家里。回家后坐在炕头上,陷入沉思中,心情惘然又慌张。她在沉思的是怎么办?连发放的混合面票证都不管用了,再从什么地方去弄吃的?混合面并不是什么好东西,人吃多了会浮肿,因为里面掺杂着橡子面,橡树子磨的粉,是有毒的。一天,父亲下班回来,带回一个黑色的小编织袋,这个小袋子是毛发编织的,是人发还是猪鬃也顾不上考虑,里面装着十来斤碎花生饼残渣,还夹杂少量的麦秸草。那时根本不考虑卫生不卫生、霉变了没有,大家饥不择食,可以说像捞到一根救命稻草。每天晚上,熬一大锅菜粥,抓上二三把花生残渣,每人喝两大碗再睡觉。就这样混了二十来天。在这种饥荒威胁的状况下,我父亲也没有心思上班了,估计单位也知道这种情况。父亲请假去了百里外诸城母亲的大姐家,她就这么一个亲姐。父亲想讨借点粮食,那时日本兵对远乡农村的控制已经很弱了,农村的生活条件比青岛市里要好得多。但没有几天,父亲空手而归,我家特别是母亲甚感沮丧和失望。

　　青岛解放前夕,我大姨一家从原籍诸城跑来青岛,我看见我大姨和她的两个女儿非常忠厚老实,特别是我大姨,这位三寸金莲的小脚老太太,除了整天围着锅台捣来捣去外,就是洗衣干活,在家里很少说话,她的那几位叔辈舅子在一起聊天,她绝不会去插嘴,好像她在家里没有话语权,她家里让人感到有一股浓重的封建意识。所以,那次我父亲空手而归的事,我不怪罪我大姨,倒觉得她在家里的地位有点可怜。但我对我大姨父耿耿于怀,总认为他见死不救。在青岛的几年,过春节我父亲还请他吃饭喝酒,那时我家还没有脱贫,还请他吃饭,我父亲有点大人不记小人过,有点既往不咎。

　　贫穷落后是旧中国的基本特征,日本侵略者残酷蹂躏,疯狂抢掠。他们和日本侨民、大汉奸们、极少数奸商过着奢侈无度的生活,绝大多数平民百姓衣不蔽体,食不果腹,极端贫困。我家中人口多,收入低,又处于当时社会最底层,生活更为艰难,每日疲于拼命,为的是能活下去,不要饿死。

　　从20世纪40年代初开始,日本侵略者的败局已定,败象逐渐显现。此时,日本侵略者完全卸下了蛊惑人心的"大东亚共荣圈"的假面具,加紧了对我国粮食、棉花、煤炭等生活物资和原材料的疯狂掠夺,这就造成了青岛社会上生活必需品,尤其是粮食的极端短缺。

　　在纪念抗日战争胜利60周年的活动中,《中国青年报》刊登了一篇"抚顺战犯管理所改变了我"的采访实录。一位日本战犯的自述,披露了日本投降前夕加紧掠夺我国物资的情况。这位战犯自述道:"我20岁大学毕业时,接受了征兵体检,体检结果是第二 E，勉强合格，没有立即被征入伍，原因是身体条件不够好。1944 年 2 月应征入伍，进入 59 师团驻山东省的 107 大队。负责山东煤炭、小麦、棉花等物资运输的警备任务，把物资从中国运送到日本。"这位战俘揭示了日本投降前夕疯狂掠夺山东的物资是造成青岛粮棉极度缺乏的原因。

人的生活包括衣食住行 4 个方面。吃是人生活的第一生存要素，没有吃的会饿死，我少幼时代主要是为吃挣扎，弄吃的是我家核心的核心，重中之重。穿也是主要的生存要素。缺衣少食、流落街头，寒冬腊月不日就会成为冻死骨。炕上一条大旧被子，几个孩子拉扯着盖，一领草席春夏秋冬铺着。这就是我家的穿盖状况。我 8 岁了还穿 6 岁时的小破旧棉袄，又小又薄的小棉袄，寒冬腊月冻得我流清鼻水，下身穿条夹裤，冬天穿我母亲做的纳底布鞋，大半年我是光着脚丫子。幸好我还有个窝，尽管这个屋子又小又暗又不通风，但总算有个避寒遮雨的家。烧的不是大问题，靠山吃山，只要肯干活，就有柴草烧。我小时候也拣过炭渣煤核，但更多的是进山搂拣枯枝落叶。走二十来分钟就进入了大山，茂密的山林，特别是秋冬季节，枯枝、落叶、干草很容易装满麻袋。有时把搂拣柴草当成"旅游"，并不觉得劳累辛苦。记得抗战已经胜利了，我刚刚十来岁，我和我二姐常去汇泉公园的小西湖搂树叶，小西湖西南岸边有一棵大的法国梧桐，高大的树冠如同遮阳的巨伞，到了深秋，这里地面落有一层大的梧桐树叶，用耙子稍耙几下，就可以装满两麻袋。我二姐背个大麻袋，我背个小麻袋，一路玩着就回家了，也不觉得累，也不觉得远。现今这条路改成柏油马路，通公交车，有 5 站公交路程。

小西湖这个地方，当时没有多少人，那时还不兴逛公园。小西湖在山林环抱之中,绿树成荫,湖水清澈,环境幽静,我国著名军旅作家魏巍曾著书描写过这里优美的环境。在返回家的路上,有时我们还到小西湖北不远路边的万国公墓转一转。这个公墓有一个围墙,面积不小,像是个碑林公园,矗立着西方逝者的石碑,有的碑上还镶着照片,其中有一张卷毛大眼睛的西方小姑娘的照片让我认象深刻,很漂亮的小姑娘是怎么死在青岛的?这座豪华的公墓是欧洲白人墓地。

我们吃野菜、麸皮、豆渣,虽然穷反而较少生病。抗日战争胜利前我们没去过医院,没有钱看医生。有点头痛脑热的,我母亲给我们煮一大碗姜汤,连头带脚捂上大被子,出一身大汗很快就好了,我得过几次感冒都是这么治的。我母亲还给家里人刮两臂内侧,刮出血丝来治病,类似现在中医的刮痧治病。我母亲还给自己肚皮上用针刺,挤出一些血点来治病,好像现在有的中医也用此法治病。我母亲不识字,她治感冒、刮痧、挑针都是自学的。再有些就是迷信做法。有一次我拉肚子,很长时间不好,面黄肌瘦的,我母亲说我是丢了魂,让我躺在炕上睡觉的时候,她拿一只大饭碗,碗上放一张黄标纸,另拿一只盛满水的碗,用筷子向黄标纸上洒水,口里还嘟囔着我的名字,等到黄标纸当中出现一个大水滴的时候,就停止叫我的名字,只叫回家回家,把这张黄标纸贴在我的手腕内,意思是把我的魂叫回来了,病就好了。当然这种迷信治病的做法是自欺欺人的。刚解放的翌年冬天,我的一个小妹感冒发高烧,引发抽风,身子向后直挺,吓得我够呛。我来不及穿衣裳,穿一个单衣短裤,抱起她来,直奔院大门东侧的大名路,在台东二路和三路之间的西侧路边有一个私人小诊所,到了那里小妹已不抽风了,大夫还是给打了退烧针,给了点药,很快就好了。青岛解放后的第三年秋天,我的小妹拉肚子,总爱找似是而非的小诊所看看,拖了些日子,一直不见效,好汉还架不住三泼稀,一个两三岁的小婴孩长时间拉肚子,怎么受得了,身体日渐虚弱,连头都抬不起来了。一天,我觉得不能再拖了,上学我都上不下去了,下午我从学校溜回家,抱起我的小妹,快步小跑地到了市北区儿童医院,它是当时青岛最老也是唯一的儿童医院。到医院的时候,我头上直冒大汗,因为医院距我家至少有四五里地。我到医院门口时,看见一位大夫正要乘小轿车走,他看我急忙来到医院,又返回医院,看了看又问了问我小妹的病况,给打了一针,给我开了几片肠道消炎片。那时的消炎药常用的是磺胺药,非常便宜,看一次病开点药相当于现在的块儿八角的就足够了。后来知道给我小妹看病的大夫是个日本人,是抗战胜利后留下来的大夫。那时还配有小轿车接送,待遇不低。其实这种肠炎病不难治,当时的肠道消炎药挺管用,就是在治病时没有到正规医院去。我抱着小妹回到家里,我这小妹还抬头看了看妈妈,我母亲自言自语地说,她当这回抱不回来了。从此,我母亲有病就去医院,再不迷信叫魂了。

  青岛解放前后的几年,我家的生活条件已相当好转,不再为吃揪心,当然生活水平还是相当低,基本上能保证有地瓜干吃,仅达到不再饿肚子的水平。这时我家开始烧煤炭了,所以我很少再挖野菜,也不用再常上山搂拣柴草了。但是节假日特别是暑假,我下海钓鱼、摸螃蟹,比挖野菜花的时间不少。如果说靠山吃山,我十二三岁前,主要是上山搂拣柴草、上坡挖野菜,十四五岁以后,又改为靠海吃海。下海也是为了补贴家庭生活的困难,不是去娱乐游玩。从我家向东北方向走,大约半小时的路程,就到了海泊河铁路桥,穿过铁路桥洞就是海边,青岛解放后填海造地,这里已远离海边十余里地了。当时铁路路基坡下就是海水。这个地方叫十三线,海边是废弃的一个港湾,有一个大缺口的方形护坡堤形成的海湾,湾内岸边有一较宽的淤泥地段,落潮时能露出淤泥岸滩地。我们到十三线这个海湾有时钓鱼,有时摸小海蟹。现在钓鱼买一个几十元到千百元以上的多节渔竿,上面还要装一个滑轮,钓鱼的时候要猛向海中甩去,也很少钓到鱼。我那时钓鱼弄一根细长的竹竿,顶端插上一个竹扫帚苗,拴上条鱼线,再拴上两个鱼钩,站在齐腰的海水里,放上从海边淤泥里挖的水蚯蚓。把鱼钩向海水中一放立刻提起,就是两条比中指略大的鱼。这可能是一种小海鲶鱼。从落潮到涨潮能钓盛婴儿奶粉那么大的一桶鱼,有二三百条。钓的鱼多少决定于你的手换鱼食的速度。海水中的鱼太多了,鱼钩只要一沾水,鱼百分之百上钩。一暑假可钓不少鱼,钓回的鱼不需要处理,在水中洗净凉晒干,放着慢慢吃,一直可以吃到冬天,在火上烤烤或锅上煲煲,吃地瓜干就着真是美味。从今天营养学角度来说,主食地瓜干的蛋白质不足。赶海时若不钓鱼就摸小螃蟹。落潮时海滩淤泥上面到处是蠕动的一种小螃蟹,它只有成年人拇指那么大,当你靠近它的时候,它向泥洞里一钻,不过它的洞很浅,用拇指和食指从洞口里一抠就抠出来了。这种螃蟹外壳跟鸡蛋皮一样薄,弄回家还都是活的,把它用自来水冲洗干净,煮熟直接放进嘴里,连皮带壳嚼着吃很美味,且富含蛋白质和钙,对健康很有好处。当然那时不懂这些事。我少幼时期吃糠咽菜、钓鱼摸蟹,从今天的营养角度看,还真是益处多多。

  苦难让人变得刚强,苦难让人想象丰富,成熟而又善良。我不埋怨我曾经遭受的苦难，我欣喜我能有今天美好的幸福生活。

残忍的日本兵

日本第二次侵占青岛已过去70余年，至今我仍然记忆犹新。从我六七岁起，我耳闻目睹了日本兵的累累罪行。威海路和台东一路是青岛市郊的两条干道，威海路与台东一路交叉口的南北是日本兵镇守要地，南边有座日本大兵营，兵营大门就在威海路与登州路衔接部的路东边，大门口外侧有一个低矮的炮楼，炮楼前面总有一个右手握着上了刺刀的大盖枪的日本兵站立在那里，很凶的样子，路经那里总让人感到害怕，因为日本兵是杀人不眨眼的。在威海路、台东三路和四路间的西侧路边有一个日本宪兵队，这是东镇人最憎恨的地方，我放学后和同学走路经过这段路时，和许多路经的人一样都拐到路东边走。宪兵队门前是让人最感到恐怖的地方，这个宪兵队养的几只狼狗经常跑出来伤人，日本宪兵们也不管。俗话说狗仗人势，只要日本宪兵把狗唤一下，狗就会回去的。大概1944年秋季的一天，保甲组织通知住家户居民到日本宪兵队外的小空地去。让人们到那里去，大家都知道肯定没有什么好事，不去吧又怕保甲长、汉奸、小狗腿子们告密，保甲连坐法是一人抗拒，株连一片，我母亲只好带着我硬着头皮去了，到了那里已聚集了一些人。日本宪兵队门前陈尸，说是捉到的两个抗日游击队，如同五马分尸，将两个游击队员"大卸八块"，头、腿、胳膊、脚砍下来陈尸让人看。日本宪兵队制造这种血腥恐怖的场面无非是杀鸡给猴看，震慑中国人，如果谁敢抗日就会惨遭杀害。其实，看过这种场面的青岛百姓对日本侵略者宪兵队更加憎恨。我母亲看过这种场面，心里非常难过，心情十分沉重，唉声叹气抹眼泪。日本兵除当街明目张胆地杀害中国人外,还有许多隐蔽的、更惨无人道的杀害乡民百姓的罪行。2013年暑假期间我与二妹聊日本人在青岛干的坏事时,她说她曾看到日本人拉死人通过威海路,我家出大门向东不过100米就是威海路,我曾看见多次从南向北拉死尸的状况,特别是寒冬腊月,用码头装卸货物的大板车,上面装着横竖堆放着的尸体,一车有二三十具之多,上面连遮盖都不遮盖,就像运货,大绳子一捆,从南向北拉向郊外。当时日本兵经常到远乡村庄扫荡,捕捉乡民庄稼汉,关进青岛那座高墙的体育场里,抽他们的血给日本伤兵用。冬天不给吃的,没有穿盖的,又抽他们的血,关进去的人很快就冻死饿死在里面。从威海路看到的拉尸的大板车,就是从这里拉出去的。在1943年特别是下半年,有一件事让青岛百姓特别害怕。如果家里有病人,哪怕是头痛脑热的也不敢透露出去,倘若被日本人和汉奸知道了,就会被拉出去烧了,所以家里有病人就怕传出去,弄得百姓心里很恐惧。据说当时青岛出现了"虎列拉",就是霍乱病,这种病是容易防治的,但日本人根本不把中国人当人对待。当时青岛市民都在传某家的什么人还活着就被日本兵拉出去烧了。1944年春天,日本投降的前一年,社会上还出现了更让人恐怖的事情。市民百姓家里经常有人丢失小孩,丢了小孩常常找不回来,弄得人心惶惶,特别是家里有小孩的更加紧张。恰在这个时候,我的二妹走失了,她只有4岁,弄得我家人十分紧张,非常担心,什么事也顾不上了,四处打听,找了两三天也没有个下落,父母特别是我母亲愁容满面,心想恐怕找不回来了。全家正陷于愁闷、恐惧、绝望、悲伤之际,传来一个消息说某某路上有一户人家拣到一个小孩。照着人们说的地方,我们找到了那户人家,我和我母亲一进门就看到了我的二妹,压在我们心中的大石头一下子落了地。这家人还给喂养了两天多,实属大恩大德,我家从内心十分感激人家,人家的生活条件比较富裕,我们家拿不出厚礼相送,人家也没有图报的意思。为感谢拾命之恩,让我妹妹给那家厚道善良的大妈跪拜认了个干娘,此后几年我母亲带我这个妹妹去看过这位干娘多次,我家不能忘记那位大妈的大恩厚德。在那个时候丢了小孩还能找回来真算幸运,也是孩子的造化。抗战胜利后不久,青岛市民中传说在小鲍岛某某地方的洞穴里,发现一些腌着小孩尸体的大缸。市民怀疑又是日本人干的坏事。前几年我在青岛一书店中,买了一本《青岛旧事》的图书,里面有一段记述:"在第一次日本侵占青岛后,大批日本侨民住在上海路以西、胶州路以北的地方,这里就是小鲍岛地块,日本人在此修建了座公园,叫新町公园。1922年日本交还青岛之后,青岛将其改为第三公园。日本第二次侵占青岛后,在这个公园的一角,日本人建立了个日本军官俱乐部,抗战胜利后在这里发现了一批婴儿的遗骸,在这里日本人是怎样残害婴儿的,幕后是怎么回事至今仍是个谜。"第三公园,后来也是日本人体育场。"这个体育场是辟了小山丘建的,周围的围墙是石墙,石墙上凿有洞穴,腌婴儿尸体的大缸就是在这里被发现的。"国民党青岛市政当局曾被迫对这一事件进行过调查。曾经有一个报道:"1946年1月31号在青岛原第三公园内,一座楼底发现了两个缸,里面用药水浸泡着6具中国婴儿的尸体。调查人员推断,他们均为健康婴儿,但均被挖去了眼睛,腹部被剖开,状况实属惨绝人寰,这里原是日本人俱乐部。"青岛当局的警察认为"这6名婴儿尸首都是日本人医学实验的受害者。但由于日本投降后,很多重要的日本人都返回日本了,具体没有查出是何人所为"。这些婴儿身上挂有标牌,其中有一个标牌标示99,说明被剖挖眼的婴儿至少99人。抗战胜利后，蒋介石对日本在中国犯下的滔天罪行采取宽容政策，妄图叫投降的日军参与他发动的反共内战，所以青岛国民党市政当局对日本犯下的血腥罪行不闻不问，既不调查也不处理，更谈不上深追了，致使这桩极其残忍的事件成了悬案。那些日本民事管理人员也很恶毒。我家通往东镇汽车站大厅后小屋的路上，有一个矮小的窗户，从外面可以清楚地看到里面。里面经常听到号哭尖叫声，我们向里面侧视，不大敢正对窗户向里看，怕日本人找我们的麻烦。我看到车站里的日本兵在打中国司售人员，打得十分凶狠毒辣，打昏了向头上泼凉水，醒过来再打，再打昏过去再泼凉水，惨不忍睹。这是我耳闻目睹的事实。日本人在工厂里打死打伤打残中国工人的事件也屡屡发生，曾引发大规模的抗议罢工。我两个姐姐在日本胶鞋厂做工，她们厂里的日本管理人员就十分狠毒。下班全身摸个遍，什么地方都摸，女工们很反感。日本兵在青岛作恶多端，还要求市民见到他们要行鞠躬礼，当然人们能躲开走就躲开走。可有时候偏偏冤家路窄，狭路相逢。日本投降的前一年春季的一天，我从综合市场向西走回家，在路过威海路口时，猛地一抬头发现正前方站着一个日本兵，右手握着一把上了刺刀的大盖枪，穿一套黄色军装，神气十足地在那里，我已经来不及躲开了，低着头想快步从他面前过去，可那日本兵吼了一声，伸长脖子瞪着眼欲发威。就在此时过来一位老伯，推着我赶快走，好像嘴里还说着小孩不懂事。就这样给我化解了一次危险，让我躲过了一劫，否则弑杀成性的日本兵，轻者给你一枪托，重者给你一刺刀要了你的命。日本第二次侵占青岛后，更加肆无忌惮。我所经历的、耳闻目睹的事实，只是冰山一角，日本兵在青岛干的坏事，真是罄竹难书。

踏进学校之门

现今的小孩满6周岁，9月1日新学年开学之日，就背上新书包，穿上新衣服，高高兴兴地进入学校上学，有些家长还一门心思挑选学校，甚至不惜重金租买"学区房"，以图自己的孩子能上所名校、重点学校。现在的小孩到了年龄就进学校上学，成了天经地义的事。可我小时候，国家处于生死存亡、日军占领的危难之中，我家又处在极端贫困状态的条件之下，哪里还能想到让孩子进学校上学。9岁多了我突然进入了学校上学，带有十足的偶然性，所以说是竟然踏进学校之门。

穷人家的孩子早当家，为和家庭共渡生活难关，我从七八岁开始已成了家中生计的小帮手。我上野坡挖野菜，上山搂拾柴草，拣拾煤核炭渣，养鸡淘粪，浇水种菜，在马车、汽车站卖过香烟，在杂货市场卖过洋火，什么杂活都干过。中午我给在日本胶鞋厂上班的两个姐姐送饭，这是一桩又危险又让人提心吊胆的事，在送饭交接过程中，姐姐将一些鞋帮布头下脚料塞给我，如果让日本监工发现了，不打个半死才怪呢。当时我尽管幼小，脑子里还没有怕字这根弦，只想着与家庭共渡难关，争取活下去。

1943年夏天，青岛特别炎热，我家住的小屋，缺窗少门的，屋里闷热难耐。当时家里最小的妹妹两岁多，刚会走路，因屋里太闷热，她的前额上生了几个脓疱疖子。我母亲的一个同乡远亲姐妹的丈夫在东镇东头开了个私人诊所，母亲去找他给看看头上的脓疱疖子。这位军医出身的大夫用一把尖的手术刀将脓疱一个个扎破，流出脓血，也没有做其他处理。过了没有几天，她突发破伤风，很快死掉了。现在回想可能是他用的手术刀没有消毒，也没有做

115

其他处理。我母亲对于这个孩子的死后悔莫及,说早知这样还不如不找他治。想起孩子的死,我母亲就抹眼泪,特别后悔的是孩子发病前夕,站在锅台边,想要蛤蜊肉吃,我母亲就没有向她嘴里塞。一般在这种情况下,我母亲常常会向孩子嘴里塞几个,当时是否认为海鲜是发物没有向她嘴里塞就不清楚了。她死了以后,我母亲后悔极了,常含泪水,自言自语地念叨,怎么就没往孩子嘴里塞几个。我母亲并不认为是手术不洁造成的恶果,照旧和她这位同乡姐妹来往,还带我去过她家几次。她也有一个小男孩,年龄和我相仿,但他早已上小学了。我听我母亲的这位同乡姐妹跟我母亲讲,应该让孩子进学校上学,还说么么点的孩子,不要再让他去卖香烟了等等。那时我又瘦又矮,看着有点可怜,我母亲还跟别人讲,我从小就三根筋挑着一个头。那个时代,平民百姓的孩子骨瘦如柴的情况实属正常。

在这位老乡姐妹的好言劝说下,我母亲经过深思熟虑,终于下了狠心,决定让我去学校上学。现在孩子上学,家长考虑的是孩子怎么上所好学校,为上学的孩子买什么样好的学习用品,当然还有接送孩子的问题。我小时候家里穷得揭不开锅,我还需要帮着家里维持生计,上学要花钱,从哪里去弄钱,所以让孩子去学校上学,确实不是一件简单的事,得要好好思考思考。在那种社会条件下,上不起学、进不了学校的孩子大有人在。

我进入小学上学的过程也有点滑稽好笑,我不清楚我母亲关于我上学的事是怎么跟她的同乡姐妹说的。1944年暑假开学有一个多月了,有一天,我母亲这位姐妹的孩子来我家没说什么就带着我到他上学的那个学校,把我带到他班上找了个座位坐在那里。此后我就是这个班上的学生,在这个班上学了。我不清楚带我到校的那个孩子事先是否跟学校或老师讲过。更让我纳闷的是我一下子就坐到二年级教室,而且是已经上课有一个多月了。更奇怪的是没有一个人包括老师来让我登个记,办理入学手续,甚至问问我名字之类的事。我现在回想,可能在我进入学校的时候,日本败局已定,对小学的影响力已经很弱了,日本实行的奴化教育,中国老师没有什么积极性,对学生的管理多一事不如少一事,学校对学生的事得过且过,不闻不问。我就是在这种状况下稀里糊涂地踏入了学校,可这一步对我来说是具有特别重大的意义,它改变了我一生的命运,改变了我人生的轨迹。

我进入的这所小学,距我家较近,坐落在台东六路上,校门朝北,学校的建筑如同北京一个小的四合院。门洞两侧各有1间教室,沿东、西墙各有4间教室,门庭冲着的南墙是一个高大的房子,这个大房子是个厕所,它很像一个高大的储物房,东边男用,西边为女厕所。我的班在东边最南一间教室,正对着男厕所。除了厕所,学校的教室都是低矮的平房。一个泥土地面的小院子,光秃秃的,没有任何花草树木和运动设施。我上课的教室,是一个不大的长方形小屋,只能容纳二十几个学生。教室的窗棂子是用偏黄的马粪纸糊的,屋里有点阴暗。这所不起眼的学校开启了我的上学之路。就在我入学的那年冬天,青岛天气特别寒冷,寒冬腊月天有点滴水成冰之感。我们坐在阴暗潮湿、四处透风的教室里听老师讲课。教室里没有任何取暖的东西。我身上穿着一件薄的小棉袄,下身穿一条旧夹裤,脚上穿着母亲做的纳底布鞋,坐在那里冻得真是疼痛难忍,特别是手腕手臂部分,因袖口细短,棉袄上又没有兜,揣不进袖口,手腕手臂部分始终露在外面,总是冻得红肿。有一天冻得实在厉害,放学回到家,我一进家门就放声大哭。我母亲一看就明白了,这么冷的天,这孩子连件暖和的衣服都没有,赶快扯过来炕上的大被子,给我捂上双臂,捂了好一阵子才暖和过来,疼痛才缓解。这是我进入学校头一年冬天的遭遇,这事让我记忆深刻,但我没因此逃过学,也没有不去上学的想法,因为我喜欢上学,能进入学校对于我来说也是不容易的事。坚持就是胜利,我坚持下来了,不过入学第一年冬天的境遇让我终生难以忘怀。

这所小学只有3门课,国文、算术和日语。因当时青岛是在日本的铁蹄统治下,日语课时特别多,差不多每天都有日语课,课堂上好像总在读日语,学了一年多的日语,抗战胜利后取消了日语课,学了这么多课时的日语过后什么都没有记住,连教日语的老师长什么样都没有一点印象,可能是因为我上日语课时不动脑子,日语在我脑子里很快就完全消失了。现在小学有语文课,那时叫国文,国文课包括学认汉字和习毛笔字,国文课好像花时间更多的是学写毛笔字。语言课本很简单,小学二年级下学期了,有篇课文我还记得:"天亮了,弟弟妹妹快起来,起来看太阳。"就这么简单的课文要教几节课。那时的教学水平很低,学生的知识水平和接受能力更低,学一年国文也学不了多少字。现在的小孩,像我的小外孙,二年级能认五六百个字。现今小孩见识广,智商高。我当时的国文课多半时间是在学写毛笔字。学毛笔字首先要准备笔、纸、墨、砚。我家里不知什么时候有一支旧毛笔,开始学写毛笔字的时候我就用这支笔。墨买的是最差的,当然砚台也是最低档的。习字本是到集市上买马粪纸做的。用这样的文具描摹出来的字,又洇又灰暗,加上自己的功夫太差,看着写出来的毛笔字也觉得不好看,看看人家用"金不换"老牌墨研出的墨汁又黑又浓又有油性,写的大字就是漂亮。现在的孩子,花多少钱家长都不会眨眼。教我国文兼毛笔习字的是位李老师,个子不高,胖乎乎的,长一张饼子脸,整天醉醺醺的。我的毛笔大字写得又泗又灰,的确不好看,自己觉得也不顺眼。李老师对我毛笔字写得不好的批评指责,我都能接受。但有一次,这位李老师有一句话,让我终生难忘。他口气严肃地说:"你一辈子都不会有出息。"这话太伤人心了,深深地刺痛了我年幼的心灵。我觉得老师不能仅凭毛笔字写得不好,也不分析学生的具体情况就下结论,就把一个人一棍子打死。虽然这话刺痛了我的心灵,但我并没有太记恨这位老师。李老师还是有恨铁不成钢的想法吧,但他那句话倒给了我终生的训诫。对小孩子特别是家境贫穷的学生,一定要多体谅、多鼓励、多同情、多帮助、多温暖,绝不能把他一时的问题,说他终生怎么的,人的一生常常会发生很大的变化,是很难预言的。不管什么情况下,一定不能伤害孩子的自尊心,特别是对家庭比较贫穷的孩子,他们本身常有自卑感,不能再伤害他们的心灵了。我小时候生活在劳工贫民住舍区,街坊邻里的小学和初中的同学,上到高中的都罕见,他们绝大多数人中小学毕业后不久都进厂学徒工作了。青岛解放后,急需有点文化的人,包括初中毕业生都是工厂的"抢手货"。他们都没有我那么"幸运"。我走上了继续学习深造之路,上了著名的大学,又读的研究生,那时研究生还是"稀缺珍贵"的。毕业后,我进入了我国的科研殿堂中国科学院工作,成了教授,取得了国家和中科院多项科研成果奖,并很早获得了国务院政府津贴的荣誉。

不清楚从什么时候开始,我非常喜欢文房四宝,简直要成了收藏家。从1984年开始,凡我出差旅游之地出名的文房四宝,我总会买砚台。我买过十来方砚台、十几本毛笔字帖,包括数本兰亭集摹本，还购有十来本国画集锦册。前几年，每当北京书展闭幕前夕，我都到会上遛遛，有时标价一两千元的国画摹本集，百八十元就可以买到。没事的时候，我常常翻翻看看，欣赏欣赏这些画集，心情感到愉悦舒畅。

我启蒙小学的第三门课是算术，它的课时最少，我学得不算好，也不算差。教算术的是位刘姓女老师，高高的个子，和蔼的面孔，但满脸大麻子，调皮的学生私下里叫她刘大麻子，她和那位教国文的李老师风格完全不同。李老师沉默、保守，像是私塾出来的学子。刘老师虽说满脸麻子，却具有小姐风度，显得活泼、乐观、开朗，从来不大声批评指责学生，且有亲近感，所以学生也不怕她。她的穿戴也都说明她受过"洋学校"教育。她家住在东镇小区最东边的丰盛路上的一个小四合院里。她在她家里的一间屋子办了个算术补习班，弄不清补习班是怎么收费的，她让我去上她的补习班不收费。我觉得她对于其他上补习班的学生收费也很少。她是一个教师，那时是很尊贵的，她的丈夫肯定比她的职位学历更高，她家不像是一个缺钱的人家。我小时候还是很规矩、正直，有点傻里傻气的，也不像其他孩子那么多话，总在一起嘀咕什么。我觉得这老师不讨厌穷孩子，我不调皮也不讨人嫌，这可能是刘老师免费让我上她的补习班的缘故吧。

我在这所小学上了不到两年学，除了记住教国文和算术老师外，还记住一位同学。这位同学叫李言忠，他长着一副标准的瓜子脸，黑乎乎的，说起话来两嘴角上总有白沫子，说话还有点口吃。他家住得离学校不足百米，在我上学的必经之路上。他家住的房子是套典型的殖民时期为外来务工人员兴建的住舍。门庭或说门洞两侧各有一间小屋，门洞进到里面去有条两米来宽的长夹道，夹道的南侧有间小茅厕。夹道尽头北侧是一间很小的屋子，没有住人，堆放着柴草等杂物。这个小屋里养着一些兔子，因这个小屋和夹道地面都是泥土地，到处是兔子打的洞。这个小屋和厕所的后墙、夹道小院的墙，都是邻居家的屋墙，没有门窗，所以这里阴潮不通风，进到这里臭臊气味熏天，可他们家就终年生活在这样恶劣的环境之中。他家里养着小白兔，满身白毛，两只大红眼球挺好看，我放学后常到他家看小白兔。我想他家不是为了看漂亮的小白兔而喂养，忍受着臭臊气味。他家里也很穷，养兔子也仅仅是为弄几个铜板，养家糊口。因为我开始上学是直接插在小学二年级且已上了些日子课后插班进去的，学习跟不上，便留级了，在小学我没有上一年级，却上了两个二年级。在这所小学上完三年级，我们都转到顺兴路小学上四年级。那时不清楚我入学的小学只有初小，也弄不清怎么就进入了顺兴路小学。

顺兴路小学是 1924 年青岛官办的 5 所小学之一。这所小学比我踏入的启蒙小学的建筑更像个洋学堂。但是学校的建筑设施非常简陋，除有一个空荡荡的沙土校园外，没有任何体育设备。它的南墙有一排带有前廊屋檐的十来间平房教室，这是这所学校的主体。校园西北角的高台阶上还有一簇六七间红瓦黄墙的欧式平房建筑，这里是学校老师的办公处，也有几间教室，我小学五年级就在这里的一间教室里上课。此外，学校东北角顺兴路上有一个校门，校门的北侧有一个传达室。这所小学在青岛解放以后，经过 4 次大规模的改造。2011 年 7 月我路经此地，想看看我的母校现今是个什么样子了，很巧遇到它正在进行第 4 次大规模加固重建。2013 年 7 月末，我在附近车站换车，走十来分钟就到达顺兴路小学。现今的顺兴路小学和我读书时的顺兴路小学面目全非。

学校的操场地面都铺着塑料垫,它的四周原来稀疏散乱的一些平房住舍,也都盖成了高层楼群。我在这所小学学习期间记忆最深刻的有两样:一个是精神上的,整天挨打手板;一个是学校里的泥土地面的大操场。每天下午放学后我都在校园里玩上两个小时左右。抗战胜利已好几年了,日本的思想压力没了,家里地瓜干可以吃饱肚子,不需要我常去挖野菜,搂拣柴草了。那时没有作业压力,尽可在操场上愉快地玩。学校里流行3种活动。我最喜欢玩小球,分成两组,接到小皮球的人要速跑传递给下一个人,直到扔给自己这边守大门的人,这项活动一是要跑得快,二是要接球准。这项活动需要多人一起玩。还有一项活动是滚铁环,右手握住一根二尺来长、前面有个U字形钩的粗铁条,推着一个直径二尺左右的粗铁环满操场跑,这项活动要求有一定的速度,不能让铁环倒下。以上两项活动能很好地锻炼身体。当然,那时这些活动在脑子里并未和锻炼身体直接联系起来,只认为是很好玩的游戏。我觉得这两项活动现在也值得提倡,不用花多大代价购置设备。那时我还喜欢弹蛋游戏,口袋里装着一把漂亮光滑的玻璃小球,小孩子管它叫蛋,两人比赛赢球,用大拇指弹射去的蛋,射中对方地面的蛋,就赢了这个蛋。我当时练得挺棒的,常常距离三四米外,弹出的球可准确地打中对方的小玻璃球。我现在有时回想,那时为什么会打得那么准?两个小圆玻璃球这么小,用拇指弹出去就能精准打中三四米外的另一个小小的玻璃球,有点不可思议。当时小学生还兴玩纸牌,香烟厂把自己厂生产的香烟盒里面,放进一张和烟盒差不多大小的画片,画片印的是水浒传上的一百零八位英雄好汉的相片。装进香烟盒里的画片,总有几张稀缺,小孩玩牌总想把一百零八将的画片凑齐,所以经常玩纸牌游戏。这种游戏带有一点赌博性质,把一张纸牌翻扣在平地上,用手掌在牌边狠拍一下,纸牌翻过来就赢了。那时学校大院子里,没有任何运动设施,小学生的课外活动就是扔皮球、滚铁环、弹蛋、扇纸牌。学校里也没人管这些事,都是学生自由自在地玩,玩够了就自行回家。顺兴路小学尽管校舍建筑相当简陋,但比起我入学的台东六路上的那所小学还是有点洋学堂味道,老师也都有点像洋学校出来的人,学识水平也明显高于我入学的那所小学。从现在的观点看,它是一所正规的小学。青岛顺兴路小学是我的母校,我在这里尽管挨过多次打手板,可我也在这个学校大操场尽情地活动游玩,让我快乐、自由自在地度过小学的一段重要时光。我对这所小学抱有浓厚的情感,留下了美好的记忆。顺兴路小学历经百年洗礼,历尽沧桑,数度更名。经多次大规模的改扩建,现校舍已是有大玻璃窗的5层楼房。现今这所百年老校,焕发了青春,成为山东省科普示范学校。科技教育特色鲜明,在全国、省、市各类科技比赛中独占鳌头。

抗战胜利后,老师的日子也很不好过,先是对他们进行"甄审",查其在抗日战争时期的行为,"甄审"不通过,老师失去资格,大学生失去学业,此"甄审"引发了全市大规模的抗议活动,"甄审"实质上是查知识分子中的共产党人。后来又闹通货膨胀,引发了反饥饿斗争。国民党政权时期,学生所处的环境也不好。社会动荡,教学环境差,在严师出高徒的思想影响下,老师打手板成了常态。

抗战胜利后,国民党政权的儿童节是4月4日……学校组织学生远足,类似现今的春游。有一年的儿童节,去的地方是十几里地外的湛山小学。湛山小学也是一所老校,和顺兴路小学都兴建于1924年,坐落在黄海沙滩岸边不远的旷野,周围有点荒凉,住户居民和农户稀疏。我的印象中这所旷野中的小学仅有一些平房。这里没什么好玩的地方,队伍在这里解散后,喝点水,上个卫生间,很快就向回返了,往返30里地,对小学生来说也够得上是远足。现在,我在中、小学上学的孙辈们,春游、秋游都是坐大巴车,带上水、面包、香肠,很舒服地游玩。我们那时"远足"都是步行,也没什么可带的,家里都吃地瓜干。那次远足又正逢儿童节,但在我心里对这次远足也并不感到舒心。远足1年最多1次,能步行走很远路对小孩子是一件很好玩很快乐的活动。但是,远足队前面是整齐步伐、穿着童子军服装的队伍,我们这些非童子军小学生跟在童子军后面走。现在我们的小学二年级小学生都佩戴红领巾,都是少先队员,国家的接班人。青岛解放前小学里有童子军组织,加入童子军要买一套童子军服,布料和做工都是不错的,还有一顶圆形大檐帽,一根细长的木棍替代枪,腰间还佩戴一条盘成捆的细长绳子,神气十足。加入童子军没有别的条件,只要买一套童子军服就是童子军。当时的一套童子军服价格不菲,家庭生活条件稍差点的学生都买不起,这就造成远足队伍前面是穿戴阔绰的童子军队伍,后面是穿着随便的非童子军队伍。这样的队伍反差很大,明显的是有钱人家的孩子在前,没钱人家的孩子在后,明显造成了学生的两个等级,走在后面的非童子军队伍,显得低人一等,有点受到歧视的感觉,伤害了小孩的自尊心。像这样的事情快过去70年了,我受到的刺激仍然记忆深刻。

青岛是1949年6月2日解放的,我正在上五年级下学期,因为国民党军政撤退前夕兵荒马乱的,所以五年级下学期末没怎么好好上课,影响了课堂学习,期末也没有进行考试。暑期后我应该上六年级,开学时学校流传让五年级的学生再上一年,许多学生都不愿意蹲班。我和两位要好的同学听说距家不算远的吉林路小学招生，我们都转到吉林路小学上学。转到吉林路小学上学是很随意的，不需要任何证明，什么户口证明、转学证明都不需要。这所学校的建筑物、房屋和市里那种红瓦黄墙的欧式平房建筑属同一风格。我在该校上完了小学六年级，完成了小学学业。我在该校学习1年，留给我印象深刻的是校长和教导主任。他俩是青岛市军管会派到学校里接管学校的干部，都穿着一身肥大的藏蓝色干部服。当时随军队进入青岛，接收青岛的行政干部都穿着这样的干部服，戴一顶和衣服同色的圆帽子。我也是从这个时候才知道学校里还有校长和教导主任，他们是这个学校的领导，因为那个时候青岛刚解放，校长还有小手枪，教导主任腰间有两颗手榴弹，刚解放的时候对国民党残渣余孽的破坏活动不得不防，实际上国民党特务的活动很猖狂，蒋介石对青岛的破坏袭扰就如同《长征》电视剧揭示的蒋介石父子对上海的捣乱破坏之猖獗一个样子。青岛解放后，学校里不准打骂学生，学校里常开会讲革命道理，校长和教导主任都很会讲话，我听着觉得很有道理。我还非常敬慕这两位进城干部的人品修养，他们非常厚道、纯朴，为人和善，又十分勤劳。他们跟旧官员完全不同的是没有任何官架子，真是个人民的公仆。他们是校长、教导主任，但学校的什么事都找着干。学校的路不平他们垫，残墙断壁他们弄点水泥补补，有些清洁卫生的事他们也来干。他们主要抓学生的政治思想品德教育，教学仍由原学校老师负责。他们好像不具体干涉教学，对学生总是乐呵呵的。这两位让我敬仰的干部朴实谦虚的作风、他们的容貌长相我至今还记得非常清晰，看样子会永远铭记在心，好人是不会也不应忘记的。

我上了6年小学，经历了完全不同性质的3个政权的变化、3种不同的教育方法、3所不同建筑风格的学校。我没上一年级，上了两个二年级，小学二年级接受的是日本奴化教育，日语课特别多。我的启蒙学校是一所校舍建筑破旧，像个私塾的学校。三到五年级是在抗战胜利后的国民党政权时期，没有什么政治思想教育，对学生打字当头，学校虽然建筑像个现代洋学校，但相当简易。六年级是青岛解放以后在吉林路小学上的，它的建筑风格已摆脱了东镇这个贫民劳工区的建筑风格。吉林路小学地处市北区，更靠近市里，它的建筑风格有点欧式，限于地形地貌的关系，学校缺少大操场，教室房屋之间位于不同的台阶上。学校严禁体罚，绝对不能打学生。校长、教师和学生平等和睦相处，对学生实行以政治思想和社会主义性质的思想教育。学校建筑洋气，教室舒适，在这所小学仅上了1年学，但它是我上了6年小学里最快乐的1年，学习成绩也是最好的1年。

第四篇　抗日战争胜利之后的青岛

日本投降了

1945年8月15日,日本天皇宣布无条件投降,对中国来说具有划时代的意义。从明末开始,日本就不断袭击我国东部沿海地区,弄得沿海地区很不安宁。它对我国发动了多次侵略战争。120余年前的甲午战争,使我国赔款还割让了台湾。此后,日本又不断发动了对我国的侵略战争,对我国实行极其野蛮残忍的统治和疯狂的掠夺。中国人民要铭记历史,不忘国耻。忘记了日本的侵略和抹杀日本对我国的侵略、欺凌、屠杀、蹂躏的历史就是背叛。我们要加强我国的国防力量。只有强大的国防才能扼制侵略,保卫和平,实现民富国强的中国梦。孙子兵法讲"谋定而后动,知止而有得",不打无准备之仗,方能立于不败之地。

300年来日本对我国的袭扰和侵略,使我国遭受了惨重的损失,数千万人头落地。第二次世界大战,我国取得了胜利,日本宣布无条件投降。为什么？因为诞生了中国共产党。当时在中国执政的蒋介石实行"攘外必先安内"的消极抗战政策,蒋介石的不抵抗主义引爆了反蒋抗日的"西安事变"。中国共产党从抗日大局、国家的整体利益出发,协助和平解决了"西安事变",释放了蒋介石,逼迫蒋介石转向抗日。毛泽东主席分析了我国和日本的综合国力,提出了《论持久战》《游击战》等战胜日本侵略者的理论,它是战胜日本侵略者的法宝。日本对我国发动的全面侵略战争,使我国伤亡4000余万人,经济全面崩溃,人民生活艰难痛苦。这让中国人民对日本兵的憎恶至极。在这种状况下,听到日本投降的消息,别说有多高兴了。中国人民早就盼望着有这么一天。日本的投降洗刷了我国300多年来的国耻。300多年来日本侵略我国的战争遭受彻底失败。日本天皇宣布投降,但青岛的日本统治者要捂着盖子,不想让市民知道。当然盖子总是不能长久捂住。市民百姓知道日本投降的信息是迟早的事。

因为那个时候不仅没有电视、手机之类的信息工具,就连收音机在我们东镇这个居民区也没有见过,当时有钱有势的人家已有木箱样式的电子管收音机,那个时候消息是闭塞的,日本兵对他们投降的消息更加严密封锁。俗话说没有不透风的墙,青岛有一位史学家说,他的父亲任国际俱乐部的经理,和一户日本人住在迎宾馆里,有一天他去俱乐部总干事家,推门看见这户日本总干事家4口人跪在地板上聆听天皇宣布投降的广播。日本投降的消息就是通过这种方式,一传十、十传百地传播开来的。日本投降的时候,我还不满10周岁,我最早听到日本投降的消息是位邻居大妈跟我母亲低声细语讲的。她向我母亲讲:"听说日本鬼子投降了。"我听到这样的消息,感到震撼开心,这是惊天动地的消息,我心里惊喜若狂,但是仍然不动声色,因为我们只听到这位大妈在说,心里还有点半信半疑,若是误传误信,让日本兵知道了会格杀勿论的。但没过几天,在日本工厂大裕橡胶厂做工的两个姐姐回来讲,好像日本出什么事了,日本人有点打蔫,无精打采的,她们估计日本准出大事了。她们工厂里有十余个日本管理人员,平时气势汹汹,盛气凌人。他们为什么突然无精打采了?为什么蔫了?再联想到日本投降的传闻,再仔细观察在我们大院北墙汽车站毒打中国司售人员的日本人和在街口的日本兵突然销声匿迹了。东镇市民和我们家里一样就这么一步步获得了一些有关日本投降的信息,不过几天的时间就认定了日本投降了。青岛的市民百姓高兴了。除了对日本投降感到喜悦外,在我心头还泛起了对日本兵的憎恨。我想起了日本宪兵队将抗日人士大卸八块的残忍场面、被日本伤兵抽血后饿死冻死的青壮年和我母亲去领混合面挨一顿日伪汉奸臭打的情状。

在东镇威海路下村方向住有多户日本人,在这条路上还有凶狠残忍的宪兵队、日本兵营、伪政权自治会,市民群众虽然十分痛恨这些地方,但并未出现报复性的举动。

日本宣布投降的第三天,即1945年8月18日,蒋介石宣布任命他的嫡系李先良为青岛市市长,以示已接收青岛,其目的是阻止活跃在山东境内、抗日前线共产党领导的抗日军民接收青岛。因为抗战时期蒋家军都躲在西南大后方,按当时的交通条件,他要把军队调到沿海地区不是一朝一夕能办到的。为了抢先占领青岛,日本投降后,他让日军协助活跃在崂山的青岛保安队开进青岛。日本宣布投降不到1个月的9月13日,"青岛保安队"从台东一路由东向西的崂山方向开进市区。当时我就站在台东一路和威海路的两条干道交叉的路边看热闹,市民百姓站在道路两边静观这支队伍,显得毫无热情,没有欢呼声,没有欢迎的口号。可能与平时人们对青保印象就不好有关。令人气愤的是,这个队伍的前面,有几辆日本兵驾驶的日军卡车,车头上有日本兵神气十足地架着歪把子机枪。日本刚刚投降,看了这些日本兵让人非常不舒服。看过青保的进城队伍,对青保的印象就更不好了,甚至有些讨厌,人们更弄不清这个青保是姓蒋还是姓汪。人们当时不清楚这是蒋介石安排的。蒋介石这么做是非常可耻的,用刚刚投降的日军帮着接收青岛。蒋介石心怀鬼胎,为阻止中国共产党领导的军民接受日军投降,他还通电八路军总司令朱德要让八路军按兵不动,并于1945年的8月25日邀请中共毛泽东主席赴重庆谈判,他的目的是试图从政治上、军事上、舆论上压制共产党军民接受日军投降,以便争取时间调派军队。实际上蒋介石早已盘算着如何发动内战,铲除中国共产党了。他完全背弃了"西安事变"今生今世不再打共产党的誓言。中国共产党以国家和全国人民的利益为重,考虑到国家需要休养生息,没有强行接受日军投降,让抗战胜利后,日本投降留下的权利真空时期得以平稳过渡,青岛没有发生乱象,社会秩序平稳,水、电、交通都没有中断。

  此时,美苏的冷战已开始,美国非常重视青岛的战略地位,美军也加快了控制青岛的军队调配。日本宣布投降后不到两个月,于1945年的10月10日美军先遣部队先期登陆青岛。因为蒋介石的军队和他任命的青岛要员都还没有抵达青岛。美国军队抵达青岛后,于1945年10月25日在汇泉跑马场,由美国海军陆战队第六师司令谢勒尔主持仪式,与国民党军政部特派员陈宝仓共同接受了日军的投降。至此,从仪式和名义上,中国政府就算正式接收了青岛。1945年11月14日,在接受日军投降仪式后的第20天,在美军协助下,蒋家军的第八陆军抵达青岛,国民党政府也开始正式接管青岛。日本投降的日子,对青岛有特别的意义,青岛设市建制的50年,日本侵占青岛两次长达15年。日本投降后青岛人民欣喜鼓舞。可蒋介石却在犯愁,他盘算着如何扼制和消灭在抗日战争中发展壮大的中国共产党的力量。他不顾国家百业待兴、人民需要休养生息的国情,很快发动了不得人心的内战,这也注定了他失败的命运。

美蒋军队的到来

据研究蒋介石日记的史学家说,抗战胜利前夕,蒋介石就梦想成为中国至高无上的领袖,从美军在重庆的办事机构得知了日本欲投降的情报后,他担心在抗战期间一直与日军作战的共产党领导的军民扩大地盘。日本1945年8月15日正式宣布投降后,蒋介石急电八路军总司令朱德,命令八路军不得接受日军投降,甚至急电日军不得向八路军民投降。蒋介石为应对全国人民反对内战的呼声,利用和共产党谈判拖延时间,以便将他的军队向东部沿海地区调动。蒋介石邀请毛泽东赴重庆谈判,从1945年8月29日开始至10月10日,历时45天,可谓马拉松式的谈判过程。虽然谈判结果也签订了个《双十协定》,给中国人民带来一线和平希望,但是蒋介石是在利用重庆谈判作掩护,他发动内战消灭共产党的决心早已坚定,怎么会执行已达成的协定。蒋介石从来也不是个讲信义的人,历史早已证明了这一点。为了全国人民的利益、戳穿蒋介石的阴谋,毛主席还是冒着生命危险前往重庆。毛主席大智大勇,在重庆与许多民主人士广泛接触,指出蒋介石就是想通过谈判铲除共产党和它的军队。毛主席在重庆谈判中显示了诚意和认真的态度,在会议过程中还留下许多佳话,影响最大的是《沁园春·雪》诗词的发表。该诗词文情并茂。蒋介石对于"数风流人数,还看今朝"一词大为不安。蒋为了对抗"沁园春"词作,组织了多人写出数十首"沁园春",但没有一首可和毛主席的词相提并论,却弄巧成拙。

蒋介石利用重庆谈判的机会,由美军协助大量向东部沿海调动军队,美军称这是史上最大规模的空运军队,即使在谈判期间,蒋介石也派军队围堵八路军。1946年初,蒋介石悍然撕破协议,发动了全面内战。

青岛在地理位置上具有控北扼南的重要战略地位,特别是青岛港湾优良,乃兵家必争之地。抗日战争胜利后不久,美苏冷战已揭开序幕,蒋介石发动内战的决心已定。青岛的战略地位更加突现,青岛很快成了美蒋军队的大兵营。

美军早已把青岛当成它西太平洋的海军基地,因此,驻东南亚关岛、冲绳的美军大规模地向青岛调兵。

1945年10月10日,美国海军航空兵3个大队110架飞机在青岛沧口机场着陆。紧随其后的是美国海军陆战队第六师、司令谢勃尔率领2个团、7个直属营及宪兵连共2.7万人由关岛飞抵青岛。翌年,美军继续增兵青岛。1946年1月4日,美国海军陆战队1600人登陆青岛。同年5月13日,美国海军第七舰队的航空母舰2艘、巡洋舰3艘、驱逐舰8艘驶入青岛海域,1000余名美军在青岛前海栈桥登陆。此后不久,6月6日,美国海军第七舰队七十一分遣队由舰队司令率领从上海抵达青岛海域。8月4日,美军海军第七十一混合舰队由日本抵达青岛。这么个小青岛进来这么多的美军,它们不是来接受日本投降的,而是在做下次战争的准备。我常常在前海边看到多艘大战舰,天上经常可以看到成群结队的飞机列队飞行。登州路原日本大兵营里摆满了成排的大炮,兵营里挤满了美军,大街上经常有穿来跑去的美军大卡车、中吉普、小吉普车,青岛成了美军的大兵营。

国民党军队随后在美军的协助运输下也陆续进驻青岛。最早抵达青岛的是1945年11月蒋介石的嫡系王牌军,美式装备的第八陆军。它的装备非常优良,比我见过的日军的好得多。很多使用的大卡车和吉普车和美军的差不多都一个样子。士兵配备的都是有一个长梭子的冲锋枪,在大街马路上可以看到他们的汽车来来往往,穿的军服也很有档次。当时我有点纳闷,装备这么精良的军队,放在我国的大后方干什么?为什么不来打青岛人非常憎恶的日军,却用装备精良的军队来打共产党领导的抗日军民?蒋介石打内战不得人心,也是他很快惨败狼狈逃到台湾的根本原因。

除了蒋介石的第八陆军进驻青岛外,陆续的还有国民党海军、空军、伤兵大量涌进。青岛海域停满了美国海军军舰,天上不停地听到美军飞机的嗡嗡声。马路街道上到处可以看到国民党军队和美军,这么多的美国兵进驻青岛,人们心目中开始并没有不好的印象,但也有些疑惑,觉得他们的武器装备十分精良,比日军的好多了,日本已投降,日军已被遣返,这么多装备精良的美军来青岛干什么,大家觉得有点怪异。在登州路原日本大兵营,它的东西两侧围墙是铁栅栏,从外边可以清楚地看到兵营里面,兵营东侧那么大的场地,摆满了大炮,又长又粗的炮筒,让我感到惊奇。兵营的西侧紧贴一条小河沟,兵营里摆着一排排长木桌凳,美军在这里用膳。人们好奇地看着美国大兵手上拿着的白色铁盘子,用的是刀叉,美国兵常常把吃不完的小罐头扔出来,有的人去捡,当时人们对这些东西很好奇,大多数青岛市民没有见过罐头。这个大兵营南墙紧贴现今的延安路,当时这条宽的沙土路很少有人走,车辆几乎绝迹。路的南边就是茂密的山坡林地。美军的弹药在兵营里可能堆放不下,就用推土机把山坡林地推成一大块平地。这也是我第一次见到推土机,感到这东西真有力气,大树一推就倒了,不一会就平整出一块大平地。然后用带刺的环形铁丝网围起来，围栏时只有一个黑人士兵，有看热闹的中国人，在外面还帮他推推拉拉，这和青岛市民对日本兵的态度完全不同。美军这一推山坡林地的举动引起了群众哄砍山林的风潮，在美军平整出的地方的周边山坡，没有几天的工夫就被砍光一大片山林。这里的山林是天然林，大乔木、灌丛、蒿草生长得十分茂密，这样的山林遭灭顶砍伐实在可惜。青岛国民党当局对哄砍山林采取不闻不问的做法是不负责的。青岛市政当局至少应贴个广告，说明美军砍伐平整土地的范围和目的，就不至于几天之内砍伐了好大一片山林。美军在平整圈起的这块地方堆满了弹药箱。看了进驻青岛的美军，军事装备又这么好，弹药又这么多，我就纳闷为什么还要艰苦抗战这么多年？据有关报道，从1943年以后，日本败局已定，它的军力不足，驻青岛的日军大多调到东北和苏军作战去了。青岛的日本侵略者是利用日军宪兵和汉奸采取极其残忍的"血腥空城计"维持统治。

青岛民众对美军绝无对立情绪，即使美国敞篷吉普车上坐着妓女招摇过市，人们也不太记恨，因为国民党政权是允许妓女存在的，嫖娼卖淫都是合法的。从人们的眼里只是感到那些妓女有点丢人现眼。时间长了，老百姓对于这种伤风败俗的事也看不惯，怎么美国兵尽干这种事？妓院门口总是停放着美军吉普车。东镇丰盛路上有一个挂"平安里"牌子的大妓院，我去同学家常路过这里，门口两边总是停着美军的吉普车。时间久了，美国大兵强奸女学生、醉酒伤人打死人的现象屡屡发生。国民党市政当局在反共内战方面要得到美国财政和武器装备的支持，对美国大兵的胡作非为，在处理上是睁只眼闭只眼，甚至不闻不问，如同今日的日本，总是袒护犯罪的美军。那时美军在青岛的胡作非为比现今日本的情况严重得多。当然那时美军在日本的情况更严重。当时美军在青岛的犯罪率很高。据《青岛市志》记载,在有记录的两年7个月中,美军大兵在青岛的犯罪案件高达373件,其中美军士兵无故开枪打死打伤市民117人,车祸肇事死伤193人。强奸污辱妇女的暴行层出不穷。由于蒋介石政权乞求于美国政府,青岛当局对美军的犯罪案件只能听之任之。但是,青岛市民日益不满,对美军的胡作非为的憎恨日积月累,市民愤怒的情绪逐渐高涨,以致掀起多次反对美军的浪潮。1946年,驻青岛美军因多次轮奸强奸妇女致死的犯罪案,在青岛人民中曾掀起第一次反美怒潮。

1947年3月30日和4月5日,青岛人力车夫两人分别被美军士兵杀害,引发了第二次声势浩大的反美怒潮。

1948年6月,山东大学师生反对美国扶植日本,武装日本战犯岸信介政权(岸信介是日本首相安倍晋三的外公),并强烈要求美军归还山东大学校舍,青岛掀起第三次大规模的反美浪潮。美军进驻青岛的三四年,自己打自己的脸。屡屡出现的犯罪事件,给青岛市民的印象由好变坏。当然还不至于有日本兵那么让人憎恨。

抗战胜利后,美军进驻青岛3个月后,蒋介石的嫡系部队——装备精良的第八陆军到达青岛,第八陆军是蒋介石的嫡系部队,这个军的军长是李弥。第八陆军有多少人没有看到公布的数字,一个师一般是两万人,一个军三个师,有六七万人。他们进驻青岛后,大街小巷总能看到他们的身影。他们在青岛驻了不到两年,很快被调往山东鲁西南打内战去了。1948年,国民党军第十三兵团司令官李弥在淮海战役中被指派去支援蒋介石的嫡系黄百韬兵团未果,不久第十三兵团全部被歼,军长李弥化装成农民,潜逃到潍县和青岛,然后乘船去了上海、南京。此后,他又任十三编练军司令部司令兼重编第八军军长,1948年败逃云南后潜逃至缅甸、老挝,1953年逃往台湾。李弥的第八陆军进驻青岛后,陆续又有大量的国民党军队,包括海空军和陆军,还有大量伤兵群体涌进青岛。青岛这么个弹丸之地,究竟进来了多少国民党军队,恐怕谁也说不清楚,大街小巷满街都可以看到蠕动的兵。美军的大、中卡车及小吉普在大街上经常走来串去,但是我没有在街上看到过他们买东西。国民党军队就不同了,爱串大街小巷,特别是城市繁华热闹的地方。电影院和戏院更是他们聚集活动的场所。到处可以看到游游荡荡的伤兵,有些伤兵一瘸一拐地走街串巷。按理说这些伤兵是跟日本打仗受伤的,应受到人们的尊重,至少给人以好感。但是,他们的纪律太差了,可能国民党军的军事当局对他们的生活不管不问。这些伤兵在小摊上拿包烟、拿点东西不付钱,嘴里总爱嘟囔"老子抗战八年,拿点摊铺的东西不应付钱"。我家大院门东侧是东镇客运汽车站,伤兵乘车不买票还得优先,这里成了伤兵殴斗闹事的场所。为防止伤兵闹事,国民党军事当局派了两个宪兵在车站维护秩序,宪兵还配有一个大皮套的手枪。实际上宪兵管不了爱闹事的伤兵,也维持不了秩序。伤兵照常闹事,宪兵甚至挨伤兵的打骂,因为那些伤兵是成群结队的,他们又有张"老子抗战八年"的王牌,谁管得了他们。国民党军无组织无纪律,常常打架斗殴。蒋介石逃到台湾后,在日月潭别墅中反思他的军队问题,他说他的"军队是一支没有主义没有精神的军队",他的反思也对,在抗日战争中他不让他的军队在前方跟日本侵略军打仗,抗战胜利后调来打抗日的八路军民,他们能有什么"主义"和精神。他还说他的军队是一支没有灵魂的军队,所以尽管蒋介石手握800万装备精良的大军,还曾扬言让这支美式装备的军队3个月内消灭共产党的军队,结果没有几年,他的军队就被共产党的军队消灭了。蒋介石说他的军队是无组织无纪律的军队,他反思的也对。当年驻在青岛的蒋家军,常常在争夺电影院的场次时大打出手。在青岛安徽路不远处,原有一座永安大戏院,那里是他们经常混战的地方。我见到过一次,戏院门口围满了闹事的兵和围观的老百姓。听说中山路上那座老字号电影院也常常是蒋兵闹事的地方。这些兵在青岛的表现,怎么能给人民一个好印象?他们吃得好,穿得好,那些军官的军装都是好细布做的,像礼服一样。但精神面貌不好,纪律不好,结局以惨败而告终是必然的。

国民党市政当局的作为

两度遭受日本侵略占领的青岛百业待兴,但接管日本投降后的国民党市政当局却反其道而行之,所作所为很快让青岛人民大失所望。国民党市政当局接收青岛后,首先应铲除日本的残渣余孽、日伪汉奸、恶势力、地痞流氓,稳定社会秩序,但是国民党市政当局做的第一件事是"甄审"。1945年11月2日,青岛国民党市政当局的官方报纸《青岛公报》的头版发布"甄审公告"。"公告"规定凡沦陷区敌伪所设立的大中学校的教职员、学生须一律甄审,未经甄审合格之学生与教师,一律不承认其学籍,不能继续求学和报考大学,不能继续任教等等。日伪政权统治下,哪里有民办学校,大中学校都是"官"办的,它这一严厉的"甄审"面对的是所有师生,他不去"甄审"那些伪敌政权的核心组织、日伪维持会、日伪警察组织的人员,而通过"甄审"来污辱和歧视师生。这些做法理所当然地受到全市教师和学生的激烈反对,引发了大规模抗议活动。

1945年12月16日,青岛著名老校、德国殖民时期办的文德女中的教师费筱芝,在张贴反甄审标语时,被青岛保安队枪杀,当即引起青岛广大师生和青岛市民的愤慨。青岛师生联谊会印发了《告全国同学书》,揭露青岛国民党市政当局血腥屠杀无辜师生的暴行。国民党青岛当局不去甄审日伪汉奸和市民痛恨的恶势力,目的是在清查学校中是否有共产党人士,理所当然地遭到青岛市民的抗议和反对。迫于市民的反抗,国民党市政当局不得不将甄审草草收场,并表示对枪杀费筱芝老师的青岛保安队员王玉明、王伦梧及相关警察进行公开审讯以平民愤。把杀人犯王玉明判处有期徒刑10年,但很快就放了。国民党接收青岛后,起首就干了这件坏事,给青岛市民留下很不好的印象,埋下了此后爆发一系列反对青岛国民党政权运动的导火索。蒋介石政权派到青岛的大批接收大员,多得满天飞。他们来到青岛后大官大贪,小官小贪,不是官的国民党员也抓上两把。他们大肆营私舞弊,抢占社会公有资产。这些接收大员,人们说成是"劫收大员"。当然,抗战胜利后,蒋介石的"劫收大员"不只在青岛,全国都一个样,只是程度上有所不同。他们的所作所为,导致舆论哗然。大官小官的贪腐,人民通常看不到。在民众中的那些捞两把的国民党员,人们却比较容易盯得上、看得清,其影响也不小。我们大院里有一户人家,老子是国民党员,他有两个儿子,日伪时期穿一身军校样式制服,大儿子曾有张腰上挎一把日本军官长刀的大照片。他们姓蒋还是姓汪也不清楚,1948年秋消失了,可能跟着国民党南迁了。这家的老爷子不知怎的,抗战胜利后成了国民党员。本来也是大字识不几个的邮差却让他当合作社管理员,这个小小的合作社就成了他家自己的厨房,什么油、盐、酱、醋、粮、米随便往家拿,一块块豆腐拿回家。

那个时候大家都很穷,我们院子里住的大多是穷邮差,现在称邮政员工。在那个时期百姓还处于吃地瓜干的时代,吃又涩又干、略带苦头的地瓜干,在有的人家都难填饱肚子的情况下,他这么顺手拿吃合作社的东西,人们都看在眼里记在心上。更讨厌的是他老婆和他的大女儿,在日伪时期就有点张扬,国民党政权时期借着国民党员的势力,狂妄傲气劲更足了,看不起邻居,动不动就骂人家是下三烂。他们家得了国民党这么点好处,处处说国民党好。青岛解放后他们处处看不惯共产党,凡是军管会做的事他们都不说好。他们家的那种思想状态,和大多数工人、市民的思想格格不入。再加上为人处世一向神气十足,看不起人,很难融入新社会,青岛解放后没有几年,他全家就被送回原籍了。

抗战胜利后,国民党政权闹通货膨胀,对平民百姓生活的影响非常严重。我父亲是个邮局工人,工资是很低的,发工资那天,我看到他总是拿着我家买菜的一个大扁篮子,领回来大半篮子钞票。一到家,快到集市上买地瓜干,当时地瓜干是我家和许多百姓家的主食,如果稍迟疑买不成东西,钱就差不多成了废纸。我两个姐姐在胶鞋厂做工,这个厂同时也生产军服,工人无法生活,欲停工罢工,国民党市政当局只好每个工人每月发一袋四十来斤的大米,以维持工厂运转。通货膨胀弄得人心惶惶。有一个资料说,上海的电话接线员是个高工资行业,每月发43元美金,折合成国民党政权发放的纸币"法币"(当时政府发行的流通货币)为3.7亿元。那些高工资的群体,生活也很艰难。大学教授都难以吃饱肚子。这种恶性通货膨胀,让国民党政权难以维持下去。1935年,国民党政府进行过一次货币改革,以法币作为国家的流通货币。1937年,国民党政府首次发行法币仅14亿元,1947年4月发行额竟达到

16万亿元，比10年前多发行1亿多倍。1948年法币发行额已达660万亿元，比首发年多40多亿倍。1948年的物价上涨了3492万倍！蒋介石的国民政府，不得不于1948年8月再次进行货币改革，以金圆券取代法币，强制市民百姓将黄金、白银和外币兑换为金圆券。1948年8月19日，国民政府公布了《财政经济处分令》和《金圆券发行办法》《人民所有的金银外币处理办法》。在《金圆券发行办法》中，规定发行20亿元金圆券为本位，限期以300万的比价兑换法币，但仅到同年11月10日，在不足两个月的时间内，金圆券的发行量已突破20亿元的限额。此后，金圆券的发行量像洪水决堤，不可收拾。恶性膨胀到12月，金圆券发行额已超过80亿元，到1949年4月已超过1900亿元，到5月18日，金圆券发行总额已达9804亿元。金圆券发行9个月后还不如废纸值钱。国民党政权金圆券的改革不得不于1949年7月3日终止，成为中国货币史上最短命的货币。金圆券改革使民众遭受惨重损失，金圆券改革的文告强迫民众将手中的金、银、美元都必须兑换成金圆券，人民手中的金圆券最后几乎成了废纸，财产也化为乌有，而此阶段物价上涨了5亿倍以上。由于国民政府发行的货币成天文数字上涨，在抗战胜利后不久，青岛逐渐兴起最古老的货物交换形式，以物换物，更广泛的是用银圆货币交换。1913年10月6日袁世凯就任大总统到1916年3月22日称帝失败仅两年半的时间，他发行银圆作为流通货币，但一直没有资料表明袁世凯执政期间到底发行了多少银圆。因为市面上不认法币也不认金圆券，市面上全在用袁大头（银圆的人头像是袁世凯）。也不知道那时从哪里冒出那么多袁大头，当然肯定有假的。用袁大头买卖交易中，人们是用食指和拇指夹着袁大头放在嘴上一吹，放在耳朵上听，有钢淬声的，就认为是真的,在集市甚至路边小摊上,到处都可以看到人们在吹和听袁大头。与恶性通货膨胀相伴的是物资奇缺,你有钱也不买到东西,包括粮食。20 世纪 90 年代初我曾去波兰访问,那时他们通货膨胀的特点是纸币的面额特别大,一张纸币上印有一堆 0。买个包或买双鞋得仔细数几个 0。10 万 8 万的纸币算小票,上百万的和千万一张的票子也很普通,但那里有丰富的货物,且不是总在涨价。可抗战胜利后的青岛的通货膨胀,货币贬值是一天甚至几个小时物价就大涨。那个时候也有 500 万元一张的纸币,每天发行 10 万亿元的法币。法币兑美元达到 1000 万:1 的水平。这种恶性通货膨胀再加上货物奇缺,弄得民不聊生,激起了人民的愤怒反抗,发生了抢米抢粮风潮,掀起了全国反饥饿反内战的人民运动。1947 年 6 月 2 日,青岛山东大学的师生不顾军警对学校的封锁包围,冲出校门举行了反内战反饥饿的示威游行,当即遭到国民党军警的镇压,100 多名学生被打伤,140 多名学生被逮捕。因为蒋管区的经济状况、严重的经济衰败和恶性通货膨胀一直没有好转,全国性的反饥饿反内战的运动风起云涌。1948 年 11 月,青岛再次爆发了更大规模的反饥饿斗争运动。山东大学师生开展了罢教罢课斗争,青岛市中小学校长联合向青岛市政当局要求配给他们粮食和煤炭,要求预借薪金。随后工厂、商店、电信、港务等许多部门的员工也都参加了反饥饿的斗争运动,要求配给他们粮食、煤炭。全国和青岛人民的反饥饿斗争使国民党市政当局处于非常难堪的境地。全国人民的反饥饿斗争,仅仅是要求有饭吃,蒋介石的镇压不得人心。在全国高涨的反饥饿斗争的逼迫之下,蒋介石指示他的大儿子蒋经国到上海这个我国当时最大的金融中心、国家财富的主要积聚地去整治金融秩序,社会上称为"打老虎行动"。开始声势浩大,来势汹汹。就连我们这些小孩子都知道打击贪污、打击奸商们的投机倒把、囤积居奇的运动。在青岛打虎的举动也相当热闹了一阵,但很快就销声匿迹,不了了之。老虎没有打出来就不打了,老百姓也纳闷。据文献资料记载,蒋介石派他的大儿子去上海打老虎的初衷还是真的要整顿金融秩序。可打着打着,暴露出来的老虎就是他们蒋家的核心人物——蒋介石的连襟孔祥熙、宋子文和他们的家里人。他们两家虽然都是蒋、宋、孔、陈四大家族的核心成员,但他们内部也是矛盾重重。时任国民政府财政部部长的孔祥熙,尽管是蒋介石的连襟,嫡系中的嫡系,他意识到再拿出更多的钱打内战,国民经济将全面崩溃。如果出现这种情况恐怕他也难逃干系,他不想再拿出更多的钱给蒋介石打内战,蒋介石对此怀恨在心,欲借打老虎把矛头指向孔祥熙和他的亲家兄弟宋子文。当然蒋介石早就知道孔、宋贪了国家许多钱财,孔祥熙利用他任行政院副院长和财政部部长、中央银行总裁、中国农业银行董事长等主管财政的职务,大肆敛财,私吞美元,营私舞弊,大发国难财。早在1944年冬孔祥熙营私舞弊、私吞美元的丑闻败露后,社会上的反应很大,加上他跟蒋家父子早有矛盾,出于民众的压力,蒋介石不得不逼孔祥熙辞去行政院副院长和中央银行总裁等项职务。辞职前孔夫人宋蔼龄曾利用她和宋美龄的姐妹关系为孔祥熙说情。蒋介石迫于民众的压力,对宋蔼龄一再安抚,但没有答应她的说情。蒋还说没有进一步处理他,他已顶着很大的压力了。

1945年8月蒋介石发动的反共内战,至1948年下半年屡战屡败,在全国的失败已定。经济上又一团糟,通货膨胀弄得人心惶惶,全国性的反饥饿斗争风起云涌,蒋介石处于内外交困的情况下,为挽救失败的命运,他让老婆宋美龄到美国政界活动,乞求美国政府给予财政援助。他没有想到宋美龄在美国碰了一鼻子灰，受到时任美国总统杜鲁门的冷遇。据报道，美国总统和政界人士认为蒋介石是个大独裁者。受到冷遇的宋美龄不得不住进纽约长岛孔祥熙和宋蔼龄家中。抗战胜利前夕，孔祥熙利用手中的权力大肆敛财，在美国购置了房产，他被迫辞职后携款住进了美国纽约长岛的家。孔祥熙究竟搜刮了多少民脂民膏，众说纷纭。有人说他聚敛的钱财有几十亿美元，有的说可能没有那么多。但是，1950年美国新闻发表的《反对援助台湾》的文章中认为：蒋家统治集团在美国的存款很多，仅孔祥熙和宋（子文）名下就有8.5亿美元。

孔祥熙辞职后携款到美国居住，虽然他对蒋介石一肚子气，但他们在反共的利益上是一致的。宋美龄在美求援受挫后，躲进孔祥熙家中，与孔祥熙商量，希望利用孔祥熙跟时任美国国防部部长和财政部部长的关系，说服美国政府，向蒋介石提供援助。

蒋夫人宋美龄之所以能动员孔祥熙去做美国政府的工作，还是和上海打老虎有关。蒋经国打老虎，曝出孔祥熙的大儿子孔令侃在上海利用扬子公司大搞金融投机，民愤很大，影响极坏。孔令侃这位蒋介石的大外甥，一气之下告到了他的姨妈宋美龄那里，一场至少表面上轰轰烈烈的打老虎行动，因为宋美龄为孔令侃说情而被蒋介石叫停，因此一场声势浩大的打老虎举动只好不了了之。宋美龄之所以能住到孔祥熙家，并让他去做美国政府的说客，因为在这方面孔祥熙还欠宋美龄打老虎中的一个情。

蒋经国在上海打老虎，整顿经济秩序的举动草草收场，彻底失败。青岛市的反投机倒把、反囤积居奇的运动也不了了之。随着国家经济的全面崩溃，民众对国民党蒋介石也彻底丧失了信心，蒋介石发动的内战节节失利，全面崩溃已成定局，蒋介石的一些高级将领也已认识到，再跟着蒋介石已走投无路，许多高级将领包括傅作义、龙云等都投向了共产党。

1949年4月20日，中国人民解放军首先从安徽芜湖、铜陵强攻渡江，并于4月23日占领了蒋介石的老巢南京。蒋介石的嫡系汤恩伯把长江天险作为屏障，阻挡解放军南下，以京（南京）沪杭三角地区为重点，以淞沪为核心，持久防御解放军。阻止解放全中国的行动面临全面失败之时，蒋介石下了一道密令，将上海的黄金、白银等重要物资抢运到台湾。长江与沪杭防线的镇守司令汤恩伯被指防守长江天险不利时，在会上举起公文包说："我集结主力，退守上海是奉总裁（蒋介石）命令。"并在当场读了蒋介石将上海存放的黄金和白银3亿两全部抢运台湾的决定。1949年5月7日，蒋介石乘船悄悄离开上海的第二天，汤恩伯召集有关人员，到京沪杭警备司令部开会，讨论抢运黄金事宜。会议决定：

1. 将中央银行所存黄金、白银以及重要工厂的机器设备、车辆、纸张等物资全部运往台湾。

2. 所有招商局及民生公司所属轮船，除一部分军用外，其余交由物资局调配使用。

3. 棉纱、布匹大部分运往台湾，少部分运往香港，由上海市政府派人到香港管理。

4. 帆船及大小木船3000多艘，其中2500艘不能驶往台湾的，除暂留军用外，能驶往台湾的都由物资局调用。

据后来汤恩伯透露，在这段时间，蒋介石政权从上海中央银行运到台湾的黄金计1.1万条（每条10两）、白银3亿多两、银圆3000万元（个）、美金7000多万元。上海的布匹、棉纱等大都运往台湾。蒋介石逃跑前夕，把国库和关系国计民生的物资基本都偷运走了，在运输过程中还强征民船，甚至将已上了船的船员和官员家属强行赶下船以增加运力。

与此同时，国民党政权还搞了个"抢救人才计划"，把一些知名学者、科学家、教授和高级技术人才强行欺骗到台湾去，多次派飞机接运人才。但自己愿去的并不多，一些拒不去的人，蒋介石采取极恶劣的手段，包括暗杀进行处理。这一时期遭暗杀的进步人士不计其数。对于那些曾和蒋介石有不同意见的高官，蒋介石也格杀勿论，像杨虎城及家人等都被杀掉。陈义是国民党元老，浙江省省长，汤恩伯的老师，解放军打过长江以后，陈义有和共产党和平谈判的意向，此想法陈义曾和汤恩伯说过，汤将此情况告诉了蒋介石。蒋将陈义骗到台湾后，按照自定的"有和共产党和谈倾向的高官格杀勿论"的思想，不顾陈义是国民党元老和汤恩伯的说情，残忍地将陈义处决。

青岛市是解放最晚的北方城市，受蒋介石的政策影响，青岛市国民党政权当局在逃离前准备实行大规模的破坏活动，也打算不给青岛解放后的共产党政权留下片瓦。对于青岛国民党市政党局的这一阴谋，青岛地下党电台发布警告，青岛国民党当局如敢进行破坏将受到严惩。同时，青岛广大职工、师生在中国共产党地下组织的领导下进行了一系列护厂、护校、护港、护水、护电和保护行政设施等的斗争，致使国民党青岛当局的破坏计划没有得逞。但是，青岛市政当局蒋介石政权的军统特务也暗杀了许多爱国进步人士，将爱国进步人士装进大麻袋，绑上石头扔入大海。青岛解放后不久，海岸上潮上过若干麻袋的尸首。国民党青岛当局也和上海等地一样给青岛人民政权留下一个经济全面崩溃、缺粮少衣的局面。但是，青岛解放后在共产党和军管会的领导下，经济和社会各方面都得以很快恢复和发展。

解放前夕的青岛

1948年特别是从下半年开始,随着蒋军的节节败退,国民党政府已摇摇欲坠,蒋介石发动的内战败局已定。山东省会济南和山东的大多市镇及广大农村地区基本都已解放。青岛市已成了国民党军队据守的一座北方孤城,青岛解放已指日可待。青岛是国民党军政逃离大陆前唯一的大据点,也成为国民党政权绝望表演的最后地盘。

从我国东部地区和华北等地,北平(京)、上海、南京、天津等地汇集到青岛的1000余名美国和西方国家的侨民,此时大都乘美国海军舰船驶离青岛,撤往美国旧金山等地。同时驻青岛各处兵营的美军也都陆续撤到停泊在青岛海域的美国军舰上,他们暂时没有离开青岛,可能是在等待美国政府的命令,如果美国政府决定卷入中国内战,他们可以重返兵营。但是,美国军舰没有待多久即撤离青岛,这说明美国政府决定不直接介入中国内战。根据电视剧《长征》披露,在解放军打过长江以后,美国驻华大使司徒雷登曾与中共代表密谈,他表示美国政府不打算介入中国的内战,中共代表指出既然美国不打算介入中国内战,美国政府应撤走驻泊在上海和青岛的美国军舰。这恐怕是停泊在青岛海域的美国军舰迅速全部撤离的原因。美国和西方国家侨民的撤离及驻青岛的美军全部撤出青岛的情况,使处于孤岛状态的青岛国民党军政当局的官员顿生大祸临头之感。那些和国民党政权关系密切,从山东各地逃来青岛的土豪劣绅、恶霸等闻风丧胆,感觉大难临头。此刻,国民党南京中央政府已密令把青岛的重要工厂、重要设备南迁台湾等地。但此刻青岛的市民百姓，大多数人尚无意识到国民党市政当局已开始进行秘密南逃。就在这种局面下，青岛国民党政权的媒体还在大造舆论，自欺欺人地宣传"青岛市固若金汤"，说青岛是美军西太平洋最大的海军基地，青岛驻有精锐的军队等等来蒙蔽愚弄群众。很多市民更容易听信他们的欺骗宣传，还真的认为青岛"固若金汤"，对于时局的真情实况还蒙在鼓里。像我们这样的家庭，根本不懂全国的政治形势。1948年下半年，我邻居那家国民党员的两个男孩子，穿过日伪军校军服的人已经销声匿迹了，临走的时候还跟我父母说要把我带走。我父母哪里会干这事，再愚蠢也不能把自家十来岁的孩子让他们带走。也在差不多同时，我两个姐姐所在的被服厂确定南迁，我大姐即将结婚不可能随厂南迁了。我二姐想随厂南迁，到什么地方去并不清楚，只说是南迁。我父母对此事意见相左，我母亲的意见是闺女挺大的了，不要出去，我父亲是个从来不问天下事的人，他说出去到外面看看，见见世面，玩够了再回来。他根本看不到当时的时局，而我二姐有点愿意随厂南迁。没想到这一走，就一去不复返了，几十年杳无音信。青岛解放后不久随这个工厂南迁的一个原工厂的工头，绰号叫小和尚的人，不知怎么辗转回到青岛，他的老婆孩子都在青岛。我母亲听说他回来了，就找他打听点消息，他说工厂里的那些女工只能随厂漂泊，很难回来。二姐从青岛先到了广州，广州解放前夕她去了台湾，她不识几个字，一直是在厂里做童工的女孩子，拉她到哪里就只能跟着走，没有自己行动的余地，这是她后来回来探亲时说的。她走了以后我家猜测她可能去台湾了，如果她还活着的话，但没有任何消息加以证实。青岛解放后经常要填个人档案，家庭关系中我的二姐，我总填写她随厂南迁后再无音信。但是在那个激情燃烧的年代，我家兄弟姐妹部门的组织领导对"无音信"3个字的看法颇有不同的认识，越是小单位越怀疑"无音信"的含义。幸好我家的"根子正"，几代人都是贫苦农民、工人，几代人家里没有人有政治历史问题，甚至刑事犯罪问题。我家族几十口人，档案上一律历史清白。所以"无音信"对我家族的政治影响有，但影响不大。我家族的我们这一代大多数都是中共党员。

改革开放后不久，20世纪80年代初叶，两岸出现了宽松政治局面。我二姐回青岛来探亲，我也没问她是怎么找到我们的，她走的时候还是个不满20岁的女孩，回青岛探亲时已是老奶奶了，这其间我们搬过家。她在外过了40年回青岛探亲，此时我父亲已过世，她见到母亲后跪拜母亲。她说工厂先迁广州，她当时也不清楚是个什么地方，后来到了台北，反正自己没有主宰权，自己想走也走不了。40年在台湾过得也不算幸福，因为他们夫妇都是底层工人，生活上并不富裕。在她同丈夫准备回青探亲时，丈夫骑摩托车上班被汽车撞死，打官司又没打赢，按台湾的风俗，还得大办丧事，劳民伤财。其实，像我二姐这样被从青岛掳走的年轻人不少，去台湾后他们多从事很艰苦很劳累的工作。2011年深秋时节，我和老伴参加了一个台湾旅游团，在台湾一周游，其中有个想法是去探望一下我的二姐。可是根据导游的安排，我们到台北的那天，深夜11点多才进住酒店，次日清早就离开台北，没有时间和住在台北的二姐联系。根据旅行团的安排，从台北出发沿台湾海岸转一周。一周转下来以后，我颇有一些感想，觉得台湾省怎么这么小，我感觉还没有海南岛大。对于游过我国大陆山南海北和世界许多名胜风景区的人来说，阿里山和日月潭算不上多好的风景观光点。阿里山只不过是一个热带森林山地，它被香樟树覆盖。令人不悦和愤慨的是台湾在日本统治时期,阿里山千年以上的香樟大树都被日本殖民者砍伐殆尽,剩下的奇形怪状的粗大树杈倒成了阿里山的一道风景线。据导游说阿里山现今供旅游玩的小火车线路,就是当年日本人为砍伐阿里山的香樟树而修建的。日月潭名气很大,它是一个中部有一高坝似的火山湖,这高起的天然水坝将湖泊分成两部分,一部分称日潭,一部分称月潭,名字很好听,但论风景特色怎能跟云南的洱海、东北的镜泊湖等相比?那个导游说这些年幸亏大陆游客来台湾,带来了台湾的繁荣。每参观一旅游景点,导游总会带我们到一个地方去购物,他会在车上跟我们讲,这个商场的商品特点,怎么怎么好,但他并不跟游客一起进商场,等游客购完物,回到车上,导游再进入商场取提成。有些人以购物为主,旅游观光在次,不太注意欣赏河山风光。台北有家糕点店,卖的就是夹果泥的酥饼,口味不错,我们也买了两盒3斤左右,有些人成箱买。我觉得我们的稻香村、义利糕点花样多,品质也很好。我们弄不清那些人买那么多糕点干什么,提着也很麻烦。后来导游又在车上讲红珊瑚多么稀缺,商店的销售人员也介绍红珊瑚仅产于台湾,且快被挖光了,我们这三十来人的旅游团,在一家红珊瑚专卖店消费了30多万元人民币。在台湾许多大的商店都可直接用人民币购物,当时1元人民币可以兑换4元多台币。这个宝石首饰店的东西很贵,许多小珊瑚制品都是几千元人民币一件,有的人花上万元购买这些东西。我和老伴买了两条项链,觉得挺漂亮,打算送媳妇和女儿各一条。我们买的项链虽然是该商店最便宜的,但也1000多元人民币1件。我们这个团从台北出发,沿台湾海岸转一圈,用了一个星期,大概一半的时间都在购物。人家商品宣传工作做得也不错,我们旅游者在购物上出手大方,购物时跟风。我家一位亲戚没有去日本，在购买马桶盖的愚蠢举动中跟风花3000元找人从日本带回一个马桶盖，结果扔着没有用。我3年前装修房子时花4000多元钱买带自动冲洗的马桶设备，挺好用的，最近儿子家装买的同类马桶盖更先进，更人性化。我觉得很多人不知道我国家用设备的进步，花那么多钱吃那么大的累，从国外向国内背马桶盖，而且马桶盖还是我国产的。在我看来大陆游客游台湾一趟也真花了不少本可以不花的购物钱。我去之前是带着台湾是四小龙之首的想法，想看看台湾的经济和建设状况，结果让我有点失望，台湾没有那么多的高楼大厦，建筑塔吊也不多见，台北是台湾省最大的城市，看不出有多么繁华。市区多还是日本殖民时期建的房子。上下班时车水马龙，大部分是摩托车，我们街道上到处是小汽车。我们已进入小轿车时代，台湾基本上还停留在摩托车时代。我这次去台湾旅游，也未能实现探访我二姐的目的。在旅游结束前，在台北有两个晚上可以自己支配时间。晚上我在旅馆给我二姐打电话，不巧她去台南女儿家了，旅行时间都由地方旅行社安排，所以不可能自行去台南看望我二姐。未能见到我的二姐，令我失望，因为我这把年纪不大可能再去台湾旅行。

1948年下半年前后，国民党在策划南迁的同时，青岛市的中共地下党委先后两次在青岛郊区县即墨孙家沟召开会议，确定青岛地下党的工作。当时以组织和发动全市人民开展反美反蒋斗争为中心任务。1948年地下党组织领导了工厂、商店、机关、港务人员参加的反饥饿斗争，还领导了中小学校长联合会向青岛国民党市政当局要求配给粮食、煤炭的斗争，预借薪水的反饥饿斗争。除组织大规模的反饥饿斗争外，还开展了护厂、护校等斗争，让青岛国民党当局在逃离前大规模的破坏活动难以下手。

1948年下半年，青岛国民党市政当局搞的南迁活动已接近尾声，该迁的迁了，搬不了的不搬了，该逃的人员逃了。此时，青岛国民党市政当局从上海调了2万公斤炸药到青岛，准备在逃离青岛前夕，将来不及和无法搬走的工厂、重要设备和市政设施以及水、电厂、港口、码头、铁路和通信设备等全部炸毁。青岛国民党市政当局不顾及人民生死的做法是一种极其恶劣的犯罪行为，不得人心。1938年1月日军侵占青岛前夕，当时的国民党青岛市市长沈鸿烈，根据蒋介石的指示，破坏生产、炸毁工厂、破坏码头等生产和生活设施后，带领他们的军警眷属逃之夭夭，把青岛人民的生计、生死完全弃之脑后。人民认识到国民党本质上就是一个对人民很残忍的政党。他们没有想到，在中国共产党地下党组织的领导下，从1949年3月起，全市掀起了规模浩大的护厂、护校、护理市政设施的斗争。开始是中纺青岛分公司所属各工厂开始护厂，保护了青岛重要且规模最大的工业生产设备。此后，1949年4月26日，距青岛解放仅一个多月，中共山东大学工作小组根据中共山东省委的指示，建立起了护校组织，开展护校斗争并取得了护校斗争的胜利。国民党当局对学校的破坏未得逞，为青岛解放后教育事业的恢复和发展起了很重要的作用。

青岛市工人、学生、各阶层进步人士开展的反南迁、护厂、护校的斗争，迫使国民党青岛军政当局在逃离青岛时无法下手实施爆破活动，青岛的市政设施安然无恙。青岛市民对国民党市政当局逃离时可能对市政设施进行破坏非常担心，做了充分的准备。吃饭饮水是最重要的事，那时对电不是很担心。我家里无非有两只半亮不亮的白炽电灯泡，有它无它无关紧要，当时很多青岛市民家中的情况都差不多，除灯泡再无用电的地方，做饭拉风箱，所以有电没电和居家生活没有多大关系。在国民党军逃离青岛的前两天，根据青岛国民党政权的历史行为判断，他们可能会对水电下手，所以各家都备了自来水，我们家里大盆小罐、水桶大缸都接满了水，就怕他们破坏了自来水设施。那个时候居家过日子，自来水是最重要的。1949年6月2日，清早开始，街道上空无一人，青岛像是一座空城，接近中午时分，国民党军队先后分两批从台东一路向西海港方向匆忙逃离，傍晚前解放军大部队也从这条路线进入青岛。这一天尽管有大量军队撤离和进入，但青岛市平静异常，没有战斗的枪炮声，也没有爆炸声，既没停水也没有断电，对人民群众的生活没有多大影响。这是党中央为保护青岛这座工业城市，而采取不歼灭青岛的国民党残余军队的战略方针所取得的成果。如果要歼灭驻青岛的国民党残余军队，势必会造成城市的破坏，对百姓生活也会造成严重影响。

青岛解放前夕，国民党军队闹了一阵子抓兵与抓抓兵的闹剧，市民百姓被闹得惴惴不安。1949年刚开春，一天，我去台东四路东头上电工班。在返回的路上经过一个杂货市场，这里聚集了许多逛集市的人。突然人们四处逃窜，有人喊抓兵了。我被推倒在一辆自行车边，爬起来惊魂未定。人们又停下了脚步，听到有人在低声说这是抓抓兵的。国民党军队中兵员人数和编制人数不相符，以多领军饷。多领的军饷都被当官的侵吞了。驻青的国民党军队要撤到台湾前，就四处抓兵充数，国民党军政当局也反对抓兵充数掩盖兵员不足的做法。所以国民党的宪兵队又出动抓抓兵的，才出现了这种怪事。

从1948年特别是下半年，国民党军队节节败退，在朝不保夕的状况下，他们大搞欺骗宣传，愚弄平民百姓。大街墙壁上到处是

"戡乱救国""剿匪剿共"等标语。但青岛市民对此视而不见,根本不理会他们的标语口号,因为国民党接管青岛的几年,没有给市民留下什么好印象。在节节败退、军事失利的情况下,青岛国民党市政当局的舆论工具还总在宣传国民党军队打了大胜仗。可市民百姓却说国民党军队打不过八路军,因为八路军不怕死。

随着国民党军队在战场上的失利,从山东各地远县近乡跑来青岛的土豪劣绅、地主恶霸和一些亲国民党的达官贵人坐立不安。他们怕青岛解放后,共产党跟他们算账。我大姨夫他们家族的叔伯兄弟,抗战胜利后不久,他们的家乡解放了,他们从原籍诸城跑来青岛,投宿他们在青岛的一个叔伯兄弟家。这个叔伯兄弟在东镇台东六路上开了一家木匠铺,有几间小平房,他们就住在他家。听我母亲讲我大姨夫是种地的好手,他家还雇了个长工。他们在青岛住了两年多。他家曾经雇过的那位长工,曾捎信让他们回去,说没事,青岛解放后他那位长工在乡里还管点事,他的叔伯兄弟先后都回去了。我看见我大姨夫总抽着旱烟袋在盘算着什么。他也不知听谁说东北有个地方可以开荒种地,去的第一年还发给口粮,后来他选择了去东北。20多年后,我们知道他去了吉林通化,后来他又跟他的儿女定居大连,儿女都有一份好工作,思想上要求进步。他的一个女婿在中航运公司的一艘大货轮上工作,在青岛停靠时,常带上礼品来看我母亲。

青岛解放前夕,当地的棉纺工业非常发达,在全国属前三强,由于棉布运不出去,市内棉布非常便宜,像我这样一个贫穷的家庭,还买过4匹棉布,每匹50尺长,2尺半宽。如果不是很便宜,我家不可能买这么多白棉布存放着用。青岛海域盛产鱼虾,青岛又是我国重要的渔港。青岛有春秋两个鱼汛,春汛时青岛大量鱼虾上市,市场鱼摊上摆满了鱼虾。那时的大虾很大,比现在市面上的南美虾、厄瓜多尔虾大十来倍,大的对虾在半斤以上,煮出来的大虾连汤水都是深红的,小摊上到处卖成对煮熟的大虾。因为当时青岛外运困难,青岛市又消费不了这么多大虾,所以价格很便宜,虾汛来了我母亲一买就半篮子大虾,回来用水一煮吃起来很鲜美。青岛解放前的几年市面上出现的这些怪现象和当时的时局有关。

蒋介石逃离大陆后的反思

解放军组织渡江战役以来,蒋介石一直躲在浙江奉化的老家。炮声越来越近了,蒋介石的贴身人员都携眷属随军舰走了。蒋介石想离开奉化溪口,空中和陆路都有风险。他抓紧时间带大儿子蒋经国等家人,颤颤巍巍地站在他母亲墓碑前老泪纵横。这个从1927年夺取国家政权到1949年一直梦想成为中国至高无上的领袖的人,面临惨败逃跑的局面,他誓不甘心,随后去了成都,在成都解放前夕,经营了四川的地方势力十余年的刘文辉起义。蒋介石于1945年12月10日脱险逃离了成都,乘专机逃往台湾省。

据蒋介石专机的机长回忆,1949年12月10日,他驾驶着蒋介石的专机"中美号"飞机从成都凤凰机场载着蒋介石离开了大陆美好的河山。这时连做梦都想当中国独一无二的最高统帅的蒋介石坐在飞机上一言不发。一到台湾他就住进了台湾风景名胜日月潭畔的涵碧楼。面对着日月潭碧波荡漾、鸟语花香、潭水如镜的绮丽风光,蒋介石触景生情,心里很不是滋味。此刻他对自己的惨败进行了反思。但是他反思的仍然不是地方。蒋介石在大陆的惨败,他不认为是他反人民、发动了不得人心的内战,搞独裁统治的恶果,他却想出他自己和他的集团失败的4个原因。

第一,他认为他的集团内部不能精诚团结,在战场上不能协调一致,给共产党以可乘之机。团结是要有精神支柱的,他在抗战胜利之后,不去清算日本的罪行,反而发动了反人民的内战,不得人心,怎能团结一致?而且他一直把军队分成嫡系、非嫡系、杂牌军,在武器装备和供应方面有明显的差异,他的军队内部矛盾重重,在反人民的战争中怎么能协调一致?

第二,他认为他的集团违犯了"国父遗教",大家不是以服务为目的,而是以掠夺为目的。实际正是他违背了"国父遗教",在政权上实行独裁,在经济上四大家族不顾国计民生疯狂敛财,甚至发国难财,大量侵吞国家财富。他的儿子面对四大家族,打老虎不得不被他叫停,而蒋介石对孔、宋家族大肆侵吞国家财富这些事是心知肚明的。是他明目张胆违背"国父遗教"中的联俄联共的政策和扶助农工的遗言,不计国计民生,不遗余力地消灭共产党。

第三,丧失了革命党德,自私自利,不能以个人自由与能力贡献于革命大业。蒋介石的党德是什么?他的革命大业是什么?他的党德是唯我独裁,他不顾国家百废待兴和国计民生,发动了不得民心的内战,怎么会让有识之士去为他卖命?

第四,丧失了民族自信心,不知道民族道德的力量和民族精神的伟大。他的民族精神是什么?他于1926年夺取了国民党政军大权之后,于1927年发动了对共产党和爱国工农大众进行大规模屠杀的政变,他是彻头彻尾的民族大屠杀者,他哪里还知道民族的力量,他对日本的怯懦导致我国大片领土的沦丧,他实行"攘外必先安内"的反民族的政策。九一八事变时他让张学良的几十万大军不抵抗日军侵略,反而把他的军队调往西北,袭击共产党红色基地,他的"道德的力量"和民族精神丧失殆尽。

蒋介石的所谓反思,不过是对他的惨败推卸责任,把他的失败推卸给他的集团,推给他的军队。蒋介石还反思他的军队是"六无"军队:无主义之军、无纪律之军、无组织之军、无训练之军、无灵魂之军、无根底之军。他认为他的军人也就是"六无"军人,即"无信仰、无廉耻、无责任、无知识、无生气、无节气"的军人。他认为这样的军队去跟共产党打仗,哪有不失败的道理。他的军人关键是无信仰,不知道为什么打仗,为谁打仗。当这些军人解放过来投向解放军之后,马上就有了信仰,跟着共产党解放全国的劳苦大众,建立一个人民当家做主的新中国,他就有了责任,有了节气,有了纪律,成了英勇作战的军人。

蒋介石还哀叹:"我们的几百万军队,没有同共军做过一番真正的较量,就被解决了,无数优良的武器装备送给了共产党,共产党用来消灭我们。"人们就曾讥讽蒋介石是运输大队长。

蒋介石责怪他的统治集团,责怪自己的下属,把自己的惨败归罪于自己的军队。蒋介石和他的统治集团要建立的是一个附属于帝国主义的半封建半殖民地的国家,对外依赖帝国主义列强,对内实行独裁统治,不允许共产主义和社会主义的存在与发展。连美国政府都指责他是个大独裁者、他的亲家是贪污集团,拒绝再给他财政支持。他还是个杀人不眨眼的刽子手,他杀了不计其数的中国共产党人和仁人志士,他宁肯错杀十个也绝不放过一个共产党人。得人心得天下,失人心失天下。蒋介石尽管曾握有几百万大军,但他的所作所为不得人心,终归被人民打倒。这才是他真正应该反思的。

蒋介石最应该反思的是他民族气节的丧失,抗战初期的消极抗战、不抵抗主义,助长了日本的侵略气焰,抗战胜利后又对日本在中国犯下的罪行采取宽容的政策。

1945年9月8日,蒋介石派他的亲信嫡系,时任陆军总司令的何应钦将军作为接受日军投降的代表。在接受日军投降的仪式上,群众情绪激昂,高呼打倒日本侵略者,血债要用血来还!在接受日本侵略军罪魁祸首递交投降书的仪式上,按照与盟军代表拟定的仪式程序,日军的投降代表、侵华最大的战犯冈村宁次等罪犯,在投降仪式上要向中方代表行三鞠躬以表谢罪。可是当日方代表小林浅三郎向中方代表何应钦呈递投降书行一鞠躬时,在犯下烧杀抢掠滔天大罪的刽子手面前,何应钦竟然站起来还礼。在场的盟军代表、中国官员和大批中外记者目瞪口呆。何应钦在仪式上出这么大的洋相,太丢中国人的脸面。何应钦还反对盟军对日遣返战俘只允许带15公斤行李回国的规定,提出增加到50公斤,但遭到反法西斯同盟国的强烈干预,何应钦不得不减为30公斤,仍然比盟国的规定高出1倍。何应钦对日军战俘的照顾,致使他们把从中国掠夺的无数金银财宝、古董文物带回日本。更可耻的是何应钦竟然把在中国犯下滔天大罪的日本头号战犯冈村宁次说成是"中国战区"日本联络部长官,为其开脱罪责。1949年1月,国民党政府在南京军事法庭上宣判冈村宁次无罪,并把这个沾满中国人民鲜血的战犯无罪释放。何应钦不顾全国人民和中国共产党的强烈反对,将冈村宁次送上逃往美国的轮船,让他逃脱了历史对他的惩罚。

1946年6月,何应钦被蒋介石派往正在组织成立的联合国理事会,由联合国任命他为参谋团中国团长。他在去美国赴任前夕,特意向时任蒋介石国防部部长的白崇禧打电话,说冈村宁次对共产党很有研究,对他要宽大处理,日后对付共产党是很有用的人物。何应钦的所作所为充分暴露了蒋介石集团卖国亲日的嘴脸，妄图利用日本人来协助他反人民和消灭共产党。

何应钦是蒋介石集团的骨干，是蒋介石集团的国防部部长、上将，蒋的嫡系中的嫡系，一生为蒋介石谋划反共。他又是一个大野心家，西安事变中试图整死蒋介石，自己取而代之。他是蒋介石集团中最亲日的人物，早年曾留学日本，受日本军国主义思想影响很重，1987年病死于日本。

蒋介石不可能做出正确的反思，有关这方面的评论也颇多。蒋介石在抗日战争胜利后，人们希望国家稳定发展，可蒋介石发动了不得民心的内战。蒋介石的独裁思想得罪了工人、农民、知识分子，甚至是民族资产阶级。蒋介石容不得任何不同意见，心狠手辣，特务暗杀活动猖狂，人人对其畏而远之。他杀害了许多仁人志士。

蒋介石在他的反思中说他的统治集团"不是以服务为目的，而是以夺取为目的"，这正是他自己的写照。

第五篇　一个崭新政权的诞生

青岛解放

抗战胜利后，蒋介石利用重庆谈判做掩饰，加紧向东部沿海地区调兵遣将，做好打内战的准备。山东中共领导的抗日根据地是他进攻的重点地区。1946年6月，国民党军队突然向解放区发动了全面进攻，声言用3个月在全国消灭共产党。蒋介石任命他的嫡系——一级上将顾祝同负责中原地区作战。他采用"活动堡垒""分区隔离""竭泽而渔"的战法，妄图把中原地区的解放军一举消灭。但是，解放军在运动中大量消灭顾祝同军队的有生力量，使顾祝同分兵合围的战略以失败而告终。至1947年春，国民党军在其他战场上向解放军的进攻也惨遭失败，蒋介石在他办公室巨大的军用地图面前冥思苦想。他总结出他在各个战场上失败的原因是战线拉得太长，兵力分散。于是他决定在晋察冀地区和东北战场上收缩兵力，对解放军发起重点进攻，搞一次哑铃攻势，企图一举击溃共产党。所谓"哑铃攻势"就是把重点一个放在西北地区，向陕甘宁边区进攻，以直取延安，占领共产党的革命根据地。另一个重点地区放在华东，集中兵力直取山东鲁中地区。为直取山东鲁中地区，蒋介石随即成立了陆军总司令部属下的徐州司令部和郑州指挥部两个作战指挥机构。蒋介石决定由顾祝同指挥进攻山东解放区。在发动进攻前夕，顾祝同召开了一次徐州会议，把各师师长召集到徐州司令部。会议开始前各师师长议论纷纷,有的说这次调整战略方针是非常正确的,有的说中共那些破枪居然能与他们周旋这么长时间,而且占了他们的便宜,还有的说:"早点收缩兵力,我们不至于输得这么惨。"有一个师长说:"唉!共产党打赢我们,我看不是什么战略战术问题,人家得民心啊!"这位肩扛少将军衔的高个子师长话音刚落,立即遭到众多师长的围攻。其实这位师长说的是大实话,只不过他没有顺着蒋介石那根杆向上爬而已。在这次会议上,顾祝同宣布:"按照委员长的部署,最近我们要对山东的共军来一次大的军事行动。"他同时宣布,他所辖的24个整编师、60个旅共45万兵力,分成3个兵团向山东解放区发动进攻。而解放军根据中共中央的指示,由陈毅任司令员兼政治委员,粟裕任副司令员,谭震林任副政治委员组成的华东野战军,下辖10个纵队27万兵力。解放军采取诱敌深入、伺机歼敌的战略战术,于1947年6月开始发动反攻。在这次反攻战役中,孟良崮战役全部歼灭了蒋介石王牌军第二十四师,并击毙了他的常胜师长张灵甫。孟良崮之战从根本上扭转了华东战场的局面,使顾祝同对山东解放军的进攻完全破产。

  国民党山东省当局为了配合蒋介石的内战和向山东省解放区的重点进攻,从1946年5月下旬开始,驻济南、青岛、潍县的国民党部队不断向山东解放军发起袭击。主政山东的国民党省长兼第十二绥靖区司令的王耀武为落实"戡平共匪"的总动员令,于1948年1月至3月主持制定了《山东省动员戡乱时期战斗体制实施纲要》和《山东省动员戡乱纲领》。作为山东省省长的王耀武,在主政山东的4年期间,正值中国共产党领导的人民革命力量反蒋反内战与国民党反动势力的决战时期。

第五篇 一个崭新政权的诞生

1948年9月,解放军发动了济南战役,山东省国民党主政的司令官、山东省省长王耀武被俘获,他的副司令和其他一些高级将领几乎全部被歼灭。济南战役胜利后,山东省包括省会济南等大部分城镇乡村都解放了,驻守青岛的国民党军队只剩下一条可供撤逃的海路。但是,国民党在青岛外围还部署着2个军和1个师,加上驻青岛的国民党海军第二战区和空军第五大队,总共还有5万精锐部队。

1949年4月25日,百万解放军突破长江天险的第四天,山东军区向毛主席及中央军委递交了进攻解放青岛的作战方案。党中央考虑到青岛是座美丽的海滨城市,工商业发达,二战后又是美军基地等问题,批示同意对青岛进行威胁性攻击的作战命令。第一步于1949年5月初,胶东军区两个警卫旅的6个团等组建成约万人的32军,这支军队没有经历过打大仗的洗礼,与守卫青岛的国民党第十一绥靖区的两个军相比,无论从兵员人数和装备上都处于劣势。但是,国民党青岛守军士气低落,军心涣散,缺乏战斗力。蒋介石密电命令守卫青岛的部队择机由海上夺路逃离。在这种局面下,蒋介石驻守青岛的军队处于随时逃跑的架势,亦不想进行大规模自我毁灭性战争。

1949年5月初,在新成立的解放青岛前线指挥部的指挥下,新组建的32军分成东、中、西3路向青岛外围发起进攻。经过4天的战斗,歼敌252师和255师共2284人,5月26日向国民党守军第一道防线发起攻势,战斗打了一整天,敌军第一道防线全面崩溃。战斗至5月29,解放军收复了青岛市外围所有乡镇,共歼敌4706人,缴获迫击炮7门、机枪6挺、60炮7门、92炮2门和大量战利品,实现了逼退敌人的第一步战略。第二步对青岛国民党残余力量和盘踞在市内的国民党军采取撵走轰跑的方针。5月31日,国民党城阳至白沙河以东的第二道防线的守军不守而逃。6月2日晨,国民党军从青岛近郊的沧口等地全线撤退,中午时分他们从大港码头和团岛由海上逃离青岛,实现了中央军委保全青岛的作战方针。解放军从青岛市郊开进市区的过程中,未放一枪一炮,静悄悄地开进了市区内。解放军紧跟国民党军"弃战"而逃的路线分东、中、西3路进入青岛市区。

亲历青岛解放

1949年初夏的一天,天气不热也不凉,不阴也不晴。不知道市民是怎么得到的消息,国民党军要撤退,共产党八路军要打进来了,家家户户准备了吃的,把锅碗瓢盆都接满了自来水。当天大街小巷上看不到一个人,我家住的大院大门也紧闭,连供人进出的大门上的小门也插上了门闩,自己住的大院十几户人家,也没有人在院里走动。院内外市面上大街小巷都成了一个寂静的世界,静得让人有点心慌。我这个仅13岁的小孩子一向好奇,并未静下来,但也没敢出家门。我家北屋北墙有个小窗户,窗户虽小,可视野开阔,窗外正对着台东一路,从窗户向西看,是台东一路和辽宁路两条宽的交通干道相交处的一块空地,向东看是台东一路最宽的一段,差不多可以看到与威海路的交叉口,这一路段没有任何障碍,路面上的活动清晰可见。我站在一个破凳子上,不时地向外张望,总想看看街上会发生什么样的事情。

上午9点多钟,整个马路上包括人行道上挤满了军队,他们匆匆忙忙,由东向西向海港方向急窜。从他们的举动和穿戴,一眼就可以看出,这是一支撤退的国民党军队。我正看得入神的时候,砰!砰!响起几声清脆的枪声。我听着枪声好像是从这个行进队伍的西北向传来的,台东一路西头附近打过来的声音。这几声枪响不要紧,本来就有点紧张慌乱的军队,立即就溃乱得不成样子了。他们肩上扛的、背上背的、两人抬的、一人挑的扔了满地,个个只顾逃跑。这支部队的人数并不多,一会就奔窜过去了,队伍过后马路上一片狼藉,有箩筐、水桶、大锅,甚至有新鲜蔬菜和粉丝,还有些东西看不清。看样子这是一支后勤伙食兵队伍。队伍过后马路上出现一些捡东西的人,马路上丢弃的物品很快被捡光了。东西被捡光后,无人再在街上走动,街面上又恢复了寂静。我想下一波再过来的队伍应当是"八路军"了。接近正午时分,突然出现了一支全部乘卡车的机械化部队,几十辆大卡车一线排开,卡车上的士兵手握冲锋枪,头上戴着钢盔,卡车车头篷上还支着一挺机枪,这队卡车兵装备精良,显得有点威武。这些十轮大卡的车队显然是掩护撤退的国民党军的精锐部队。说来真有点戏剧性,就在我家这小窗户东侧的马路当中,这支部队突然停下来了,士兵仍然站在敞篷车厢里,没有任何动作。前两辆车头里下来几个官,围着车子转了转,几个官相互嘀咕了几句,又上车开走了,向海港方向开去。真如人们常挖苦国民党军队的几句俗语:"兵败如山倒,听到枪声就逃跑,见了敌人就跪倒。"

这支乘卡车的精锐部队过后,毫无疑问应当是八路军部队,八路军是个什么样子,我从未见过。抗战胜利后不久,我的兄长有时乘不花钱的火车从故乡胶州来到青岛,他们就说八路军对穷人好,常打开财主家的粮仓分粮给穷苦人,但是八路军究竟是什么样子,我还没有一点感性认识。就怀着这样一种心情,我在静静地等待着,想看看八路军是个什么样子。又等了三四个小时,八路军的队伍来了,整条台东一路,包括人行道都是进军的队伍。队伍的最前面有4挺4个人抬的歪把子机枪,这种武器是日本兵常用的先进武器,被称为轻机枪,整个队伍里没有车辆和炮,士兵们大都背着步枪,大盖枪可能是缴获日本人的,队伍里还有腰间有手枪和手榴弹的兵。有的人好像背后插一把大刀。武器装备比国民党军队的差太多了。这支部队穿的是粗大草绿色的军装,头上一顶布帽,没有戴钢盔的。小腿上普遍打着裹腿,就是用十来公分宽的一条长布带子将小腿缠裹起来。打裹腿不只是走路利落,更可以防止走路多了引起水肿,因为那时的解放军从北打到南,走遍全中国,全靠走路步行。青岛解放前,我国的纺织工业基地上海、青岛、天津等工业城市都掌握在国民党政权手中。八路军的军服是农村产的粗纺布,听说是用一种野生植物叶片染的,农民百姓裁剪做的。所以八路军的军服像是土布便服,穿着也不怎么合体,大多上身衣服长。

这支没有机械装备的军队,在行进中没有喧闹声、嘈杂声,他们迈着平稳的小碎步,稳健平静地向前进。他们不卑不亢,不骄不傲,显得胸有成竹。这个队伍中没有军人端着枪进行警戒,反映出这支部队的自信和亲民意识。

根据资料,进军青岛的这支部队是山东省军区新组建的第三十二军,他们不像野战军那么强势,装备那么好,他们的使命是"接收"青岛,因为青岛已处于瓜熟蒂落的状态,国民党的驻守军队已丧失了战斗力,他们随时准备按照蒋介石的密令,从海上夺路而逃,所以没有必要动用火力强大的野战部队。通过台东一路进城的八路军队伍的人数不是很多,可能不超过万人。据有关材料记载当时八路军分东、中、西3路开进市区,我所看到的是八路军中路进入青岛市里的过程。大部队过后,街道路口上留有站岗警卫的士兵。很快有人走出家门上了街,站在这些士兵前,好奇地端详着这些兵,不一会就攀谈起来了。我也迫不及待地出门去看看这些新型的军人。这些军人不像国民党军,特别是那些戴大盖帽的国民党军队中的军官,总是盛气凌人,让人敬而远之,而这些新型军人穿着朴素,长相诚实憨厚,给人以亲近感。我第一次看到他们前胸左臂上有一块标牌,上面写着中国人民解放军,这是我第一次知晓八路、八路军和中国人民解放军这几个词的意思。中国人民解放军就是以前认为的八路和八路军,共产党领导的军队。这些士兵平易近人,很快就和市民亲热地攀谈起来,还教我们唱起歌来。在解放军进城后不久,解放军教会了我几首歌曲,至今我还能记住歌词和歌调。"老百姓是咱们的爹和娘,整天为了我们吃穿打算",这些歌词反映了军民相融的亲密关系。这些歌曲很快在群众中流行起来,到处在哼唱,因为它歌颂了老百姓,歌颂了共产党,歌颂了解放军。它至今仍是人们喜爱的脍炙人口的歌曲。

1949年6月2日,青岛解放的这一天,我一直情绪激昂,心潮澎湃。这一天没有战火纷飞,水电供应正常,甚至没有闹市区的嘈杂声,街道上非常宁静。可就是这一天是改朝换代的一天,人民政府成了青岛的政权管理者。让我欣慰的是我见证了整个"改朝换代的过程"。

解放初期的青岛军管会

1949年5月下旬,解放军粉碎国民党军守卫青岛的第一条防线后,青岛市郊外的乡镇都被解放了,在国民党守军欲放弃第二条防线,夺海路逃窜之际,青岛市郊的解放军调动干部,组织力量,做好接收青岛的准备工作。中共华东局批准成立了青岛军事管制委员会。5月30日,军管会扩大会议上确定了接收青岛的指导原则:接收青岛后应把注意力放在发展生产上,放在复工、复课、复市、复岗、通车、复航等方面。要划清接收的对象,凡带官字的包括官僚资本企业为接收对象;凡带着私字号的单位、企业、部门、对象,则均在保护之列。在接管范围以内的对象,必须区别各种不同性质,采取不同的接管方法。按系统、原封不动、自上而下、整套接收的原则,迅速争取复工、复课、复市、送电送水、电话快通、火车快通。干部在思想上必须依靠工人阶级,同时拉住民族资本家,防止受资产阶级思想侵蚀及腐化享乐的右倾倾向。除了青岛军管会发布的关于进入青岛前的准备工作报告外,还发布了中国人民革命军事委员会和中国人民解放军总司令关于《中国人民解放军宣布约法八章的报告》。

为了接收青岛后的革命秩序,保持社会安宁,青岛军管会发布了一系列的命令和管理条例。如青岛军管会主任向明、副主任赖可可发布的《为确立青岛市革命秩序,保持社会安宁,特颁布的命令》,主要内容是国民党、三青团及其公开和隐蔽的特务机关等一切反动组织即日起解散,停止任何活动,倘有潜谋活动者,一经查出,定予法办。蒋匪散兵游勇,向警备区交出其所有武器、弹药及军用物资。严禁严防破坏、抢掠及盗窃等违法行为,违者严办。此外,在解放军入城前后还发布了《青岛市军事管制委员会成立布告》《青岛市人民政府市长就职布告》《警备司令部成立布告》《青岛市军事管制委员会入城守则布告》《警备司令部戒严令布告》《青岛市军管会关于进入市内的纪律命令》等。

解放军进青岛的当日下午青岛发电厂开始送电。晚上8点,新成立的青岛市人民广播电台开始播音。当日青岛市人民政府宣告成立,马保三任青岛人民政府市长。当日青岛军委员会成立了财经委员会、政务委员会、治安委员会,开始按系统进行接管工作,并向各单位派出军代表,首先向青岛海关派军代表接管胶海关并对外办公,11月26日,胶海关改称青岛海关。青岛人民政府不到3个月的时间,先后接管了铁路、银行、邮电、发电厂、自来水以及中纺公司、齐鲁公司等关系到国计民生的金融、工厂、企业和大型公司。军管会实行保护私营民族工商业的政策,同时批准了8000多家私营工商企业。解放军接收青岛以后城市设施完好,社会秩序井然。军管会向全市有序派出3000人的军代表接管进驻374个部门的1254个单位。连我上小学六年级的吉林路小学也派有两位军代表。

　　青岛是我国北方解放最晚的大城市,曾经成了各种反革命势力的汇集地。青岛解放前夕,国民党有预谋地在青岛潜伏下大批特务,以伺机进行破坏活动,阴谋颠覆新生的人民政权。进城后的军管会面临的首要职责是稳定政权,打击反革命势力的破坏活动。早在青岛解放前夕我党的地下工作者已打入并掌握了国民党潜伏的军统特务内部情况,为解放军进城后破获一批又一批的国民党特务创造了有利条件。除了潜伏下来的敌特,还有旧社会遗留下来的日伪汉奸、反动会道门的反动头子和地痞流氓。青岛解放后军管会面临着打击反革命敌特和社会上的恶势力的艰巨任务。

　　蒋介石集团并不甘心他们的失败,青岛解放后不久,经常派飞机空投敌特。直到1950年末,反空袭反偷渡的斗争还相当激烈,军管会要求住户家里挖防空洞。我家在菜地边上挖了个二三米见方、一米来深的防空壕,但一直没有用过,小孩在防空壕边上跳来跳去地玩,我的小妹还在这里摔伤过。那时家中的玻璃上都贴着横竖纸条,防止空投炸弹震破玻璃伤着人。青岛市内各个山头都是高炮阵地,夜晚山头上发出一道道探照灯光柱,四处扫描,夜间空袭警报发出尖叫声时,家家户户熄灯灭火。有一天夜晚,高射炮声响个不停,一串串闪光的炮弹向探照灯指引的方向射去。第二天早上我去私立立达中学上学,不过1公里的路程,从地上我拾到多块炮弹碎片,可见这一夜打了多少高射炮弹。有一天我在去学校的路上,警报声响起,我看见高空有两架小飞机,这两架飞机和抗战胜利后进驻青岛的美军战机一个样。由于密集的高射炮火,这两架飞机没敢低飞,向东南黄海方向飞去。

　　蒋介石除了派飞机进行空中袭扰外,海上的袭扰和偷渡行为也相当猖獗。国民党经常派特务从海上潜入陆地。最明目张胆的一次是1950年5月14日,国民党保安局的"山东人民反共救国军"第一、二纵队100余名武装特务,在胶南县大珠山(现今青岛市西部区)海滩登陆,后来我军和民兵将这批敌特全部消灭。这是蒋介石对青岛的一次明目张胆的大规模偷渡活动,也表明了敌人在海上的袭扰活动有多么猖狂。除了这种明目张胆的袭扰活动外,当时经常听到敌特人员偷渡和被歼灭的消息。

　　解放初期敌机的频繁袭扰、空投敌特、散发传达,在很大程度上是在给地面潜伏敌特打气壮胆,当时潜伏的敌特也相当嚣张。从1950年的下半年开始,我没有再听说或看到敌机来青岛袭扰的消息。听说国民党飞机开始不知道青岛已驻有我们空军部队,打下两架后,敌机就再没有来侵犯。但海上捣乱的事时有发生,直到1953年敌方舰艇还经常在青岛外海活动。我家当时住在前海边的广西路,我在太平路海岸边多次看见五六只海军快艇像箭似的划破浪花去对付敌人舰船的骚扰。

青岛军管会除了面对空中和海上敌人的骚扰,还有更艰难的工作摆在他们面前。

青岛国民党市政当局留下个十足的烂摊子:濒临崩溃的经济、严重的社会和金融混乱局面、恶性通货膨胀、粮食奇缺。这些是关系到人民生活和生产的难题,也是关系到社会治安稳定的大问题。

金融是经济稳定发展的命脉。青岛解放初期,不法商人利用合法场所进行金融投机,以高价收购黄金、白银,刺激了物价严重的上涨,致使每担大米从4000元涨到8000元。1枚银圆从470元涨到1020元。青岛军管会依据《华东金融管理办法》,依法对金银贩子、投机倒把行为进行了打击,禁止金银在市场上流通,并以1元人民币兑换20元金圆券的比率回收金圆券。通过禁止其他货币在市场上流通等措施,基本上控制了市场上的金融混乱局面,稳定了金融,也稳定了物价。

解决严重的粮荒问题也是解放军进城后军管会面临的紧迫问题。如青岛解放前夕市立女中59个教职员3个多月共领到19袋面粉,平均每人14斤,合1个月3.5斤面粉的薪酬。这点粮食远远不够。市面上因缺粮,粮价飞涨,1袋42斤的面粉由1800元涨至4万元,涨了23倍。1斤小米由12元涨到400元,涨了30多倍。在这样的状况下,青岛获得解放,解决粮荒是青岛军管会的当务之急。为了解决青岛国民党当局留下来的粮荒问题,青岛市军事管制委员会粮食处,即山东省粮食局直属第二分局负责粮食调拨工作。通过胶济铁路、津浦铁路,在胶东军区的支持下,青岛军管会筹集了540余万斤粮食、400余万斤花生油和豆油、910万担棉花以及肉、蛋等生活必需品,基本解决了青岛的粮荒问题。

维护青岛的安全稳定和良好的社会秩序,让人民有一个安全的生活环境和工作环境,也是军管会刻不容缓的职责。军管会开展了两条战线的斗争,一是和海空偷渡的敌特做斗争,二是和潜伏下来的反革命分子和反动势力做斗争。在军管会的组织领导下,解放初首先开展了对危害百姓、作恶多端、隐蔽活跃的反动会道门的斗争。青岛市依据山东省1949年6月28日关于取缔反动会道门的布告精神,对于执迷不悟、怙恶不悛、继续进行反革命活动,特别是借美国侵略朝鲜战争之机,重新进行反革命活动、有严重罪行的首要分子执行逮捕严惩。记得当时一个反动会道门女头子于小脚被逮捕执行了死刑。这些头子的罪行是造谣惑众、敲诈财务、奸淫妇女、破坏生产、阴谋组织武装叛乱,扰乱社会秩序。为深入打击各种反动会道门的反革命破坏活动,1951年3月14日,青岛市成立了取缔反动会道门指挥部,规定反动会道门一律解散,不得再有任何活动。各界群众一致拥护政府取缔反动会道门的决定,纷纷揭发控诉反动会道门的罪行。10天之内有5000余人退道,军管会公安部门采取行动逮捕了反动道首百余名,查封佛堂52处,全市共集中取缔一贯道等15种反动会道门,不到3个月的时间基本摧毁了青岛地区反动会道门,打击了在其中活动的特务和反动分子,教育挽救了广大受骗道徒。

青岛解放后不久,要稳定社会、稳定人心,除了和为数不少的反动会道门斗争,军管会还开展了对潜伏敌特的斗争。解放军进城3个月先后摧毁了国民党保密局及国民党政权国防部二厅潜伏特务分子192人,缴获敌电台3部、长短枪243支,破获国民党特务伪造的北海币(解放初期胶东解放区发行的货币)3亿元、伪造的人民币1亿元,取得了对敌特斗争的重大胜利,打击了反革命势力的嚣张气焰,初步稳定了青岛政局。那时不采取严厉的手段打击反动会道门头子和敌特的猖獗活动,青岛的政局难以稳定。那时我只有十三四岁,暑假常去"十三线"钓鱼,路经五号炮台,炮台前一块小空地是刑场。我路经这里几次碰见枪决反革命敌特的场面,一次十余个反革命分子和敌特被执行枪决,枪毙完了,许多人到刑场上去看,人们是一个看法:罪有应得。

　　我对青岛解放初期由军管会出面做的大量工作印象深刻,非常赞赏。我当时只是个十几岁的孩儿,国事并不懂多少。但是,年幼的我对社会现象的看法不带偏见。青岛解放前恶性通货膨胀很快消失,让人提心吊胆的粮食短缺问题解决了。妄想变天进行猖狂反革命活动的特务、令人憎恨的日伪汉奸、地痞恶势力被摧毁。社会秩序稳定,人民安居乐业。军管会的工作行之有效,令人赞赏,在经济上采取了十分正确的政策和手段。军管会采取了在物价上涨高峰时,各国营粮油棉花贸易公司大量抛售货物,开征营业税,停止贷款,冻结存款。对棉纱、棉布、粮油等关系到人民生活的重要物资实行集中交易,打击取缔投机倒把和抢购囤积者。对于哄抬物价、扰乱市场秩序的首要分子给予法律上的制裁,很快平抑了物价。1951年初冬,有一天我在学校操场边练双杠,一位穿着长袍大褂的男同学在旁边看,在我休息时这位文静的白面书生跟我聊天,说现在的买卖不好做了,他还说现在做买卖做不过共产党。他说这话并不是埋怨青岛解放后的人民政府,甚至还有点赞赏政府的能干,他家是做买卖的商家,他反映的问题是青岛解放后不能再搞囤积居奇、投机倒把,做买卖要规矩。

　　青岛解放后不到3年的时间,青岛经济得以恢复,并转入经济高速发展时期。除了有效的经济政策和良好的手段,国家掌握着经济命脉,国有经济资源起到了经济的调控作用。习总书记强调实体经济的重要性、金融对经济发展的核心作用和在全国国有企业党代会议上的指示:做大做强国有经济。我觉得十分正确。

青岛解放之初已有58万人,仅纺织企业就有20万人,纺织企业在我国数一数二。此外,还有四方机车厂、面粉厂、植物油厂、啤酒厂、橡胶厂等关系国计民生的大企业,在全国都有举足轻重的地位。青岛经济得以迅速恢复,并走上迅速发展之路。这些事实也凝聚了人心,让青岛人真心实意地拥护人民政府,拥护共产党,拥护社会主义道路。

青岛从1891年6月14日建市以来,至1949年6月2日解放不足60年,其中被德日占据40余年,军阀和国民党政权先后接收青岛近20年,青岛大部时间为外国资本主义国家占据。经济长期操控在资本主义国家,特别是日本人手中。青岛解放后,人民政府所做的一切工作都是从人民利益出发。青岛市很快进入了人民安居乐业的时期。虽然那时生活水平不高,但是人民不愁吃不愁穿,生活水平差距不大,工农大众成了国家的主人。青岛解放初,大规模盖工人宿舍,工人都搬到楼房新居,职工人人有房住,对此我十分感动。当时我看了《龙须沟》这部电影,再联系到青岛在四方沧口工业区大兴土木为工人盖宿舍,我觉得这个政府才是为人民服务的。青岛解放后很快就没有就业困难和失业问题。我的初中毕业同学甚至小学同学,经过各种培训班学习到工厂去学徒了,初中毕业生进工厂算是个"小知识分子"。做工人光荣,工作好的被评为先进工作者,发一个搪瓷水杯,很有荣誉感。人们生活无愁无忧,穷人也都是受尊重的平等市民,像我们这个穷苦工农出身的家庭,也不再低人一等。相反,那时都爱说自己是无产阶级,因为那时无产阶级是领导阶级,觉得挺自豪。那个时候因经济发展很快,国家建设急需有文化的人才。1950年春,我二哥正在上高中,军政大学到学校招生,他报名参了军,经培训后分配到空军油料部门工作。我大哥在青岛一中上学,高中快毕业了,工厂来招人,实际上学校按比例让一部分学生进工厂和军事部门如海军学校。那时经济和各项事业发展很快,急需培养各方面的技术人才。高中生就很稀缺,那时能上到高中就不容易。工厂招去以后,大力培训,我长兄进工厂后不久就成了技术员,在工作中学习加自己的努力,很快成了工厂的技术骨干,后来他还当过厂长。那时也没有那么多职称、官称,大家通称同志,觉得都是革命同志,很有尊严,很有亲近感。那时经济发展得又快又好。人们的社会地位,特别是工人和以前的劳苦大众的社会地位是平等的。社会秩序良好,社会政局稳定,社会风尚也是我国最好的时期,实现了路不拾遗、夜不闭户。尽管当时我家人多收入低,仍然属穷人,但在生活上也有了相当的改善。解放初期,我家的生活水平提高到"玉米面、地瓜干"时代,家中主食吃的地瓜干为多,也经常有玉米面饼子吃,从20世纪50年代初开始,两个兄长工作以后,家里生活有了明显改善,但因为家里人多,还有几个上学的孩子,靠父亲一个工人的工资养活一大家人,生活水平还是低的。那时工作的兄长能自给自足就不错了,所以我家的生活仍然紧紧巴巴的。记得周日大兄长从工厂带回两三个馒头,工厂蒸的馒头带点黄色,有点碱香味,我们小孩一人分一块吃,觉得真好吃。

从1955年以后,我家里可以经常吃馒头和大米饭,不过那时吃的大米都是南方产的米,我母亲蒸的馒头又白又香,但那时我家还不是顿顿都能吃上馒头。我对青岛解放后市军管会和人民政府做的工作，现在仍然非常敬佩、感激、欣赏。怎么能不让人感谢那些为新中国建立扛枪打仗、流血牺牲、做出巨大贡献的共产党呢？在解放初期他们又为人民和社会主义事业做了重大贡献。我会永远铭记这一时期的工作，感激那些憨厚纯朴的共产党人和为建设新中国而忘我工作的人们。

目睹枪毙大汉奸

抗日战争时期除了日伪的残暴统治，还有地痞流氓的横行霸道。他们欺压百姓，民愤极大。在东镇台东三路和四路的中段，有一方块地叫"水龙盘子"，周围的人到这里挑水吃，这里周边也有小店铺、小地摊商。这个地区有些横行霸道的流氓恶棍，人们到这里总有点恐惧感，提心吊胆的。抗战胜利后，由于国民党市政当局的不管不问，那些日伪汉奸、恶势力非常嚣张，老百姓忍气吞声。青岛解放后不久，便开始打击恶势力、树立正气的活动。青岛军管会最得人心的是枪毙大汉奸头子，外号称"兰大丫子"。这个大汉奸在青岛尤其在东镇坏得出名。他不仅仅是个罪行累累的大汉奸，残害平民百姓，而且是一个十恶不赦的地痞流氓。不管什么女人，只要被他瞄上了，绝对逃不过，据说就连他的亲侄女他也不放过。青岛人特别是东镇的百姓，对这个汉奸恶棍恨之入骨。抗战胜利后接收青岛的国民党市政当局不仅没有追究日本在青岛犯下的桩桩残忍的罪行，就连这些卖国投敌的民族败类、恶贯满盈的大汉奸也不管不问，让其逍遥法外。青岛市民对此极其不满，记恨在心。青岛解放后不久，根据青岛市民百姓的强烈要求，青岛市军管会将这个大汉奸抓了起来，不久进行了公审和宣判。那时没有那么多的法律程序，敌我分明，中国历史上杀人偿命、造假币的、贩大烟的都要判死刑，历史上人们头脑里都是这样想的。那时没那么多事，却冤枉不了人。公审宣判这个大汉奸的地方，就在现今延安二路与延安路交叉口的南边约 200 米的地方。当时这里是一片空地，光秃秃的，打我记事的日伪时期就是这个样子，它的东边和南边几百米外都是郁郁葱葱的山林。公审会就在这块方圆几百米的地方进行的。拉着这个大汉奸的小卡车，停在这个方格地块的路面上，车厢里除了这个大汉奸，还有一个解放军战士，手握一把盒子枪。从车篷里出来一个人，宣读判决书，读完了判决书，就把这个五花大绑的汉奸头子从车上拉下来，一声枪响就结束了他罪恶的生命。这个公审会没有人去组织，大家是根据军管会的公告知道的。我历来好奇，知道消息后，自己跑到公审会的地方去看如何处置这个大汉奸。那时人心向着军管会，公审枪毙这个大汉奸竟没有拿枪的警卫，连维持秩序的警察都没有，足以说明那时的人心是向着新生的人民政权。枪毙完了这个大汉奸头子，解放军战士上了卡车。汽车开走后，一些人跑下洼地，围在那个大汉奸尸体旁，有的人捡起石头，向他的尸体砸过去解恨。有的人将他头上戴的那顶藏蓝色圆形帽踢来踢去，发泄对这个大汉奸的恨。解放初期的军管会把这个罪行累累的大汉奸杀了，为人民除了害，为人民出了气。这些事大大提高了新生红色政权的威信和权威，树立了正气。青岛市曾经是我国三大汉奸——汪精卫、王克敏与梁鸿志聚会的地方。1940 年 1 月 26 日，他们和伪青岛市长李琪等大汉奸，在青岛迎宾馆协商成立全国伪政权，在这里他们研究了伪中央政治会议代表人选问题，决定了"伪中华民国临时政府""伪中华民国维新政府""伪蒙疆联合自治政府"的代表等。所以青岛这个地方的汉奸数量和恶势力对社会危害相当大。枪毙了这个兰姓大汉奸也震慑了国民党青岛当局留下的残余势力、日伪汉奸、地痞流氓和街区的恶棍,对社会的稳定、正气的树立有很大的好处。解放初期的军管会迅速解决了国民党青岛当局造成和遗留下来的一系列关系到经济、民生和社会稳定的难题,给刚解放的青岛市民留下了很好的印象。

废除体罚学童

青岛解放以后,共产党领导的人民政权废除了体罚学生的行为。我是体罚学生的亲历者,又是学童解放的受益者。我对学童解放的认识体会深刻,那时出现的情况虽然快过去70年了,但在我脑海里记忆犹新。抗日战争胜利后,国民党政权接收青岛,老师的日子并不好过,先是对老师进行"甄审",后来又闹通货膨胀、反饥饿斗争。虽说我们这些小学生不属"甄审"对象,但就在国民党政权时期,兴起体罚学生之风,当时社会在教育上,有严师出高徒、严师出孝子、不打不成才的思想认识,在这种思想的影响下,苦了小学生。打学生成了老师教育学生的"法宝"。那时的老师进课堂,除夹着教课用的课本,还拿着一根一尺多长、一寸多宽的木板。我们五年级班上总共30多人,下课特别是中午下课后,少则三五个,多则十来个学生被叫到教室讲台边,排队等着打手板,被叫到讲台边挨打的学生并不是多么调皮捣蛋。老师认为你作业有毛病、上课没有集中精神、回答老师的提问有点问题等,就得找出几个挨打的,否则会被别的老师说对学生不够严格。实际上学生都怕挨打,上课时还是比较注意,总怕被老师找出点毛病打手板。有的老师打得狠,手掌几下子就被打得红肿,长时间红肿,疼痛难忍。有位教算术的女老师,总是面带笑容,温文尔雅,她不忍心把学生幼嫩的小手掌打肿,很少叫学生出来挨打,有时也不得不叫出几个学生,她叫出的几个学生可能还真有小毛病,但她下不去手,就请别的老师代打。我们最怕的是接她课的音乐教师代打,这位老师龇牙咧嘴很凶的样子,手里拿的细木棍,本来是用于指黑板上的乐谱符号,可他打学生手掌时也用这根木棍,我们小学生的手掌经他打几下,手心就立刻出现一缕红肿的包,疼痛难忍。有一天上他的音乐课时,有一位男同学出怪相,让他看见了,他举起教棍,狠狠照头顶打下去,这个学生头心立刻出现一缕红包。那时的小男孩都是用剃头刀剃光头,刚剃的光头,头顶出现的一缕红包非常明显。这个学生没有喊痛,也没哭,而是平静地坐在位子上。这个学生并不是一个调皮捣蛋的学生,平时就总爱说个俏皮话,出个怪样逗人乐,有点幽默。这一棍子太狠了,现在老师这么狠心打这么小的学生,不坐牢也得开除公职。但那个时候,不管你在学校挨了老师多狠的打,受了多大的委屈,回家后还不敢说,还得装没事,红肿的手掌还得藏起来,生怕家长看见,家长知道了少则挨骂,多则还得打。我最怕我父亲,他就认为你准在学校调皮捣蛋了,否则老师为什么会打你。他会脱下鞋来,拿着鞋照屁股就打。那时严师出高徒、不打不成才成为社会上普遍认可的教育方法,不只是老师和家长有打学生的主导思想,就连挨打的学生也认为打是管教学生和小孩的一种好方法。1949年暑假后,我进入了吉林路小学,这是青岛解放后的第一学期,我也正好上小学六年级。青岛解放后废除了体罚学生的教育方法。奇怪的是我这常挨体罚的学生,还疑惑不用打的方法是否能镇住小学生。学生调皮怎么办?学校里的校长和教主任都是军管会派来的进城干部。他们的作风温良恭俭让,让人可敬可尊。这么和善会让学生听话么?榜样的力量是无穷的,榜样不仅是一面镜子,也是一面旗帜,可以激励人们向他们学习。学生中并未出现不遵守纪律的现象,学校领导和老师与学生间的关系反而更融洽了。学校领导常常向全校师生讲革命道理,讲爱国主义,讲革命纪律,我听了,很往心里去。有一次可能有的学生不太守纪律,教导主任还抹着眼泪劝说学生要遵守纪律,好好学习。青岛解放后的吉林路小学不仅没有见过老师打学生的事,指责学生的事都没有了,都是和风细雨地解决问题。学校的秩序不仅不乱,学生好像更懂事了。在青岛解放前,小学生手掌常被打得通红,疼痛难忍,我至今记忆犹新。我也不知当时那些老师为什么下手那么狠那么重,幼嫩的小手掌被打得红肿,他们也不感到痛心。那段上小学挨打的经历给我留下了深刻的痛苦记忆,因为当年我的小手掌也常常被打得红肿,疼痛难耐。

教育关系到国家的前途命运,青岛解放以后教育有了灵魂,就是进行拥护共产党、拥护社会主义教育、爱国主义教育、阶级斗争的教育。历经几十年,我国的教育思想和教育方针已日臻完善。中国共产党第十八次代表大会进一步明确和规范了我国的教育方针,就是坚持教育为社会主义现代化建设、为人民服务,把立德树人作为教育的根本任务,全面实施素质教育,培养德、智、体、美全面发展的社会主义建设者和接班人。

妇女解放

妇女解放、反对封建思想、提倡男女平等、同工同酬,现今针对妇女的这些词,报纸杂志的宣传材料几乎绝迹了。再讲什么妇女解放似乎无的放矢,就全国总体而言,男女平等问题早已不是一个社会问题。在70多年前,它是一个不小的社会问题,受我国几千年来封建思想影响,男尊女卑的封建主义思想根深蒂固,影响非常恶劣。青岛解放后军管会在妇女解放方面做了大量富有成效的工作。当然主要的还是中国共产党的政治路线和政策得民心。革命是一种激烈的变革,革命本身就涤荡着旧社会遗留下来的污泥浊水。旧社会男尊女卑、歧视妇女的思想意识在社会上普遍存在,在农村这个问题尤其严重。解放妇女这个问题首先从教育舆论宣传着手,除了刊物上的宣传教育,青岛解放以来拍了许多反封建、提倡男女自由恋爱、树立正确恋爱观的电影。我看过印象比较深刻的有《小二黑结婚》《天仙配》《冰山上的来客》《青春之歌》等电影。反封建思想的宣传从解放初一直延续下来,这些宣传自由恋爱的影片颇受年轻人喜欢。当然只靠宣传教育不可能完全解决问题。青岛解放前国民党政权留下来大量的卖淫嫖娼与其相伴而生的梅毒等性病相当严重,就连我们这些小孩都知道青岛的几家大妓院。东镇东头有一个像四合院的独门小院就是一家妓院,门头挂着一块"平康里"的大牌子。我小学一个挺要好的同学,家住在上一条街,我去他家玩就路经这个妓院大门口,门外两侧经常停有美军的吉普车。国民党政权对妓院是认可的。老百姓对这种伤风败俗的事却很鄙视。有时大街上看到美国兵的吉普车坐着妓女,感到这些人太丢人现眼,太丢中国人的脸面。青岛东镇台东八路东边有一个杂货市场,当时青岛人称破烂市,这个大市场的西边有两三排房子堪称"红灯区",那里卖淫嫖娼非常露骨,光天化日之下,人来人往的路边住家门口总会看到涂脂抹粉的妇女在门前拉客。据说有的家里是母女都在干这种事情,成了赚钱的生意。这都是贫穷家庭的妇女在干这种事情，是当时严重失业造成的一种社会现象。美国大兵不会到这种地方来。卖淫嫖娼的泛滥，相伴而生的是性病的流行，又应运而生了许多江湖医生，图财卖假药的"医生"。街头路边的墙上到处贴着治性病的小广告，也反映了当时性病流行的严重性。因为许多人不愿到正规医院去治这种病，到江湖医生那里治，越治越坏。青岛解放后军管会立即查封了妓院。有一部电影描述上海妓院的处理状况，我觉得与青岛的做法相似。我看过有关中华人民共和国第一任公安部部长罗瑞卿的电视片，青岛军管会也是完全按照公安部的政策来解决妓院和妓女问题的。很多妓女是穷家妇女，不少是被拐卖到窑子里的。当时针对妓女的政策是不歧视，愿意回原籍的发给路费送回家。由于青岛纺织企业多，需要的女工多，许多妓女进了棉织厂，国家给她们治病。很多妓女国家给她们治好了病，安排了工作，使其成为自食其力的人。青岛解放初期军管会能这么干净利索地解决了旧社会遗留的这一毒瘤，青岛市民对此非常赞赏。解放初期卖淫嫖娼问题解决了，性病泛滥也很快消失了，形成了良好的社会风尚。

  青岛解放前妇女是男人金钱的奴隶，有钱有势的乡镇财主家娶两房的不稀奇。电视剧张学良的父亲明媒正娶的有7个老婆。解放后明令一夫一妻制。那时革命政权和革命政府颁布的法规有权威性，对社会上的恶劣不良现象有震慑作用，所以一夫多妻问题一下子就解决了。那时对女性的歧视程度是难以想象、不可思议的。1964年秋开始我在安徽寿县大店公社搞社教运动，跟队上的社员混熟了，发现有几户人家，家里有四五十岁的成年男子四五个，一家老光棍，有的都五六十岁了也没结婚，我问他们是怎么回事。他们说解放前这个穷地方，家里生的女孩顺手就被丢进尿缸里闷死了，太残忍了。解放后政府严禁这么做。之前在封建思想的影响下,残忍地"杀害了"无数的女婴,结果一些家庭中,男孩尽管都五六十岁了也娶不上老婆,一家子老光棍就不足为怪了。女孩子少的农村,一般农民家庭都娶不上老婆。除了女孩子少,还有家穷的问题,所以出现光棍村也就不足为怪了。当然这是个极端的情况。在山东青岛普遍存在根深蒂固的男尊女卑的思想,主要表现在女的比男的低一等。我从小也认为女性只能干低档次的工作,我两个姐姐在工厂里干的都是简单的手工活,有点技术的工作都是男子在干,家里的女孩也多不让上学,结婚后的妇女就是闷头在家里烧火做饭,洗衣服。青岛解放后不久,有人说马路上有女人开汽车,我觉得非常新鲜,像是怪事,女人还能开汽车?有空我常跑到马路边,看看开汽车有女的没有。那时汽车很少,我去街上看了多次也没有见到女人开汽车。现在有的人会说你有神经病,开车算什么本事,女人开飞机、开战机也不是怪事。我国第一位获诺贝尔奖的是位女性科学家。如果现在有人上街去看女人能不能开汽车,那真是神经不正常。但在六七十年前这绝不是故弄玄虚,而是实际状况。说实在的,20世纪80年代以前汽车司机还是不错的技术行当。青岛解放后军管会的政策,当然也是中国共产党的法规,从根本上把妇女从悲惨世界中解救出来了。

  我奶奶和姥姥她们这一代受封建思想意识的迫害是残酷的,她们的出身经历不同,家境身世不同,但她们都遭遇了封建主义思想的残酷迫害。可以说她们都有同样的命运,生活在一个悲惨世界中,悲惨地度过了自己的人生。我奶奶的原配早年病逝,生活孤独无靠。一个女儿被烟台客商领走,后来听说得了肺病死了。她还有一个儿子就是我的父亲,为生活所迫被送到庙里当和尚去了。

我奶奶后来改嫁给一位贫穷的看坟人，这个人死得也早，从此我奶奶过着贫穷孤苦伶仃的生活。乡亲们说不能断了老张家的根，在青岛殖民时期打工的胶县人把我父亲领到青岛堂邑路邮局。堂邑路邮局是德国殖民地时期最早的邮政总局，这里打工的有一个胶州帮，他们把我父亲领到这里，过春节让我父亲在这里顶班做饭。据说这个邮局的一位负责人看到这个小孩老实，干活勤快，就给留了下来。从此，我父亲就在邮政局度过了他的一生。

听我母亲讲，我奶奶喜欢鱼腥味，穷得揭不开锅，从哪里弄钱买鱼？人家财主家洗鱼，她把碗递给人家，人家不要的鱼头、鱼尾、鱼的下脚料就给她。在日本侵占青岛期间，农村比青岛稍许好过点。在青岛我家吃了上顿无下顿，濒临饿死，哪里还有更多的财力照顾奶奶？我奶奶一生是苦难悲惨的，她没有赶上好时候。青岛刚解放的那一年，收到我奶奶病危的信息，我母亲急急忙忙带着我回祖籍胶州北窑头村，这是一个仅有三四十户人家的小村子。一个残墙断壁的土围子，三小间土打墙的小草屋，土墙围子里东南角上一个小茅坑，西北角上有一棵小杏树。这就是我记忆中祖籍的旧舍，也是我第一次见到我的奶奶。她躺在土炕上，脸上遮盖着一张黄标纸，她已经去世了。可到了傍晚，她把脸上的黄标纸给拿掉了，但没有发声，我看到她紧闭的眼角上有苍蝇，过了几个小时，她没有任何反应了。有人说这是回光返照，有的人死前的确有这种现象，我奶奶被安葬在我祖辈的带有几个坟头的田地里，总算入土为安了。她和旧社会的许多妇女一样降生在世界上，悲惨地度过了一生。

我姥姥的身世和我奶奶不同，我姥姥原本出生在富裕人家，听说她家里和官府还有点什么瓜葛，可能是因为她只生了3个女孩，就被丈夫一纸休书赶出家门。20世纪30年代前后,青岛正处于经济繁荣时期,我母亲带着我姥姥到青岛纺织厂里务工,从此母女俩相依为命。她也没有和我姥爷再有任何干系,我母亲一生没和我们提过我姥爷一句话。看样子她也非常憎恨我那个姥爷。我母亲带着我姥姥三十多岁才出嫁,这在旧社会是绝对晚婚。我父亲是邮政工人,他前妻病逝留下4个孩子,最小的还不到两岁,我母亲生过7个孩子,有两个因贫穷无钱治病而夭折。我母亲善良、厚道、仁慈,在非常困难贫穷的条件下将9个孩子养大成人,且都身心健康,成了家立了业,工作、生活上都满不错的,大多都入了党。我觉得我母亲跟我姥姥相依为命,非常不容易。我母亲姐妹3人,中间的老二听说早年死于肺病。我大姨家生活条件不错,但在家庭封建思想意识的笼罩下,她郁闷地度过了她的人生。我父亲没有明显的封建思想,他在家里什么事都不管不问,也没有主意,儿女的事,包括婚嫁上学、工作都是我母亲来操办。他不懂政治,不懂社会,甚至不懂生活,典型的两耳不闻天下事。但他工作非常认真,邮局的领导曾说过他一人顶3个人用。我母亲一生可真不容易,带着我们吃苦受累,生活上还要照顾我父亲,对孩子一视同仁,谁也说不出毛病来。我二姐离家30年,从台湾回来,磕头喊亲娘,她不是我母亲亲生的,她回来总爱说母亲小时候对她怎么好,母亲做饭时,有点什么好吃的准向她嘴里塞上几口。我家里这么一个大家庭确实相当和睦融洽。这事也反映出我母亲对孩子都很关爱。在我心目中我母亲是一位伟大的母亲,令人敬仰的女性。我父亲对家务事什么也不管,除了上班的时间,他专心致志废寝忘食地下象棋,要吃饭了得出门找他,他就入这一门,曾在北京职工象棋比赛中获得第三名。

我姥姥跟着我母亲生活,在精神上算有个依托,她被丈夫抛弃,一生孤苦无依。在她去世的前几年,精神经常失常,经常把手里的拐棍举起来,嘴里念叨着打鬼打鬼。1954年春,我家生活刚有起色,我姥姥离世,我母亲雇用了一辆马车,将她葬在祖籍胶州祖上留下的有坟头的耕地上。我奶奶也葬在这里。这里成了她坎坷苦难人生的归宿。我母亲穷但有骨气,有志气,绝不损人赚便宜,我们上山搂拾柴草,绝不会损伤折毁一棵小树,挖野菜、拣地瓜秧叶也绝不损伤庄稼。我母亲拉扯大9个孩子至成年没有一人落下病。我母亲的生活哲学是勤劳、精打细算。一个贫困家庭十来口人的饭就够她操持了。我家里土炕上的大锅,和我们单位食堂烧菜的锅差不多大,这么一大家人吃起东西来多得吓人,晚上就得满满的一大锅菜粥。晚上孩子睡了,她点着个小油灯缝缝补补,彻夜难眠。她不仅会做衣服,还会纳鞋帮做布鞋,有一阵子我母亲病了,我还帮着做过鞋。我妹妹至今有时还提起我做鞋的能耐。我母亲不识几个字,但她会剪喜字,亲友邻居家办喜事,常常让她给剪喜字,她剪出来的喜字还真漂亮,字体工整。进入20世纪60年代中叶,我父亲退休以后附近没有下棋摊了,再也没看见过他下象棋。他有一个小收音机,他总不停地听新闻和京剧。当时的生活条件他也很满意,有馒头、米饭,炒点菜吃很满足了。孩子都长大成家了,老两口相依为命,生活得满祥和,日子过得挺满足。像我父母这样的经历,平平稳稳过日子有吃有喝就很满足了。青岛解放后,军管会横扫了一切封建思想意识,倡导家庭和睦、平等友善相处,这对于家庭妇女,特别是对我母亲这种劳累辛苦了大半生的妇女,是一种拯救,精神上绝对是一种安慰。我家的孩子也算孝敬父母,在青岛的姐妹及家人经常到父母住处,大姐夫、小妹夫经常和我父亲喝两盅。我母亲肠胃和气管一直不好,她得单独做菜,她的菜熬得很烂,不加盐。她不喝牛奶,连牛、羊肉味都不闻。鱼她只吃黄花鱼和带鱼。她把买来的鲜带鱼洗净,用盐腌一下,晾晒在外面,发酵得微红,这种有点腥臭的鱼她爱吃。从营养学上说这种吃法易吸收。20世纪60年代末,青岛已经买不到大黄花鱼了,因为我母亲就喜欢吃黄花鱼,当时北京过元旦的时候,有的市场还卖,我买上十斤八斤,放在一个小瓦缸里,放在门口阴暗处地上,春节我回青岛探望父母时带回去。那时好像冬天比现在冷,放在阴凉地缸里的鱼到春节连冰都不会化,这样的存放方法颇似天然冰箱。因为那时一般家庭都没有冰箱。我父母老两口相互依托的好日子过得不长。1985年春节过后不久,我父亲突然离世。他80多岁了,街坊邻居都赞扬他身体好,说他能活100岁。他80多岁了还常常去赶海,在距家仅几百米的前海海滩上吊蛏子,挖蛤蜊,有一年阴历八月十八落大潮,他挖了30多斤蛤蜊,从海滩自己背回家。他有前列腺增生的毛病,平时他也不太当事。有一次两天多尿不出尿来,他到距家一里多地的一个大医院看病,这是他几十年来第一次去医院看病,挂了号一直坐在门诊室外等待叫号。已经没什么人了,他还在那里等着叫号,实际上很多人不等叫号都进去看过病走了,只有我父亲还规规矩矩地坐在诊室外等候叫号。快中午时分,有位大夫走出诊室巡视,指着我父亲问他干什么。我父亲说等叫号,这位大夫就把我父亲叫进诊室,随便问了问,也没开什么药,就打发我父亲走了。他回家后仍然撒尿困难,晚上挂好窗帘,早早就睡下了。我二哥晚7点多钟来看他,他起床开开门,再躺下,突然昏迷过去。我二哥把他弄到青岛医学院附属医院,老百姓都称它山大医院,它原是山东大学附属医院。送到医院他没有再醒过来,享年 86 岁。我想如果那位大夫不急着下班,给予认真的诊治,至少解决他尿不出尿的毛病。根据我父亲的身体状况,他没有高血压、糖尿病等器质性疾病,应该长命百岁。

  我父亲去世后我母亲仍然住在她那个并不宽敞明亮的小屋里,哪个儿女家都不去。虽然她身体瘦弱,但自己还能独立生活,做饭、洗衣、到近处菜店买菜都还可以。我家的姐妹大多住得不远,经常来母亲这里帮着干点活,带点好吃的。左邻右舍有六七位差不多同龄的孤寡老太太经常来串门聊天,我母亲这里成了孤寡老太太的"活动中心"了,所以她不感到孤单寂寞。80 多岁以后她感觉体力不支了,我们全家儿女开了个会,确定让在五莲工作已退休的我二妹住在母亲家,专职照顾母亲的生活。母亲过世后,母亲的房子归她,她回到青岛后也有个住处。其他姐妹也都经常到我母亲这里,带点好吃的,帮着干点活。我大姐住得不算远,她婆婆 90 多岁高龄去世后,她经常到母亲这里。我因为远住北京,不能常回去,我父亲去世后的十几年,我陪伴母亲过春节,我的妻子儿女在北京过节,因为我还没有退休,我在青岛仅能陪我母亲半个月左右。我母亲身体瘦弱,常年胃口不好,86 岁那年还呕吐过一盆血,医生说她年纪太大,只能保守治疗。她居然过了这一关,邻居的老太太看起来身体不错的都先后离世,我母亲却比较长寿,她活到 90 岁。俗话说一个女婿半个儿,我大姐夫和小妹夫平时对我父母就相当尊重孝顺。我父亲火化后,他们临时把他安葬在郊区的一个荒山坡上,我母亲去世后,他们按老风俗,太阳出来前,从山坡上取出我父亲的骨灰盒,再和我母亲的骨灰盒合葬于青岛远郊背山面海、苍松翠柏的百陵园墓地中。历经苦难坎坷的父母入土为安,也算有了一个好的归宿。

我大姨和我母亲生活在同一个年代，我大姨一直生活在原籍诸城乡下，她生了一个男孩、两个女儿。虽然她生活在一个富裕的家庭中，但是受封建思想的影响，在精神上受到很大的压抑，久而久之，她表情呆板，呆若木鸡，活像鲁迅笔下的祥林嫂。她在夫权的压抑下闷闷不乐地度过了她的人生。我奶奶、我姥姥、我母亲和我大姨都生活在旧社会，受封建思想压迫，都在精神压抑中度过了一生。青岛解放后军管会开启的反封建主义的斗争可以说是一场伟大的解救妇女的斗争，也是从思想上解放妇女的伟大斗争。

　　青岛解放前夕，我两个姐姐到了婚嫁年龄，在婚嫁问题上，虽然青岛也受封建思想的影响，但我觉得不像农村那么严重。当时也还没有自由恋爱一说，都是父母操办。找对象，特别是家境偏穷的女孩子，父母主要考虑的是找个有饭吃的人家，标准非常低。记得也曾有人到过我家相亲。有一天我家里来了两个听说是开汽车的人，在我家"面试"，没坐一会儿也没谈什么就走了，估计是看不上，那两个开车的，一个小矮个，我觉得比我姐姐差，那时认为开汽车的是挺不错的技术了，是能养家糊口的铁饭碗。开车的司机自己就把眼光提上去了，就凭这一条他们得挑一阵子。我母亲和我大姨家的亲戚、几个称姐道妹的远方亲戚，逢年过节就串串门走动走动。这一串一走就撮合了我大姐的亲事。我大姨夫叔伯的亲戚刘姓姐妹有个儿子也到了娶亲年龄，经撮合促成了两人的婚事，在结婚前这两人并未见过面，完全是双方家长说了算。我大姐比我大姐夫大4岁，那时兴小女婿，民间还流传"女大一岁幸福一辈、女大三抱金砖"的俗语。在当时丈夫小可能还是好事，我大姐结婚后夫妇俩过得还算不错。当然也赶上了好时候，姐姐和姐夫是青岛解放前一年结的婚。我大姐夫上完初中后，在家跟着他继父学做木工，他家开了一个小木匠铺。那时木匠生意很兴隆，打家具，做风箱，有的专做棺材，叫棺材铺。那个时候木匠铺也算是个有稳定收入的铁饭碗行当。他家里有一间40多平方米的大平房，中间一个隔断，里面一间屋上搭一个吊铺，这一间是卧室，吊铺也是睡觉的地方。外间和门外支了个棚子，是干木匠活的地方。青岛解放前闺女出嫁要陪送嫁妆，像现今印度的习俗一样，若无嫁妆或婆家对嫁妆不满意，女儿就会受到虐待。对于许多家庭，特别是偏穷的人家嫁闺女是一项沉重的负担。更何况我大姐出嫁，是她婆婆和我母亲双方同乡亲戚搭桥而成的，更得要弄点面子。还有我母亲心里总觉得我大姐从小做工，为家里渡难关有贡献，在嫁妆上要尽可能完美些，也能为大姐嫁到婆家后争点脸面。为了给大姐的陪嫁弄得好一点，我家里可以说砸锅卖铁了，抗战胜利后省吃俭用省下的几个钱，全花在购置嫁妆上了。嫁妆购置齐了，我陪着我母亲与嫁妆队同行。嫁妆包括一个大梳妆台、两只大木箱、脸盆架、几把木椅子，其他我记不清楚了。有一个十几人的抬嫁妆队，一个"浩浩荡荡"送嫁妆的队伍，可谓十分风光。看到这么多"豪华"的家具，我心里想我家里还是那个破烂样子，土炕土灶台、一个破烂二屉桌。我对我母亲能搞成这么一个嫁妆队感到震撼。回忆我上小学时，让我母亲给我买支普通毛笔等了1个月。家在我眼里一直是一贫如洗，能看到这么大的嫁妆队确实有点惊喜。我大姐她婆婆家住在西镇的东平路上。东镇、西镇位于青岛市区的东西两头，路程就算够远的，嫁妆队走了一个多小时，这一段路走下来真有点累，我那时只有14岁。我们到了大姐婆婆家，嫁妆队卸完嫁妆，我母亲带我进屋见她婆婆。照常理我们在外招呼卸嫁妆，她婆婆应当出屋看看，接待一下。可我们进屋后，她婆婆仍然在床上盘腿打坐,面无笑容,还有点板着面孔。照理我们走这么远的路,送来这么齐全的好嫁妆,又有点沾亲带故的,我母亲和她称姐妹,她总得下床倒点水给我们吧,可她一直坐在床上纹丝不动。看样子对我们砸锅卖铁办的嫁妆是不满足?因为场面不让我们那么舒心,所以没待多久,我和我母亲就向回返了。刚要出屋门,透过门缝,我看见一个熟悉的面孔,我一愣,这不就是那个向我家借钱、然后销声匿迹的人么?当时没敢跟我母亲讲,刚出她们住的小四合院大门,我跟母亲说了我看到的情况。我母亲立马带我返回,正好在她家门口撞上这个人,那时也不讲客气了,二话没说,我母亲揪住他了。他说借的钱还没买东西也没花,就还给我们了。不过这个场面也有点尴尬,这个人是大姐婆婆的近亲,跟我母亲也有点沾亲带故的,这个意外总算给我们添了一点好情绪。

我大姐出嫁和当时的风俗一样是坐轿子,我大姐结婚后,我母亲逢年过节的时候总会买上礼物去看我大姐,也是为大姐撑撑腰。我母亲从小就认识她婆婆,我母亲也知道她婆婆非常厉害,还有点蛮。我见过她多次,她总是在床上盘腿打坐,严肃而无表情,难得见到她脸上挂点笑容,俗话说多年的媳妇熬成婆,旧中国的妇女总体上都是大半生在男权的压抑下过着奴婢状态的生活,一旦多年的媳妇熬成婆,她就成了家中唯我独尊的"老佛爷"了,释放她前半生积累的被压抑的精神情绪。我母亲深知她这位远亲姐姐为人处世的底细。从我大姐一进门她就爱冷言冷语,挑剔唠叨。我大姐夫叫刘忠信,忠厚诚信,是个明白人,对他母亲没办法,但对妻子十分同情安抚,是妻子暗中的"保护神"。我大姐在这样的家庭环境中度过了几十年,她是个老实人,不仅不会顶嘴,连说话都是和风细雨的。在我大姐和大姐夫的细心照料下,这位从不知锻炼运动、连走路都很少、整天在床上盘腿打坐的婆婆很少生病，92岁无病而终。

我们这一代受封建思想的影响很少了。在我上大学期间，我们喜欢看一些爱情电影。我们年级100多人，男女同学差不多各半，谈情说爱的事在所难免。爱情观的主流是情投意合，感情至上，"夫妻恩爱苦也甜"，要求人品好、思想好、忠诚老实、学习好，没有那么多经济方面的考虑。2002年百年校庆，同级大部分老同学都返校聚会，谈论的都是大家为国家教育事业做贡献的成就，还有同学们快乐的家庭生活，没有傍大款的，没有傍大官的，对象都是教师和普通国家工作人员中的知识分子，没有闹家庭问题的，没有离婚的。良好的婚姻状况也应当是解放初期开始的反封建思想的成果。

第六篇 怀念逝去的美好岁月

回味人生

闲着没事的时候,有时我在琢磨,一个人能出生在人世上,再健康地活到老年,是很幸运的。所以生命是绝对难能可贵的,应当爱惜生命。人生只能献给国家最伟大的事业,保卫祖国,勤奋工作。至于一个人出生在什么社会和家庭环境,由不得自己,这就看你的命运了。但是,一个人的命运是可以改变的,取决于你的境遇、机遇和你的智商了,后者对你命运的改变更有主观能动性。人生各有各的轨迹。我的命运轨迹和我国政治格局的变革、经济科技的发展密切吻合。

今年我刚满82周岁,从我国5000多年的文明发展史来看,82年是微不足道的片刻。但是,回头想想,从一个天真的孩童,到爷爷姥爷辈的老翁,就是一眨眼的工夫,但对于一个人来说,是一年一年、一秒一秒度过的。生命是不能逆转的过程,同时也是一个耐心、持久创造命运的渐进过程。我9岁以前生活在日寇铁蹄残暴统治之下,极端贫穷的家境、贫困潦倒的生活处境让我和家人在死亡线上挣扎。父母都是从青岛德国殖民晚期从青岛远乡(父亲从胶县南关北窑头一个贫穷的小村、母亲从稍远的诸城县乡间)流落到青岛谋生的。我父母未进过私塾和洋学堂,没有文化知识。我父亲能读书看报,还能写不错的钢笔字,我不知道他什么时候、怎么学的,他当过邮差,不识字怎么投寄信函？工作需要是他自学的动力。我母亲可是个大文盲。不知她听谁说的她姓胡,她认识胡,还认识几个汉字和阿拉伯数字。一次我小妹跟我讲母亲不识字弄出蛮多笑话,听了让人捧腹大笑。几个不识字的老太太在一起聊天,聊着聊着,聊起不识字的事。一个老太太讲:"我是流氓,你也是流氓。"我母亲说"我们都是流氓"。这帮老太太弄不清流氓和文盲两个字的意思完全不同。我母亲不识字又耳聋,聊起天来总爱打岔,有时候真好笑。

  我是在一个父母全无文化、家境处于贫困潦倒的生活条件下,于9岁那年进入了学校之门。看样子我的父母也不希望孩子和他们一样没有文化。我进入的这所小学,尽管只有十来间平房,设置简陋,师资教学力量很差,更谈不上教学水平,但它是我踏入学校、接受教育的启蒙学校,是改变我命运的起点,开启了我从小学、中学、大学到研究生的学习之路。

  1950年暑假后,我进入了青岛私立立达中学,它坐落于贮水山南坡的松山路上,距我家仅十几分钟的路程,校舍像是一个仓库,前后两个平房院。学费好像1个学期1袋40斤面粉,当时我父亲单位给予报销学费,这也是我继续求学的助力。从入立达中学开始,我迷上了练单双杠,只要有时间我就和三四个同学一起练单双杠,我可以在双杠上做倒立移位等高难度动作。就在这所学校里我遇到了一位好老师,让我终生难忘,受益匪浅。她是一位教化学课的女老师,可能五十多岁或更老些,一生未嫁。她和她姐姐住在学校后院的一间平房里。她高高的个子,干瘦干瘦的,体质很弱,但是,教学十分认真,讲课非常有条理。她教了我们一个元素周期律的歌,让我们记住了很多元素的价数,非常有益于化学平衡的计算,到现在我还能流畅地背诵这个元素周期律歌。从跟她学化学后我的化学一直很好。考高中特别是考大学这门课成绩最佳。在大学本科补学过一段高等化学,研究生期间作为基础课学了一年多高等学校化学,进行了一年多的化学试验。研究生期间学的又是化学地理学专业,我以不错的毕业成绩进入了中科院地理所。进入地理所以后,我又一直从事水体水质的化学研究。工作中需要应用大量有深度的化学知识。我的化学一直是强项,和这位刘姓启蒙化学老师给打下的基础和引发的学习兴趣不无相关。我一直感激这位刘老师。大概从1952年春季开始,青岛市所有中小学都改为公立学校,所有学校校名按数字命名,如私立礼贤中学改为青岛第九中学,私立圣公中学改为青岛第七中学,私立立达中学改为青岛第十四中学。改制后的第十四中学迁至我家东边,也是十来分钟的路程。不知为什么,我对这个改制后的学校教学和老师都没留下什么印象,只记得学校西半部分有几排平房教室,东半部是块高台阶石沙地。学校建筑和校院都不太好,连操场都没有,我在这里上学的时间很短,不到1年的时间

1953年暑假我考入了青岛第十一中学,它是老私立崇德中学改制成的。它原是一所男校,改为公立学校后,男女生都招,可女生很少,我们年级4个班,好像没有女生。这所学校完全按洋学堂设计建造,有1栋3层高的教室楼。教室宽畅明亮,课桌、座椅也都很像样子,比十四中的学校建筑和设备好得多。进学校大门后就是一个较大的运动场。它的西侧有完善的体操运动设施,有一流的单双杠和体操垫,在高中我仍迷恋练单双杠,每天下午放学后,还有星期天我也总爱和几个杠子迷在这里练习。我能在单杠上做倒立、大车轮等比较高难的动作,曾参加过青岛中学运动会,参加过体操

比赛。我们学校还有"伏虎",我有时在操场上滚两圈。我从电视里看到现今航校里还有这种运动设施。这个学校不仅教室楼漂亮,教室宽畅明亮,学校操场和运动设备也齐全、质量高。那时上到高中的学生就有点奔着大学去的想法,尽管在我心中并无这样明确强烈的愿望。但是,上高中后我开始自觉用功学习了。那时家中的生活条件也有较大的改善,我也不再去田野挖野菜或上山搂拾柴草树叶,偶尔在落大潮时去海边挖蛤蜊、钓鱼,但下海在很大程度上是一种乐趣。家里的主食也由以吃地瓜干为主,逐渐以吃玉米饼子为主,馒头也逐渐多了起来。到了高中二年级,我家里可以不受限制地吃馒头和大米饭。吃白面馒头,可以放开肚皮吃,我吃得很多。我母亲说我是橡皮肚,我一顿能吃3个大馒头。现在老了我也非常爱吃白面馒头,每星期蒸一大锅3笼屉馒头,除我老两口吃,还分给儿女两家一些。因为从成家后,我一直自己蒸发面馒头吃,所以现在我发馒头的手艺超好。现在用干酵母发的白面馒头非常松软可口,我觉得它是最健康的面食。上高二后我家搬到广西路,与前海栈桥海滩近在咫尺。上高中以后,我喜欢晚上连夜学习功课。当时社会上也已形成上大学的风气,但还不像今天把升大学看成是唯一的成长之路,那时即使考不上大学,高中毕业生也是香饽饽。来高中要学生的部门、工厂、事业单位很多。我大哥高中还没毕业就被动员进了工厂,后来成了不错的橡胶技术人员。因此他还当过县里橡胶厂的厂长,全国劳动模范。我二哥在高中应征入伍,也经培训成了一名空军地勤人员,参加过抗美援朝,1956年部队还保送他到北京石油学院学习,应当说部队是花大力气培养人才。本科4年学完后,他又回到空军油料部门工作。我的大妹初中毕业应召进入会计学习班,后来成为县供销社主任,她的特点是公家的分文不沾，不接收任何礼品，人家给她起了个绰号"张马列"，退休后除了一个省劳动模范，那就是没有和县及单位领导再有任何瓜葛。退休后，有几年合作社效益不佳，工资偏低，她连药费都报销不了。

青岛解放后不久，不存在就业难的问题，那时大多数人找个工作就可以了，我也没有成为科学家的打算或当个大官什么的想法，可能和我生活在工人家庭的环境有关。当时上点学的人非常吃香，很容易进入企业和事业单位。我的许多中小学同学进了工厂学徒去了。我家的兄妹也都先后进入了工作单位。我家里从我这里开始考虑上大学，主要是家庭和社会环境的促进作用。对我来说在思想上也需要有一个大的转变，随着社会上上大学呼声的高涨和我家庭条件的变化，我向往大学，高中毕业后参加了全国高考，但当时还没有把报考大学看得很重，更谈不上有个学什么专业的目标。我有个小妹生了个疖子，医疗不当早亡；一个妹妹肠炎，很简单的病，因医生水平极低，差点出问题；我母亲长期有胃病，中西医治了多年不见好，我觉得主要是医疗水平低。想到这些事我灵机一动，就报考医学吧。当年这个专业特别是名医学院的录取分数非常高，我没有考取。但我同时收到好几所大学寄来的志愿书，希望我填报他们的大学。我家虽然生活条件比过去有较大改善，但还没有完全脱贫，生活上并不富裕，师范大学不收学费且管吃饭，再考虑到我父亲在全国支援北京的行动中已被调派到北京邮政部门工作，考虑到这两个因素，我决定申报北京师范大学，不久我就收到北京师范大学的录取通知书。尽管当时我对进入大学后的前程没有多大的想法，但它却是我人生的一个重大拐点。我进入大学学习，首先改变了我家族文化教育欠缺的轨迹。我是我们家族几代人中第一个踏入大学之门的人，也是第一个从贫穷社会底层中跳出来的人。

我家至少三代都是贫苦人家,至少有两代没有进过学堂。就我这一代两位老大姐也没有进过学校之门。我自己差一步就进不了学校。我能上初中、高中都是解放后社会风气促成的,学校又不要钱,是新中国的政策、共产党的领导将我送入大学之门。一些考生说自己圆了大学梦,我压根就没有大学梦,所以我进入大学谈不上圆梦,只能说幸运。

法国现代小说的创始人巴尔扎克曾经说过:"苦难是人生的老师。"我就是在贫困和苦难中学习了许多东西,经受了严酷的磨炼和锻炼,自觉不自觉地改变着自己的命运。俄国伟大的哲学家和文学理论的奠基人别林斯基曾说过:"不幸是最好的大学。"我正是在贫困和苦难这样不幸的境遇中成长起来的,在苦难和逆境中磨炼了自己的毅力,增长了智慧,塑造了我的人生观和世界观。

激情燃烧的大学年代

1956年8月中旬,我把父亲骑了几十年、我上学又骑了几年的一辆德国造的自行车卖掉,买了张火车票,带上被褥等简单的行装,按录取通知书上的报到时间,踏上了上大学之路。从青岛到北京的直达快车,几乎每个站都要停,那时的站距很短,到北京有三十几个火车站,火车走走停停,有的站要上煤加水。遇到一个机务段车站还要换车头,从青岛到北京有好几个机务段。这是我从小第一次离家出远门,对我来说处处感到新鲜。到多数车站时我都要下去看看车站是个什么样子,都卖什么土特产品。胶济线上几乎每站都有自己家乡的特产。火车到济南站,不仅要换车头,连火车车厢的方向都要头尾对换一下,所以火车在济南站停的时间非常长。站上卖食品的很多,我在站上吃了碗打卤面,里面有鸡蛋有肉,吃得舒服又满意。那时站上的摊商都是铁路服务部门经营的,国营经济不骗人,价格又比较低。我乘坐的火车历时24小时,在次日的上午抵达北京前门车站。下了火车一出站让我好奇的是有轨电车,这也是我第一次见到有轨电车,像个长方形木盒子的车厢,跑起来车铃总在丁零当啷地响。出站后我很快就找到了北京师范大学新生接待站。他们把我们送到了铁狮子坟学校新校址。因为没有收到学校延期开学的通知,许多外地学生都来了。接待处准备不足,我在接待处等待了足有两个小时。我在那里观察学校的景致,4座并摆的灰砖教室楼,校园教室楼是新盖的,很像庙里的大殿。北京城里也多是黑灰墙瓦的老旧平房,跟青岛市的红瓦绿树的景观完全不同,反差很大。我在接待处等了好一阵子,也没有见到一位来报到的地理系学生。说来也快,突然来了一位女生,找地理系报到,是位来自天津的女生,她说也没有收到学校延期开学的通知。这个女学生报到后也站在一边等候安排。她是位中等身材的女生,穿戴朴素,举止稳重淳朴,头发有两个小髻髻,给我的印象不错。按道理应前去打个招呼,可我高中上的是男校,我从来没有跟女孩开口打过招呼,我就在旁边瞅着等待安排吧。

半个月后学校正式开学,我们年级一共120多人,被编成了4个小班,说起来也巧,之前我唯一见过的地理系新生竟然跟我编在一个小班,后来又在一个团小组里,不知怎的,我对来北京上大学第一眼看见的女生产生了感情。

我们年级有60来位女生,不管她们长得有多么甜美,举止有多么文雅,在我心目中也只有她一个人,说起来也算是个缘分吧。她来自100公里外的天津,我来自800多公里外的青岛。4年的大学生活,密切的接触,我们加深了感情。大学毕业后,她工作的第二年，1961年8月我们在青岛完婚，这是我大学时代意外幸运的收获。

我从进入大学那天起，就怀着感恩报国荣家的思想。大学是学习进取的最高学府殿堂。我踏入大学之门后，把学习当作重中之重。

开学后不久的一天，我路经学校大操场西北角上的体操运动区，练了片刻单双杠，一会过来一位学校体操队的人，邀我参加学校体操队，连着好几天都被我婉言谢绝了，当然我的体操水平参加校队绰绰有余。我考虑到参加学校体操队要花费许多业余时间，如果再参加比赛或表演，可能会影响课程学习，我上大学就是要读书，我要珍惜几代人都没有过的机会。

北京师范大学是我国大学中最早设立地理系的大学，始设于1902年。它对我国现代地理学的建立和发展起了奠基的作用。北京师范大学还是一所具有爱国主义、追求思想进步的光荣传统的大学，在五四运动、一二九运动、爱国反帝运动中都发挥过积极作用。著名爱国进步学者、政治家、思想家李大钊、鲁迅、梁启超和钱玄同、吴承仕、陈垣、黎锦熙、范文澜、侯外庐、白寿彝、钟敬文、启功、周廷儒等一大批进步学者都曾在北师大弘文励教，所以北师大一直有着良好的校风。

我入学的那年，北京师范大学校长是陈垣，是我国著名的历史学家、宗教史学家、教育家，历任辅仁大学校长、北京师范大学校长。我系的系主任是我国著名的地貌学和古地理学家周廷儒教授。大多学科都是国内知名教授执教。如普通自然地理学由留英的杨曾威老教授授课。各洲自然地理学由留美学者万方祥老教授执教。地理教学法由王均衡老教授授课，他在北京教育界很有名气，是地理教学法的权威。其他课程也都由水平高、教学经验丰富的副教授、讲师授课。

我入学后不久，深深感受到学校浓浓的学习氛围和诚信质朴、为人师表、教书育人的优良传统。这样的学习环境对学生的思想进步、学业的提升非常有利，颇有益于学生的健康成长。

2002年10月，为庆祝学校百年诞辰，我们年级近百位老同学返校参加活动，听取了学校和系里的发展报告。许多同学40年没有再回北京，所以我们租用了大巴车，组织参观了奥运场所、天安门边的中国大剧院等场所，还多次在名店聚餐。费用主要来自在京的同学，按职称出活动经费。弹指一挥42年过去，大家相聚倍感亲切，都在各自工作岗位上，思想要求进步，工作积极努力，大部分成了当地的骨干教师，多数为高级和特级教师，有的成为当地的优秀教师。回忆当年入学时，大家的家庭出身非常不同，分别来自贫穷农民、工人、工商业者、大资本家、旧官僚等家庭。但40年后大家的政治思想水平好像没有多大差别，都要求进步，热爱祖国，在党和政府的领导下都在很好地工作，社会地位、生活条件也都不错。我觉得这是教育的成功，在大学时期接受的教育为日后的工作发展奠定了良好的基础。在大学一年级第一学期开课后不久，我觉得学习上有点压力感，课程安排得满满的。地理系学的是"上知天文，下知地理"。除了普通自然地理学、地质学、地图学、测量学、天文学、经济地理学、外国地理学等专业课，还有中国现代史课、辩证唯物主义课、主学矛盾论和实践论等课程，每门课的分量都很重，一大本一大本的讲义，当时都是老式人工打字机或手工刻印到油纸上，手工打印复印出来的。很多课的内容都需要很好地记忆。俄语课的分量尤重，差不多天天有，学俄语要花很多时间。

我在初高中学的是英语，俄语可以说是从头学。在这方面我还是觉得功夫不负有心人，由于努力和重视俄语学习，我还算跟得上。在研究生期间我已能阅读诸如土壤、地球化学之类的俄语专业书籍。我总觉得我是只笨鸟，在学习上我得先飞，比别人要多花点功夫。4年本科学习下来，我觉得在学习上是比上不足，比下有余，给自己打个中上水平的分。

我入学的1956年，我国国民经济恢复和发展较快，但贫穷家庭的学生难有零用钱。学校设立了3至5元的助学金，我在大学一年级时申请过3元钱的助学金，可别小看这3元钱，当时买牙膏、牙刷、肥皂、毛巾、理发等足够用的，还可以买本参考书。我们班上有位湖南农村来的同学，上身衣服补着两块大补丁，光着脚丫子，就来北京上大学了，学校里还给他发了衣服、被褥。学校里对学生学习和生活安排得非常周到，吃饭很方便，早餐到学生大食堂自己取碗筷，爱吃什么自己取，有馒头、花卷，有时还有油饼、油条、豆浆、稀饭、咸菜等。中、晚餐自己在食堂进门口取两只大碗，一只给食堂中间的炊事员，他给盛上一大碗菜，食堂中间放着米饭、馒头、花卷、发糕，有时还有大肉包子，吃多少取多少。每周总会有一顿红烧肉或红烧鱼。我对学校的伙食非常赞赏，我从小就没吃过这么好的饭菜。大学的前两年，学生吃饭和生活无任何后顾之忧，不用动什么脑子，到了开饭的时候去食堂吃就行了，且分文不花。

学校搬到铁狮子坟新址后，我们地理系新生男同学住在学校最北头一片平房里。冬天学生轮流生火取暖。1956年的冬天特别寒冷，我们去南头教室和西南头的女生宿舍开会，路上经常呼啸着大北风，我们踏着厚厚的积雪。我们经常烧不好煤炉，甚至不生火炉，屋里挺冷，我们这些男同学好像也不在乎。一天晚上我在屋里擦澡,觉得有点冷,但认为身体不错不会感冒。谁知第二天真发烧了,那年冬天流感大流行,几个教室成了隔离病房,凡发烧就要被隔离,我因发烧也进了隔离室,好在我退烧恢复得很快,大概隔离了个把星期就出来了。大二开始我们搬进了新建的学生宿舍楼。1个房间,周边4张双层上下床,每间屋子睡8个人,当中1张大长方桌子,坐在床边上可以看书学习。不过,大家一般跑到图书馆或大阶梯教室去复习功课,晚上10来点钟再回到宿舍,有时还冲个热水澡。虽然是新建的楼房、新的床铺,但是不知为什么床上有那么多臭虫,两三个星期就搞一次灭臭虫,用开水烫床缝隙里的臭虫,臭虫白天都钻进床的缝隙里,晚上睡觉时吸人血,吃得饱饱的。后来用六六六、滴滴涕治虫药给杀灭了,这种农药20世纪80年代已禁用了,因为发现它残效性长且有害,不过我认为它在杀灭臭虫、跳蚤等害虫方面功不可没。臭虫吸血很厉害,但它好在不像跳蚤,有一个跳蚤就弄得无法睡觉,跳蚤很小到处乱跳,很难抓到,让它叮一口准起个刺痒的小红包。我最怕跳蚤,一个跳蚤一夜咬得屁股一片红点小包,一夜难眠。臭虫不一样,它咬人不那么刺痒,且容易捉到,所以有的同学对于收拾被褥烫臭虫显得有点怠慢。

学校里文体活动非常丰富,我的爱好是滑冰,学校西南角的大操场边,每逢入冬后用土围起一个埂堰,里面灌上一层自来水,一冻就成了一个滑冰场。那时冬天好像较冷,冰场一冬不化,滑冰时日较长。冰场西南角上有个管理室,从那里借双冰鞋,也不收费。在滑冰场上学滑冰,开始总是站不稳,常常摔倒,学着学着我竟可以在冰场上溜圈了,有时冰场上的体育老师也过来教我们技巧。冬天我常到冰场溜上几圈,既是锻炼身体,又是休闲娱乐。1956年我刚上大学一年级的时候,学校里定期举办摩托车培训班,我被推荐参加了一期,因为我自行车骑得很好,学摩托车很快,主要是控制油门和车闸,培训班结业后我成了合格的摩托车手,可以上街骑摩托车。

　　学校星期六晚上及其他节假日在学生大食堂或大操场常放电影。我很喜欢看电影,从入学到研究生毕业我看了几十部电影,我觉得那时的电影内容大都来自社会现实,又有教育意义,且有很高的艺术水平,像《地下尖兵》《党的女儿》《董存瑞》《虎穴追踪》《芦笙恋歌》《平原游击队》《永不消失的电波》等等。那段时间看的电影太多了。我非常喜欢听像《小二黑结婚》《冰山上的来客》和《红岩》里的电影插曲。我觉得那时的电影脍炙人口,一部最多上下两集的电影就把一桩事说清楚了,感人很深。艺术欣赏价值也颇高。

　　学校里的文娱活动,在我入学的那年,主要是推行交际舞,从苏联流传过来的。节假日晚上大食堂举办舞会,我对此没有兴趣,从未主动进过舞场。但是,有时候是共青团组织舞会,要求团员都去参加舞会。我就是进了舞场,也总爱躲在人的后面观望,但常常被女同学拉出来,跳起舞来我总觉得我的两条腿不听使唤,像两根不灵活的木棍,总爱踩舞伴的脚,嘴里总是嘟囔着对不起。也不清楚是什么原因,学校里很快取消了交际舞。我觉得这也好,交际舞和学校文化不相融。

　　我入学的那年,我们年级举办的元旦晚会给我的印象特别深刻。尽管我不是晚会上的活跃分子,可我很欣赏那次晚会。我不清楚是哪位同学有那么大的本事,借来了那么多的民族服装,56个民族的服饰差不多都凑齐了。根据自己的兴趣和推荐,各选择一套民族服装,所有同学都穿上民族服装,看起来真有点五彩缤纷,节日氛围浓郁活泼。在这次化装晚会上,有一位陕北农村来的、脸有点黑的同学化装成黑人,从此他就有了一个"小黑人"的绰号。几十年了我们同学说起来,还是用"小黑人"称呼他。他是我们的班长,人很厚道热情,我们这么称呼他,好像比叫他名字更亲切。晚会上除了独唱、合唱、小表演,还要交换贺年片,一个人手里少则三五张、多则十几张贺年片,贺年片多带有浓厚的感情色彩,甚至恋情伏笔,当然我的贺年明信片也不例外。晚会到深夜1点多才结束。

地理系课堂学习一直比较重视理论和实践的结合,很多活动都与认识了解自然有关。我们系曾组织我们年级去参观北京西山的最高点"鬼见愁"、北京原人遗址和潭柘寺,那时我们就知道"先有潭柘寺后有北京城"之说。我们学校组织的野外活动,目的是让我们深入大自然,了解大自然,不是以旅游为目标。学了1年的理论课程后,1957年5月,我们首次进行地质学、自然地理学和地图测绘学实习。实习地点在张家口附近的宣化。我们从西直门乘车向实习目的地出发。对我们地理系的学生来说,从踏上火车就开始了实习,路经南口,我们自然会观察这个北京的风口。路经西山就分析观察北京的这座天然屏障。火车在八达岭站停的时间较长,除了瞻仰修筑京包线的著名工程师詹天佑塑像之外,更多的是分析他设计的之字形铁路,研究在蒸汽机火车时代,火车在"动能不足"的情况下,是如何越过陡峭的八达岭的。当时如果没有他这个线路设计,京包线也不可能修筑。过了八达岭,火车在康庄车站也要停数分钟,我们也都下车出来看看。火车穿过八达岭后,"关内外"自然景观明显不同。关外显得相当荒凉,八达岭长城是一条明显的地理界线。现在经几十年的绿化建设,加上高速公路还有高层楼房的屏障,这条界线已经淡化了。出关以后气温明显下降。下花园是我国的煤矿区,采煤筑路产生了许多很好的地质剖面,多灰白色砂岩,用地质锤敲下一块,上面全是石化的树叶,仔细看有的还可以找到小虫化石,也很容易找到大小块的石化木,它印证了侏罗纪时期这里曾经是茂密浓郁的森林。我们曾爬上1140米高的鸡鸣山,山顶有座烽火台,那时我们的精力集中在观察自然环境,也没有注意到现今旅游资料所说的上面有多少庙宇古迹。从鸡鸣山顶眺望周边的地形地貌,其特征是叠嶂层峦、孤峰突兀、横看成岭、竖看成峰。这一带的地质构造颇具特色。山顶为远古界震旦系地层,山腰间为中生界侏罗系地层,而山脚下却为新生界第四系地层。这种结构和地层形成过程顺序本末倒置,可见当年造山运动、地壳的变动有多么激烈。

　　1958年开春后不久,北京有项很大的建设工程,修建十三陵水库。当时连中央领导都很重视,毛主席、周总理等中央领导都去参加过劳动。我们学校的学生分批去参加修水库,我们班上二十来个男生编成一个班去修建水库。我们去的时候,大坝还没有成型,还看不出水库的模样,工地上全是密密麻麻的人,远看人山人海的,我们的劳动活动是从坝下向上挑沙土。我看到大坝工地这么大,心想一小筐一小筐的土什么时候能挑完?此刻让我想起了那篇愚公移山的名著,有了这种精神没有干不成的事。那个时候我们国家穷且落后,工地上只看到几台压路机在夯实土沙。除了这种压路机,其他就是密密麻麻肩挑人抬的劳动大军。

　　我们班住在离工地几里路的帐篷里,早上吃过饭,7点左右到达工地现场,中午在工地上吃饭,晚上5点多收工。那时我们非常单纯,想的就是建设祖国,不知为什么那么大的干劲。我同我青岛老乡,即墨农村来的一位高大的壮汉同学比着干,我俩挑双筐,4筐沙土少说也有八九十斤。我们挑着跑一天,右肩从红肿到皮肤磨破,那时只知多挑点土,就没想过累和痛。干得多,吃得也多。有一天中午给我们送来大半木桶包子,就我们这二十来人吃了还不够。我是伙食班长,又去伙房要了小半桶就算凑合了,如果还有再多的包子我们也能吃上。我一个人就吃了8个包子,那包子足有2两1个,我这顿就吃了2斤左右的包子。我在十三陵干活挑土半个多月,只看到人山人海,大家都在热情地劳动。后来我们所组织退休人员去十三陵旅游,我才看到大坝的真面目,真是一座宏伟宽大的堤坝。看到眼前这座宽大雄伟的大坝,越发觉得个人的力量渺小,众心齐才能泰山移。筐筐土沙终于聚成了宏伟的大坝。1958年暑假前夕,我们年级进行了第二次野外实习,实习地在距山西大同不远的聚乐堡地区。在京包线聚乐堡车站下火车,从车站上就可以远眺大同火山群遗址,这里有三十余座古火山,火山锥体群地貌很明显,有的火山喷发口还挺清晰。在火山锥体附近还可以拣到纺锤形的小火山弹,这里还有浮石矿和玄武岩体。同时,在这里我们还进行了土壤实习,通过实践认识了栗钙土的特征,这个地区的土壤属典型栗钙土,从土壤表层,向下挖几十公分就有一层块状的石灰结核层,由大大小小的石灰结块组成,它和表层土壤明显不同。学地理的到大自然中实习,能把课本学到的知识和大自然中看到的很好地融合起来,加深对理论知识的理解。比如,课本上对栗钙土的描述和亲眼所感受到的是不一样的,有点眼见为实的感觉。自己用肉眼看到的较有真实感。

中华人民共和国成立后,经济恢复和发展很快,但是旧中国贫穷落后的总体状况还没有多大改善,帝国主义势力一直对我国进行经济封锁。1958年下半年,中共中央号召"鼓足干劲,力争上游,多快好省地建设社会主义",其目的是加快我国的经济建设。它反映了党和全国人民的愿望。其后出现了全国性的大炼钢铁运动,就在此时我乘火车晚上路经河南、河北等地,看到窗外到处在冒火苗,挖个土坑烧木头炼铁。20世纪80年代,我去广西、湖南进行河流水污染防治调查研究,发现很多大树墩,他们告诉我是大炼钢铁时砍了些大树炼钢铁了,钢铁没炼成,好铁炼成渣,大树还砍了不少。农业上搞虚报,报上有许多报道,一亩地产10万、20万斤粮。

为了提高农业生产,搞人民公社、吃大锅饭等等。这些不符合经济发展规律的举动,使经济遭受重大损失。我想这应当算是我们前进路上交了一份高额学费。

我们学校"大跃进"时主要贯彻脑力劳动和体力劳动相结合的方针,经常停课让我们参加体力劳动和社会实践活动。据传教育大革命是党内那位地位很高、馊主意蛮多的康生具体负责的,实际上他是党内高层最脱离实践的人。他曾发表"知识越多越愚蠢无知"的谬论,所以我们系里曾出现过一段时间大学二年级给三年级、三年级给四年编讲义的愚蠢怪事,相伴的还有不重视课堂理论学习的现象。不过这问题很快得以纠正。1958年开启"教育大革命",我们学生经常参加社会实践活动,还兴了一阵子办工厂热。学校让我办酒精厂,我到北京的一家酒厂学习酿酒,我还学做了个酒的蒸馏器,用它蒸馏酒精。我是很认真听组织上的安排,也用心去做了,可心里总想不明白,弄这么个蒸馏器蒸点酒精有什么用,挺费粮食。办厂这事也很快不了了之。有的同学到工厂,如女同学去北京的棉纺厂劳动。1958年秋后,我们年级的同学分成若干小组,有的去黄土高原进行地理考察,有的到北京郊区农村搞农业规划，还有3个小组参加铁路选线。我参加了铁路选线的一个小组，当然都是支部领导安排的。我们小组先乘火车到武汉，听候在武汉的铁道部第四设计院的安排。最后，我和一位同宿舍的很老实、很正直又比我大十来岁的调干生被分配到赣(州)樟(树)铁路选线队。我们两个先乘火车在韶关站下了车，这是坐落于山坳里的关隘名县。最让我开眼的是，这里街上干体力重活的多是妇女，挑担子、穿着木板鞋拉板车的也多为妇女，这与北方像我山东老家非常不同，我们老家妇女一般主理家务活，男人在外干重活。在韶关我们没有停留，赶紧买票乘长途车去赣州，去赶已在那里的铁道部第四设计院的铁路选线队。一路上长途汽车穿行在峰峦叠嶂的崇山峻岭中，很多时候都行走在沿江河的悬崖峭壁上，公路弯道特别多，我有点害怕，都不敢低头看河床，因为我们乘的长途汽车行走在悬崖上，很吓人。以前我从来未乘过穿行在大山悬崖中的长途汽车。我们过了世界著名的大瘐岭钨矿区，天渐渐黑下来了，行路越发感到担心，到赣州找到选线队时，天已经漆黑了，借着朦朦胧胧的月光，从选线队的住处眺望，我们的住处像是一处庙宇，坐落于两江汇合处。左右两江，一条深绿黄浊，一条水色清澈，在我们住处前方相汇。第二天清晨我们就跟着选线队沿赣州向下游开始了工作。我跟着一位搞地质的年轻队员，协助他做沿线的地质工作，主要描述和记录已打好桩、选好线路的地质构造和岩石状况，如这条线路上有几段是板页岩地区，它的地质构造是向斜还是背斜对线路的确定有很大的意义。我的那位同学跟着选线队的测量人员一起工作，尽管他也会看经纬仪，但测工们是不会把选线定点的工作交给他，他主要是做跑杆和打桩这种苦差事。他比我累。我们天天沿赣江一段一段下行。我们晚上睡在临时租用的民房里，江西人的住房比较注重防暑热和通风透气，不大防寒。我们一般睡在一套大房子的上层，像阁楼上，房子靠屋顶有一条宽带是空档，躺着可从空档向外看星星月亮。按温度那里不像北京那么低，我们是从12月初开始工作的，正逢最冷的时节，一个多月下来，因潮冷我的手指冻肿了。在那里睡觉就像在大街上差不多，冬天潮冷容易得冻疮。根据学校的安排，我们俩于元旦过后不久离开了选线队，乘长途汽车去樟树再转乘火车返回北京。长途汽车是辆帆布篷大卡车，没有座位，乘客都站在车厢里，我们两个站在最后排。天一直下着毛毛小雨，公路上的泥土沙总向车厢里甩。我们身上穿着一件长雨衣，防寒又挡雨。我们路经红土区，站累了互换位置，又经过黄土区，下车后我俩对视了一下，有点挺好笑的，一边脸上是红土色，另一边脸上是黄土色。在江西工作期间，粮米蔬菜供应还很正常，沿江我们还能经常吃到鲜美的肉、鱼，因为沿江农副产品较丰富。回到北京后，系党支部向我们透露国家要经历困难时期，我班的支部书记曾带着我和几个学生到校外马路边搜集杨树叶，意思是储存起来准备吃，还是有别的什么用处就不知道了。我吃过多年野菜和菜叶，我知道哪些野菜能吃哪些不能吃，杨树叶是不能吃的。不久粮食开始定量供应，我们学校的标准是最能吃的学生定量35斤，多数男生和女生定量30斤。有位矮瘦的女同学定量28斤，她还吃不完，多余的常常送给能吃的男同学。1959年的社会实践活动仍然很多，开春不久，我们班上一个小组参加了修建密云水库的劳动。一部分同学进行经济地理实习，调查地形地貌、土壤类型、农业生产状况，进行公社规划。从粮食定量供应后，凡野外和重体力活动都补些粮票。在此期间我们年级抽出十几个同学，集中专业学习，包括高等数学。每天加班加点上课,弄得非常困倦。我注意到有位同学上课总爱打瞌睡,挺好笑的。我有时咬着嘴唇强打精神。当时我不清楚抽调这十来个人要干什么,系里领导也没有人给这些学生一个明确的说法。据透露的消息说,我们这些集中加班学习的人要提前毕业,充实到教师队伍,以加快人才培养。我们这十几个人的学习班,持续了不到两个月,又匆忙结束,不了了之,各回各的班正常学习。肯定政策有了变化,停止了这种拔苗助长的做法。

回来不久,系里接受了一项勤工俭学的科研任务——调查天津新港淤积的原因。我们地理系派出五六个学生,由教自然地理的教师带队。华东师范大学派出河口专业的教师队伍和我们同样多的人数。混合编队分成两个组,其中一组调查新港北部海岸的沿岸情况。我被安排在新港南岸工作组。我们工作组5个人,其中3个是华东师范大学河口研究所的教师。我们从黄河口的北岸沿渤海湾海滩向天津新港步行调查,主要研究滩涂的泥沙变化。那里的海滩很宽,虽然我们沿海滩行进,可我们几乎没有看见过大海,陆上还有宽阔的寸草不生的滩涂和广阔的盐碱地。这里的海滩带非常缺乏淡水,很干热。我们每天出发前用铝制军用水壶带着一壶水,得很节省地喝。沿渤海湾滩涂和沿岸带的盐碱地如同沙漠,荒无人烟,寸草不生,又极端缺乏淡水。如偶尔遇到打出淡水的深井,我们就饱饮一顿。这种淡水深井非常少,几天可能都遇不上一口。那里是盐碱土地区,本来就很贫困,再加上我国处于困难时期,吃饭困难。在河北庆云县附近,用粮票买的混合面馒头,里面搀着花生壳磨的粉,放到嘴里粘在舌头上,难以下咽。这次为期一个月的野外考察是一次艰苦困难的科考。但是,调查小组还是非常认真,每天都仔细观察海滩地物,大概在黄华县附近的海滩上出现了多道与海岸线垂直的大型古牡蛎蛤壳堤，它就像是黄河里挡水侵岸的小水坝，而且是多条。我们认真调查并分析了它的成因，研究它是否可能对天津新港造成淤积。我们最后的工作结束地在天津东南向的大港，现今成了大港油田区。我们科考时，那里还是一望无际的湿地，长满了芦苇，我们租用了摇桨的小渔船，深入沼泽内进行调查，中午渔船主人给我们清蒸梭鱼，没有放油，因为当时每人每月定量供应半斤油。可中午这顿鱼真美味，觉得这梭鱼怎么这么好吃，从此我的印象中就一直认定梭鱼好吃、美味。这一路我们就没有吃过像样的菜。这使我想起当年慈禧太后逃难过程中农民给她玉米饼子吃，她感到无比好吃的故事。在大港湿地工作结束后，我们集中在天津新港，向有关部门汇报工作，汇报会结束后，天津港务部门宴请招待我们。当时天津新港实行特殊的政策，主要针对外国海员，有海员餐厅、海员俱乐部、电影院。招待我们的宴会席上有啤酒，我以前没有喝过啤酒，我觉得啤酒挺解渴，工作一路一直感到口渴，那么多天就没喝饱，所以在宴会上我把啤酒当水喝，一气喝了好几瓶啤酒，餐后觉得有点晕晕乎乎的，走起路来腿有点轻且不太稳，有点似醉非醉。招待宴会后我们在海员俱乐部看电影。进了电影院，坐下我就呼呼大睡。电影散了我也醒了，酒劲过了，头脑也清醒了，看的什么电影我连一个画面也记不住，更不要说电影的名字。

1959年下学期末，我们开始教学实习。北京师范大学主要培养目标是教师，教育实习是"必修课"。教学方法和教学技巧的培养是必不可缺少的。我们年级被分成4个组，各由我们一位教师带队，我们的教师也是教教学法课的。我们分别被安排到北京师范大学附属中学、女十二中学、二十五中学和男一中实习。这4所学校都是老校,也是重点学校,师资力量强。我们实习先观摩本校教师的教学方法,向老教师学习教学经验。我被分派在女十二中实习。在进行了十天半月的观摩学习后,也让我们上讲台讲几节课。面对着这么多张学生面孔,说不紧张,心里还是有点紧张。我觉得学生们都很认真地听课,似乎在帮助实习老师渡过紧张关,学生显得很有礼貌,很懂事。实习过后我实习得怎么样倒没有多想,可这所学校的学生和老师却给我留下了很好的印象,特别是学生很天真,懂事,很热心。

  从我1956年入大学那年开始,五一节、国庆节都有群众游行庆祝,有时还有反美游行示威。国庆游行有许多大型花车,展示各方面取得的成就,游行队伍常常几十万人。我们学校有几次是以武装民兵队伍的形式参加游行。我们系里曾组织过一个民兵团,学校操场西边一栋楼的一层有一个枪库,一排排放着很多步枪,在游行两个多月前我们武装民兵就开始训练了,训练前每个成员先到枪库领一支步枪,开始背枪行步训练。训练很辛苦,也要求队伍横竖一条线,特别是训练通过天安门的一段要求正步走。要求很高,枪背的姿势都要按规定整齐划一,步伐要整齐。在正式游行前还有两次彩排,彩排那天在学校吃过晚饭后很快就集合了。背着枪晚上9点钟左右到达集合地点。我记得常在王府井大街附近集中,为了御寒我们经常披一件棉大衣坐在那里等候。彩排多在夜晚12点开始,要求步伐整齐雄赳赳地通过天安门,彩排完了,回到学校天都快亮了。正式游行那天半夜我们就集合到指定地点了。通过天安门接受毛主席和国家领导人检阅的时间通常在中午前后。我们背着步枪,迈着整齐的步伐,精神抖擞地通过天安门,感到很荣幸。几年的游行中有两次游行碰到下雨,天气阴凉,为防感冒,回到学校后,学校里准备了热姜汤,每人喝些姜汤。游行挺辛苦,特别是参加持枪的民兵队伍,训练和排练都很辛苦,但大家还是非常愿意参加,且都认真训练,为能接受毛主席和国家领导人检阅感到非常骄傲和自豪。数十万人的游行,展示了中国人民大团结的精神力量。

我在大学本科有两年左右的时间政治活动多,社会实践多,劳动锻炼多,教学实习多。我觉得对于一个年轻大学生来说很有好处。全年级128人,这么多人中未出现一位政治思想和工作上有大问题的,也就证明在学校那段时间教育的成功。我觉得活动多、实践多,对于两耳不闻天下事的学子来说是利大于弊的,也不会对理论学习有多大影响。在理论学习方面更重要的是自己思想上的认识,自己努力很重要。

4年的学习生活不长也不短,在校期间经历了那么多的活动,也取得了很好的成绩,完成了学业,建立了师生友情,急盼着走向工作岗位。大多数同学都想服从祖国分配和要求去祖国最需要的地方,填报了分配志愿书,不少同学主动要求到艰苦的边疆地区,如新疆、青海、西藏等地。我填写了新疆、西藏。我只知道这里的条件艰苦,并不知道那里是个什么样子。但是,实际分配到北京的同学占近三分之一,大部分是北京籍同学。其他大多分配在原居住地,但有4位同学分配在内蒙古。1960年7月初,同学们陆续按分配地点和单位去报到了。不知道为什么,一起学习、生活4年的同学,也没有在一起举行个告别仪式,大家不声不响地很快离开了学校。就连我那位要好的同学,现在我的妻子,我都不清楚什么时候离校的,更谈不上送行了。我只知道她被分到北京铁路局。她到北京铁路局教育处报到后,工作单位和地点的变动简直像走马灯,在北京铁路局教育处报到后,又从那里被分派到宋家庄的一个铁路单位,又从这里调到天津,从天津又调回北京。在北京她又被分派到新上马的铁路师范学院教俄语,很快这个学院下马,又被分派到北京铁路三中,这才算稳定下来,在这里教了30年书。宿舍也被临时安排在护国寺附近的石碑胡同。当时这里有多排空荡无人居住的平房,似乎在这个地方要办一个学校,后来又没有办成。她的工作地点暂时在阜成门墙边的冰窖胡同。在不到1年的时间里,她的工作地址和住的地方变动得实在太频繁,真是哪里有需要就到哪里去,不讲条件。我现在都回忆不起来,在这么多的变动情况下,我们是怎么保持着密切联系的,因为在校期间,我们还谈不上确定为恋人关系,毕业时也只能说藕断丝连,有缘分吧,有情人终成眷属,就在她工作变来变去的一年后我们在青岛完婚。

1961年暑假以后,我作为化学地理学研究生继续留在学校学习。1961年1月全国地理科学学术会议确立化学地理学是地理科学研究的新方向之一。我的导师刘培桐先生曾发表过有关化学地理学若干指导性的论文著作。他指出化学地理学是研究地壳中化学元素的迁移及其预测、控制、改造和应用的科学。他在苏联当客座教授期间,对相近的苏联的景观地球化学和表生地球化学的研究也有颇深的了解。他在我国化学地理研究方面堪称创始人、鼻祖。那时我国的研究生数量较少,对指导教师的专业水平要求较高。因为急于培养化学地理人才,除本校选拔的几个研究生,还有国内几个大学代培性质的研究生,这样就组成了一个十来人的研究生班。

从进入研究生队伍以后,学校的政治运动和社会活动很少了,学校进入常态,比较重视课堂教学和理论学习,而我们的导师非常重视专业基础的学习。在研究生的前两年,专业基础课相当重,占据了大多课时。他聘请了北京农业大学名教授给我们讲分析化学课和化学实验,聘请了我校数学系教授给我们讲高等数学。此外,我们还加强了外语学习。这几门基础课的加补学习不仅对我当时的专业理论学习水平提高有益,而且对我一生的科研工作也大有裨益。工作后我曾长期研究河流水体的物理化学性质,设计过水和沉积物污染评价模式,而且有多篇论文发表在《环境科学学报》等学术刊物上。之所以能出这样高水准的论文,和我在这段时间补学的高等数理化有关。研究生的后两年主要是完成毕业论文。刘先生选定内蒙古岱海地区为我们实习和做论文的地区。岱海是一个水面较大的内海,周围是山盆地形。为了把岱海地区的化学地理问题弄清楚,我们十来个研究生的论文都选在这个地区,研究不同的自然地理要素的化学地理因素。我的论文题目是"岱海地区盐渍土的发生与演变",研究岱海地区盐渍土的类型及其形成因素。我们都是暑假前到岱海实习、调查和采集样品的。在野外工作中我们都是按自己课题的研究方向各干各的。我主要是在不同地形部位选择采样点,按研究内容选出采样点后,要挖一米左右或更深的土坑,按土层剖面采集土壤样品。我在野外工作一天,常常要挖五六个土坑。一天下来要采集二三十个土样,每个土样重500克以上,自己用野外背包向住处背回样品。幸好我的身体健壮,否则是难以胜任这么繁重的体力劳动。岱海地区当时地广人稀,周围因有宽阔的盐碱土,无法耕种,所以人烟稀少。岱海地区属凉城县,当时非常落后,小县城里连平房也不多,当时一栋楼房也没有,我们住在县党校,一个空旷的院落,三排平房和数间零散的平房。那里的负责人跟我们讲着讲着话就翻开衣领捉虱子,且显得很自然,没什么不好意思的,有时聊着聊着他就找个墙角撒尿去了。我们吃饭都在大队部,吃的对我们来说很合适,那时是使用粮票吃饭,我们劳累一天,吃得较多。在大队部吃一种用莜麦面做的"猫耳朵",就是揪一块面团,在手心里一捻,出来一个像小圆筒形的饺子皮,再放在笼屉上蒸熟,因它的样子有点像猫的耳朵而得名。队上规定每顿饭交3两粮票,给三两份额的猫耳朵,土豆随便吃,那里秋收的土豆放在地窖里可以吃1年。我们吃的土豆是放了半年多的,非常好吃,又不收粮票,我们就放开肚皮吃,一顿吃1斤多。菜都是胡萝卜水渍的酸菜,没见过别的菜。我们在党校食堂吃过岱海的草鱼,这里的草鱼没有淡水鱼的土腥味,很鲜美。从此以后,我记住了草鱼是一种鲜美的淡水鱼。买淡水鱼的时候,我爱选择草鱼,就是这么来的。岱海是内陆湖,属半咸水湖。野外工作结束后,我们将采集的样品运回学校,运到我们地理系土壤实验室后,很快我们便投入了化验工作之中。从样品处理到测试都按实验要求由自己来完成。我主要分析样品的含盐量和盐分的主要化学成分及盐的主要离子钾、钠、钙、镁、碳酸盐、重碳酸盐、氯离子、硝酸盐的含量,它们是盐碱土的主要化学成分。

当时国家处于经济困难时期,但是学校里实验室里的仪器、设备、药品、试剂、玻璃器皿等仍能保证供应。采集的土样样品运回实验室后的2到3个月,我们整天都要在实验室做实验,只有晚上在图书馆、阅览室查看有关资料。1962年和1963年,连续两年暑假前两个来月我们都在岱海科考采样,通过对大量样品的分析化验可以看出不同地形部位形成不同的盐渍土的类型,可以划分出不同类型盐渍土的地理地带分布规律。依据大量的实验结果,我心里也有底了,觉得肯定能完成一篇好的有水平的学术论文。当时学习环境比较好，我的导师让我们班的研究生能尽量多学习些东西，我们的学习期限差不多延长到 4 年。在研究生学习期间，除了每周六上午半天的劳动外，几乎没有其他社会和政治活动。上劳动课时，几个男同学主要从宿舍楼区化粪池淘粪到学校北头的一块菜地，兑水浇菜地。我们两个男同学抬着大半铁桶大粪摇摇晃晃走上一里多路觉得很自然，也不觉得我们抬的是又脏又臭的大粪，因为脑子里总会想到北京市副市长万里，后来的国家主席，和挑粪工人一起背大粪的情况，所以我们抬大粪浇菜，心态很平和。我在研究班学习的 4 年，围绕着完成一篇好的论文，自己非常努力，十分认真地做好实验，以便获得精确可靠的数据。在做实验期间我还是有点废寝忘食，整天钻在实验室里，想的就是通过实验获得尽量多的精确数据，以便能完成一篇理想的论文。实验室的活忙完了，每天我就钻到图书馆里，查阅与我论文有关的中、俄、英文图书资料。当时学校里俄语书籍资料很多，并有大量的译文，而英语专业书籍较少。论文完成的时候，可以说我把图书资料室里的中、俄、英文有关的资料都看过了。在研究生学习期间，我们研究生都很刻苦学习，相处得也相当融洽，夏秋天晚饭后，我们不再去图书馆查阅书籍资料。我们几个男同学住的宿舍都在邻近，晚上大家轮流去买西红柿，5 角钱买一大筐，放在自来水盆里，学校里的自来水取自地下水，夏凉冬温，拔凉西红柿后，大家围在一起吃，又解暑又充饥。晚上吃几个西红柿，对身体的健康也很有益。

1961 年 8 月中旬，我和我恋人在青岛举行了婚礼，那时结婚重情不重礼，特别是国家又处于经济困难时期。我们两家的老人在我家里，由我母亲做顿普通的饭菜大家聚聚吃顿便饭就算结婚宴了。我们两家也没有互赠任何礼品。我们俩也没有购置什么物品,我母亲给我们做了两条丝绸面白布里的被子,这是我家送给我们唯一的也是最珍贵的结婚用品。第二年6月,我们的儿子出生了,当时我还在野外实习科考。我爱人是在临产前夕自己回天津娘家生产和坐月子,产假都是在娘家,由岳母照料。我是在儿子出生将近一个月后,放暑假才去天津探望他们母子的。见到心爱的儿子,仔细观看了一阵子,孩子长个瘦长的三角脸。这是在国家困难时期没有为母子供应营养品导致的,孩子瘦也属正常。56天产假到了,我爱人带孩子回到北京上课,白天将孩子寄放在一大妈家,晚上接回自己带。因为我以学业为重,我爱人也支持我的学业,所以我仅周日回去看看他娘俩。我们临时住在停办的铁路学校的一套宿舍房子里,距我的大学很近,仅3站公共汽车的距离,走十几分钟就到了。回到北京后,我们每天为儿子提供一小玻璃瓶牛奶,再到商店买一小瓶橘子汁,给小孩喝水时兑上点。每天喝一小瓶牛奶加上一小勺橘子汁,喂了半年,孩子逐渐胖起来。1周岁时,儿子成了个小胖墩了。断奶以后,我们又将他送到姥姥那里寄养,那时铁路中学有免票,所以我爱人每个星期六晚上下班以后都回天津看孩子,周日晚上返回北京。那时都以工作为重,她从未因照顾孩子而耽误过上课。我也是专心致志于学习。当然我是非常体谅我爱人,她既要不影响教学又要照顾好孩子,非常辛苦,我也顾不上照顾他娘俩。我们的小家庭在生活上还是很紧的,当时研究生仅发46元的助学金,我还供应一个妹妹上大学,她是医学院的大学生。我每月给她15元,有时还多给2元,应该说是足够她用的,我只给我爱人10元。我自己剩下20元左右。我也很节省,我在教师和研究生食堂用膳,每顿饭常吃5分钱的豆腐熬白菜,两个像小圆馒头大小的面包。到城里老校上化学课做实验,走4站汽车路可以省 5 分钱。这 20 元的生活费还得省下点，买几本专业参考书。我一直是一个喜欢买书的人。我对爱人和孩子的关心主要在思想方面，但照顾有限，经济上又很紧，尽管我爱人没有唠叨过，也没有任何埋怨，但我心里总觉得非常歉疚，也非常感激她的理解。

1964 年 4 月初我们研究班开始了论文答辩，我是第一个进行论文答辩的，我的导师拿我做"样板"吧。答辩会比较隆重，他邀请了中山大学地理系教授唐永銮、北京农业大学知名盐渍土研究权威叶合才教授、中国科学地理研究所自然地理室副主任暨化学地理组负责人汪安球先生、北京大学地理系主任王先生等组成我的论文答辩委员会。系里有老师和同学参加了观摩。我报告了我论文的内容，它符合岱海地区形成不同类型盐渍土的气候、地形地貌等自然条件的特点。答辩会给予我的论文较高的评价。我认真努力学了将近 4 年，论文答辩会上的评价，让我心理上、精神上得到很大的安慰，觉得 4 年的专心致志的努力得到了应有的回报。答辩会后我感觉我的导师也脸面有光，他也感到欣慰。答辩会用事实表明他培养出的学生是合格的。答辩会后不到一个月，中科院地理所通知系里叫我去报到上班，我之所以这么快被分派到地理所，跟汪安球先生作为我的答辩会的老师不无相关，恐怕是他看中了我研究生的论文内容和我的答辩水平，他感到满意。我想我已答辩完，没有必要在学校系里久留。地理所既然让我去报到，我就去了。当时去地理所报到，只用拿着一张系里开的报到证，其他什么证件都不要，那个时代还没有学历造假的问题。我的研究生毕业证书，是"文化大革命"结束以后，事隔十几年了，学校突然让我们到校领取毕业证书，取回一看早在 1963 年我们的毕业证书已办好，上面盖着学校和校长陈垣的大印。我去地理所报到的时候，正值地理所从中关村向北郊大屯搬家。搬到大屯路差不多中间距离的917大楼。我到地理所人事部门报到时,有一位办事员跟我说让我过一阵子再办手续,说搬家正忙乱。汪安球先生知道我去报到的事,他也不管报到不报到,就给我安排工作了。进地理所后我一直跟着他工作,他当时在搞华北地区的盐分平衡。我研究生的论文内容就是搞土壤盐碱化的问题。我能进入地理所,肯定和他参加我的答辩会有关,他看中了我研究生选的专业方向,也和我学习成绩有关系。我在地理所跟着他一起工作不久,他曾当着一位老先生的面夸我。这期间我还临时被派到一位搞经济地理的老先生那里,协助搞河北地区的土地利用评价。这位老先生也跟人夸过我。我的答辩会是我的导师拿来当样板的,我的导师又特别重视我的答辩会,请的都是这方面的专业知名教授专家。我到地理所工作以后,也能很快让我的老师、先生们感到满意。我觉得作为一个学生,在北京师范大学,本科加上研究生学习了近8年,学习成绩是合格或者说较好的,应当说对我的研究生学习画上了一个比较满意的句号,也为我的导师刘先生争了脸面。

奋发进取的科研生涯

1964年春,我从北京师范大学地理系化学地理研究生(当时称副博士研究生)毕业,并于同年五一节过后来到刚刚由中关村迁到北郊的中国科学院地理研究所报到,成为地理所自然地理研究室化学地理组的一员,开始了我科研事业的生涯。1996年7月退休,刚好32年。

当时自然地理室主任由我国著名地理学家、老学部委员、中国科学院院士、受人尊敬的黄秉维所长兼任。那时科学院的院长、副院长和研究所甚至研究室主任都由国内外著名学者担任。自然地理室的副主任汪安球先生具体负责研究室的业务工作,他的专业领域是化学地理学。因此,他还兼任化学地理组组长。汪先生很有才华,还喜欢文学,能背诵出红楼梦里很多精彩段落。他很钻研业务,废寝忘食,在莫斯科大学进行过专业研习,对于苏联景观地球化学和表生地球化学的鼻祖——波雷洛夫、彼列尔曼等人的学术思想很熟悉。当时我国曾出版过他们的许多著作。汪先生懂俄语,在刚解放的年代,在学俄语一边倒的情况下,他也能用英语撰写论文,在当时这样的人才非常难得。他的精力全集中在业务上,生活上不拘小节。

他的英年早逝令人惋惜,也是我国化学地理学研究发展上的一大损失,因为地理所在我国地理科学研究方面是领头羊。

汪先生跟我的研究生导师很要好,他们都在莫斯科大学待过。他也很尊重我的导师,在我入地理所的前后,由我的导师刘培桐为领衔人,以刘培桐和王华东先生为核心,地理所汪先生、中山大学唐永銮教授和北京大学、长春地理所、华北地理所的化学地理研究人员,形成了一个蓬勃发展的化学地理科研体系。汪、唐两位先生也是我毕业论文答辩委员会成员。

汪先生当时研究的重点是华北地区的盐分平衡,目标是为华北地区的盐碱地治理提供科学依据。我的研究生毕业论文是《岱海地区盐渍土的发生与演变》,从这方面讲和他的研究方向是合拍的。来地理所工作后汪先生对我很器重,让我到只有他一人的办公室工作,并指派行政秘书将我的办公桌搬到他的办公室,还有人传他想让我当秘书。我想的是进了科学院就得好好做研究工作,所以刚进地理所,我对当秘书毫无兴趣。我觉得我在化学地理组大套间的办公室办公更随和更自在,在这里有七八个同事。故我请化地组的同事一起将我的办公桌又搬回化学地理组大办公室。我到地理所上班后没多久,汪先生就带我出差,他很健谈。

我到地理所的那年,科学院有个规定:新来的大学生,当然包括研究生,要参加社教运动一年。尽管有这样一个规定,因为汪先生科研工作比较缺人,他向我明示,先不去搞社教运动,并指派我带上配备给我的科研业务辅助人员,去河北衡水县贡家台土壤盐分试验站工作,该站系我所和华北地理所合建的试验站。我在试验站工作结束后,秋后回到所里,不清楚是迫于"规定",还是因社教工作的需要(我被确定为室里社教工作队的领队人之一),党支部书记让我去参加社教工作。汪先生对此表示沉默,也没再跟我说什么。在秋后我被派去安徽寿县参加了"社教—四清运动工作队"。所里对"四清运动"非常重视,派出的领队是人事科科长,她是位老革命类型的干部。我所社教工作队在她的带领下,在1964年秋乘火车先到安徽淮南,在淮南受到市里的热情接待,我们在淮南待了几天。地方上总爱把北京去的人称中央来的,所以接待很热情周到。淮南市党组织给我们安排了具体工作的地方,并按地方人员和我们的人一对一的比例组成工作组。然后我们从淮南分别去自己工作的公社。我们工作小组沿着一条大河坝走了几个小时,到达了一个叫大店的小镇。这里是大店公社所在地,我们工作队的工作就在这个公社,我们工作队的队部就设在这里。工作队员也按地方和我们单位的人一比一的比例被分派到生产队。我同六安县来的一位和我同龄的年轻干部被分到距队部约1公里远的一个叫路柚的生产队,我们进队后按政策开展工作。我们在进村之后与社员同吃同住同劳动,特别是我出自贫苦劳动人民家庭,很容易和农村人接触,没有多久对队上的情况就很熟悉了。农村的状况不像文件和报告中所说的那么严重。问题是有的,特别是在这之前经济特别困难时期,干部多吃多占,包括社员顺手弄点地里的地瓜、花生什么的也是带有普遍性的现象,但农业生产恢复、粮食供应开始好转后,这些现象也都减少了。入村后我们进行了较深入的调查了解,找队里的干部、农民了解情况。我这个小队有个40来岁的社员能言会道,常到我们工作队来说队长的毛病,我也没有听到他说队长有什么要害问题。我们队上两个工作队员都感到这人不太老实,思想有点复杂,社员也反映他想当队长。我觉得这样的人当队长更会出问题,社员群众也不喜欢这个人,最后还是选了老队长。他家庭出身贫雇农,人也忠厚老实,我也想推荐他当队长。工作队进村不久,不知来自什么高层人物说工作队右倾,于是把片长以上的工作队干部集中在一个公社集训。因为我是3个生产队的片长,所以参加了这次集训,被安排住在公社一个牲口圈里。这个圈牛的土坯小草房,墙的半腰有一个三角形小通气洞,是牛棚的窗户,我晚上就睡在墙上这个通气洞下,这里有点光,且通气好,但早上起来满脸是粪土。那个时候我也不觉得有什么不好,尤其在偏僻农村。我从幼儿时期就在贫民窟里长大,所以对居住生活条件不好没有太大反感。在公社培训结束后,有的工作队员就有脑子发热的行为,有人把一些干部的问题夸大了。我们队上有位来自农村、扛过枪打过仗的淮南一派出所所长非常正直,强烈反对一些过急不适的做法,他坚持的是对的,但受到了不公正的待遇。我因对于队上实际情况已很了解,跟队上的社员干部都相当熟悉,可以说关系都很好,所以我一直稳步谨慎行事。没过几个月我觉得没有太多的社教运动上的事要做了。这个地方农业生产落后单调,应当在发展生产上想点办法,我和社员冥思苦想,有的说养猪,那地方的猪是散养的,像放羊一样,这里的猪喜啃食大坝上的草根,这个生产队就在一条大河坝下,看样子养猪不是个好办法。后来改为养鹅,提倡家家户户多养增加收入。我们工作的大店公社是比较穷的,工作队进队后要求工作队员和农民同食同住同劳动,在农民家里吃派饭。本来这个地方就穷,农民认为我们了解到他们贫穷的情况后会给他们补助些钱粮,所以给我们吃得很差,晚饭多为菜粥,几乎没有干粮,这样吃了一个多月,工作队员身体受不了了,社教工作队便单立伙食。有了食堂以后,工作队员都集中在公社食堂吃饭。1965年6月,安徽社教结束后,因按新生参加社教一年的规定,我还未满一年,我们部分人留下来帮农民收麦子。收麦子的地方是一个叫肖闫湖的地方,我们清早出发,要走五六里地才能到,下午两点多回到住处。那里的天气非常热,特别是在低洼地里收麦子非常非常热,整天我都在出大汗,午休躺在我们住处的竹坯床上,大汗珠子从心口窝向两侧直滚。收了十几天的麦子就结束了,再有一个月就可以回北京了。就在此刻我接到所里通知,让我回所参加下期社教,说是抽调部分有经验的骨干,参加下一期社教。随即我从安徽返回北京,在所里学习政策,准备两个月后,又踏上赴甘肃酒泉之路。我们具体的工作地方在酒泉果园公社,我被分派在果园大队,这个地方叫果园公社,并无果树,这里的自然环境条件较差,可以望见祁连山山峰上的白雪。冬天非常寒冷,深冬腊月,我们都戴一个纱布口罩,哈出的气在口罩外围结成一层冰,眉毛上也结满了冰凇。我们睡在主人家的一个小厨房里,门窗不严,四处通风漏气。和我同住的是我所的一位职员,他是位年轻的老革命,40多岁,他十来岁就参加了八路军。我们都出身贫寒,工作队发给我们的几百斤煤,我们看到当地农民家里都比较穷,十来岁的女孩没有好穿的,我们也不忍心用这些煤烧炕取暖,就留下来给住户烧。我们就在这个矮小、四处通风漏气、阴暗潮湿、零下30摄氏度的小屋里住了一冬。我们在酒泉社教工作期间也吃派饭,我常固定在一位40多岁妇女家里吃饭,那个地方海拔高,吃的面条煮不熟。这个地方种春麦,深秋时节把祁连山上融化的雪水引入耕地,大水漫灌,地面干后,犁松防止土壤深层水分蒸发,待第二年春天种春小麦。这个地方吃的粮食不缺。这位妇女在做饭时总是抓一把牛、马粪烧锅,开了锅再抓面条下锅,煮出的面条总带有牛粪味又不大熟。我因为从小什么苦都受过,什么样的东西我都吃过,能吃面条觉得没什么接受不了,何况当地就这个样子。1965年4月初,在酒泉的社教工作结束后我回到北京。在酒泉期间,我爱人带孩子由平安里的石碑胡同搬到现北京西站东南边的铁路北蜂窝平房住舍区居住。我找到了信上说的我爱人搬入的那个小院,但我弄不清楚他们住的是哪间房子,房门上都没有号码标示。当时刚蒙蒙亮,正在大院门口转转的时候,见到一位老太太从家出来,我忙向前打听,老太太指着一户的家门说,那一家新搬来一个俊媳妇,带着一个胖小子。没错,这就是我的家。一年半完全离开所,脱离科研工作,深入农村,虽然对我这样一个科研心思很重的人来说,一年半的时间觉得确实有点长,但我觉得也没什么不好,是一次很好的锻炼,且当时科学院就这么规定的,要从事一年的四清运动,大家也没有什么话好说。回到所里后,社教工作队带队的人事科科长积极推荐我加入中国共产党,因我们室党支部已安排了一位老同事入党,给我安排在下一年,结果因为"文化大革命"我入党拖了十来年。我在地理所工作32年,除了参加社教一年半外，即使在"文化大革命"期间我也在工作，可能我是我所科研人员中"文化大革命"没去干校锻炼的少数几个人之一。"文化大革命"刚开始，我所大概二十来人被派到山东黄河口地区搞引黄河水放淤改良盐碱地的工作。

黄河水汛期，一桶水半桶泥。黄河下游特别在入海口地区是条悬河，河床比地面高得多，在河堤上修大坝放黄河水出来，黄河水除洗掉土壤中的大量盐碱外，在盐碱土上垫上一层厚厚的黄泥土，使盐碱地变成良田。这项工作尽管没有多少科学实验研究内容，可它和我研究的盐碱土的发生与演变的学术内容是一致的，是用科学方法治理盐碱地的实践活动。由于我自始至终认真对待这项别人认为没有科研价值的引黄河水改良盐碱地的工作，所以只有我和几个人留下来参与这项建坝工作，很快我成了这项工程的副总指挥之一，总指挥由一位公社社长担任。山东水科所的一位戴姓工程师也是副总指挥之一，他是清华大学水力系毕业的学生，负责工程施工中的技术问题。大坝这套工程系统是由黄河水利委员会的工程师们设计的。因戴姓工程师出身不大好，不怎么爱出面说话，他是我老乡，我们又非常谈得来，他不好出面的事就由我来说。当时这个县里分成两派，县里是造反派掌权，县革委会主任是位赶大车的40多岁的人，这个人有点老大粗，但还是积极支持该项工程。公社以下到生产队这一级都是保守派掌权。我不问哪一派，我只管认真工作，久而久之不管哪一派都表扬我的工作好，结果大家都听我的。我成了实际上的"总指挥"，我让开工就开工。特别是公社以下的生产队根本不听县里的，所以工地要开工，县里总是点名邀我去工作。的确我到了那儿，工地即开工，工地也就活跃起来了。就这样我在工地上待了3年，哪里还顾得上妻儿。那个时候工作和生活条件极其艰苦,现在我们年轻同事是很难想象的,更难以忍受。当时的主食是用地瓜干面做的窝窝头,这种地瓜面,绝不能和现在的地瓜及其制品相联系。这种地瓜面窝窝头又黑又硬,很难吞食。即使这种窝窝头,也不能放开肚皮吃,因为当时用粮票,一顿饭两个小黑地瓜面疙瘩窝窝头。即使吃的不好,我也非常认真卖力工作,我还要骑上我所提供的永久牌自行车与山东水科所的同事常常在淤灌区路上往返80里地。住的是用草席竹竿搭建、棚顶用油毡遮蔽雨雪的工棚,寒冬腊月黄河口海风相当寒冷。晚上撒到用竹筒做的尿罐中的尿,早上就被冻成"冰棍"。生活和工作条件就这么艰苦,我好几年就这么艰苦奋斗过来的。大坝建成后当年的汛期,开闸放水淤灌盐碱地,效果比较理想,符合设计效果。放淤指挥部不知从哪里弄来一张大渔网,这张渔网很长,和大坝渠首的宽度一样,开闸放水后这张大网横拦在渠道上,放水关闸后网住了大量金黄色的大鲤鱼,县里拉走几车,我们工程指挥部的人也吃了多日。该项工作结束后,我回到地理所,从此以后基本上就按部就班地做科研工作了。地理所在20世纪90年代之前,比较重视野外科考工作,大家有一种"不入虎穴,焉得虎子"的心态。我们化学地理工作者很重视野外采样和分析测试。我们这些老同事大多一直是这么做的。我到地理所那年的5月初,科研人员差不多都到野外去了。那时的专职行政人员对出差在外的人相当关照,让出差在外的科技人员无后顾之忧。因为出差常常几个月,所以工资都送到家。我的儿子就是我在外出差期间由所里行政部门给办理入科学院幼儿园的。我到地理所报到后没有十天半月,汪先生就带我和几位同事到河北衡水地区出差,考察土壤的盐渍化问题。那个时候我们国家很穷,相当落后,衡水暨冀中地区土壤盐渍化比较重，是非常贫困的地区。在衡水县城里，我们住的旅店实际上是一个大车店，住房紧挨猪圈，其味道可想而知了，盖的被褥不仅破旧，且被面上全是水淹过的圆圈水印。更难过的是一夜下来，屁股上全是跳蚤咬的小红色包点，刺痒难忍。我对跳蚤咬特别敏感，只要有一个跳蚤，便一夜难眠。汪先生和我们睡在一个房间，早上起来我发现他若无其事，他是比我大近20岁的长者，却能忍受和适应这种恶劣的环境，这让我们这些年轻的刚工作的大学生没有什么话好说。我进地理所后受到这种勇于深入实践、勇于忍受和克服各种困难、勇于认真完成工作任务、尽量节约一分钱搞科研的学风熏陶，在地理所工作的几十年，基本保持着这种工作作风。1972年官厅水库发生死鱼的污染事件后，国务院非常重视，连发3个文件，决定组织中国科学院和中国医学科学院、北京师范大学、北京大学、北京市水文大队等科研力量，开展官厅水库的污染防治调研，国家对该项研究工作十分重视。1973年至1975年，历时3年的官厅水库水污染防治调研工作是我国第一次大规模的水污染防治研究，也是首次承认我国存在水污染问题，不过当时有关研究文件都盖上机密大章。该项研究为我国培养了环保人才，为我国进一步开展水污染调研奠定了基础，从此也开启了全国性水污染的调研检测工作。在官厅水系污染防治科研工作中，开始我仅承担了一个小课题，即研究官厅水系水中主要污染物酚在水中的来龙去脉和迁移转化。我除要完成这一课题外，科研工作开展后一年多，因我所派到官厅水源保护办公室负责组织协调科研的同事生病，我便替他到办公室工作近两年。到任后我全面查阅了所有科研课题和有关资料，在这个基础上，我把课题系统化，从污染物的来源到进入水中的迁移转化和最后的去向，再到大坝出水的水质状况,以及对健康和水生生物的影响形成了一个完整的科研体系。此后我主持完成的总结报告也是按这一科研思路进行的。从官厅水系的工作结束到我退休之前,我一直从事和承担我国河流水质污染防治国家重大课题研究。历时25年,我在水质水化学、水体重金属,包括河流沉积物重金属存在形态、重金属迁移转化和归宿研究方面有所造诣。1975年末,中国科学院环境委员会委派中国科学院土壤研究所业务处长和我所3人与天津市环保局协商开展蓟运河的污染调研。此后,由我所派出工作小组和天津两所高校数位教师,开展了对蓟运河主要污染物汞和有机氯的调研。这里有座百年老碱厂,当时该厂用汞法电解食盐,用生产有机氯农药平衡电解食盐放出的氯,因此存在汞和有机氯农药污染河流的问题。工作期间虽赶上唐山大地震,我们也没有停止科研工作,包括冒着不断余震的危险到现场采样调研。震后我们再到那里工作的时候,震前我们开协调会所在的五层楼高的汉沽宾馆倒塌后已清理成一块平地。经一年多不懈的工作,我所按计划要求完成了课题任务。其中我完成并提交了蓟运河汞和有机氯含量与分布报告,我所在该项研究中较其他几个单位明显高一筹。因此,天津环保局确定我所为水研究课题下一步工作的负责单位。就在此时,中科院环委会负责人说我思路开阔,调派我去成立不久的国务院环境保护办公室,即环保部的前身协助工作。我的任务是根据全国的调研检测资料弄清我国河流水系的污染现状。我到这个办公室后被安排在一个小房间里,面对着各地报送来的大堆大堆的全国河流水系数百个检测点,每年检测6到12次的检测数据。如何通过这海量数据来准确评价我国河流水系的污染状况并对主要江河的污染程度轻重做个排序?开始对我来说这的确是个很大的难题,我甚至不知从哪里着手,后来在整理和查阅各地报上来的资料数据过程中,我对数据和资料也有了系统的认识。大半年的时间我都在查阅数据资料,也查阅了有关的研究和水质评价方法等有关资料。经过大半年的冥思苦想,终于化解了难题。我选取了5个在测试方面比较准确可靠的、河流水系中比较常见的有害污染物和两项有机污染物指标,采用国家水质标准的倒数作为权系数,设计出一个综合数学评价模式,以计算出河流的综合污染指数,用以表达一条河流的污染状况,通过指数的比较可以给我国河流污染程度排排队。我能设计出这一数学模式,得益于我在大学本科和研究生期间高等数学和应用数学的学习。对于我设计的这个数学模式,在数学上是否合理,为此我还去中科院数学所请人指教过。我用这一模式对我国一些主要河流、河段水质进行了综合评价,撰写完成了《我国地表水质污染概况评价报告》,同时绘制了10余幅我国主要河流污染物分布状况图。这份报告当时通过内部发放给了有关省区环保局。完成该项课题后,我根据在该项课题研究过程中看到的检测资料,认为湘江当时有重金属污染趋向问题。我去湖南省环保局联系工作,希望开展湘江重金属污染防治研究时,我看到他们环保局办公室桌子上就放着我的这份报告,同时省报还有一篇要求开展湘江污染防治研究的文章。我去了正合他们的心意。我的全国水质评价研究获得了中国科学院科技进步三等奖。我的评价模式后来发表在环境科学期刊上。此后十余年我发现有的单位采用别的方法对全国河流水质的评价结果与我的综合指数的评价结论基本吻合。1978年秋,我和我科研组的一位同事去湖南省环保局商讨开启湘江水体污染防治研究。因为当时符合他们的需要,他们当即派了一位熟悉湘江情况的科研人员陪同我们对湘江水系进行了初步考察。在考察过程中，我们对重点河段进行了采样。次年春，湖南省便开启了湘江污染综合防治课题研究。我承担的课题是污染物在水体分布规律研究。我正在野外工作期间，湖南省环保局希望将湘江科研课题纳入国家支持课题。他们将我从野外召回，立即让我乘飞机到北京，带我到国务院环保办公室洽谈将湘江水污染防治课题列入国家项目事宜，实际上他们是因为我对湘江污染状况的客观了解和我曾在那里协助过工作，加上我对办公室的科研处负责人员比较熟悉。不久湘江污染防治研究列入了国家支持课题。我研究所成为该研究课题的主持单位，湖南省环境保所和监测中心（此后也为主持单位）及中科院水生生物研究所、中科院土壤研究所等成为承担单位。经历近3年的调研，我承担的"湘江水中污染物分布规律的研究"专题获中科院科技进步二等奖、湖南省环保科研系统一等奖。专项课题完成后，在这个基础上，我全面总结了研究成果，发表了10篇论文在《环境科学学报》《地理学报》和《环境科学》等学术刊物上，其中"湘江重金属形态和形成的地球化学因素"（英文）一文，在波兰克拉科夫会议上被推荐发表于英国主编、荷兰出版的《应用地球化学》上，这是环境科学领域国际顶级刊物。1986年，在中国科学院的支持争取下，我们研究课题组主持了我国最大的一项水质环境研究项目——"长江水系水环境背景值研究"，它是国家七五科技攻关项目，主要调查研究长江水系的水背景值。背景值是指长江天然水体包括水、悬浮物、沉积物、水生生物本身固有的化学组成与含量。它的分析测试项目多，研究单位和大学近20个。因为技术要求高，首先对承担课题的各实验室进行了考核，发放标准样检查分析水平。由于有这么多单位参与，为取得可比较的精确可靠的数据资料,由我起草了技术规定,由我组分析化验专家王立军牵头起草了《分析测试方法规定》等文件,进行了质量系统控制。这是一项浩大的系统工程,涉及流域面积180万平方公里、9600亿立方米的入海流量,参与的科技人员有300余人,在中国科学院、中国环境科学院、南京大学的支持领导下,全体人员大力协作,艰苦奋斗,克服了野外工作山高谷深、气候恶劣、空气稀薄、道路艰险等困难,完成4项专项研究课题报告。该项研究先后获得了中国科学院科技进步一等奖和国家科技进步三等奖。我在该项研究中是课题的秘书长,是具体实践工作的操盘手。我撰写了30万字的研究报告,编著出版了《水环境化学元素》一书,被人们称为实干派、老黄牛。从立项报告到完成总报告,大多报告都出自我手,我还做了大量的协调工作。此外,我还主持承担了难度较大、水平要求高的"长江河源地区水环境背景值研究"课题。

我承担"长江河源地区水环境背景值研究"课题时已近60岁了,仍然带队深入"生命禁区"青藏高原海拔5000米左右的沱沱河源和更高的唐古拉山口考察,测试,采集河水、降雨、降雪、岩石、土壤、植被等样品。为防止年青同事受到发烟硝酸的伤害,消除他们对高山反应的恐惧,采集的200多个水样加硝酸保存剂,全是由我一人负责。我们所住和工作的地方,空气中的氧气还不到北京的一半。发烟硝酸对气管和肺有明显的危害,在那样一个高度缺氧的地方,我在工作中也是有危险的。和我们一起工作的格尔木水文站的一位同志跟我们的同事悄悄说:"张老师的嘴唇发紫了。"其实我听见了,我在沱沱河兵站醒来时,心跳就在100次以上,走路没劲,吃饭没胃口,我的身体主要靠带上去的果汁饮料维持。当地兵站告诉我们晚上可要少吃饭不能吃肉,因为夜里可能因消化肉食耗掉血液中的氧气，大脑会因缺氧死亡。当地的士兵大多不满20岁，说我这位老先生还上来，好像不应该似的。实际上，我连续两年在长江河源地区工作。作为课题负责人，我不带队带头上到"生命禁区"，年轻同事更会增加恐惧感。为了安全地在河源区工作，我小心谨慎地做了认真的准备，因为工作的地方氧气不到北京的一半，我便采取逐步深入的办法，在西宁待了几天，利用这几天到有关单位收集资料，休息几天，主要目的是适应高原环境。西宁的海拔高度是2000多米。然后我们乘我所开去的野外科学考察车，清早从西宁出发，我们顺便沿途"进行休闲游"，先路经湟源县，这个地方被称为"海藏咽喉"，是进西藏的要道，这个县也是青海一个农业生产发达的县城。过了这里不远，我们爬上一个大山坡，这个山的地形平缓向上，接近山顶部有两座离地不过2米高的小牌楼状的建筑，它就是日月山上的文成公主进藏的纪念物。我们在这些地方都未停留，坐在车里老远看上一眼就开过去了，这个地方最高海拔在4800米以上。再往前行我们路经有名的茶卡盐湖，队员们精神上逐渐放松。在青海湖鸟岛和倒淌河，我们去观鸟的地下通道，较近地看了看鸟岛上一些鸟群的活动状况，不知为什么那么个小岛上聚集了那么多鸟。这一路实际上很荒凉，我们没有看到村镇，没有一户人家，公路上车辆都很少见。傍晚时分我们抵达了格尔木，这个地方比我们想象的要好，宛如一座小县城，当然不如我的山东老家一个大乡镇大。这里有几栋矮楼房，有几条马路，还有人行道树，市面上车水马龙的，有旅馆和饭店。在百里不见炊烟的地方，能出现这么个小县城，让我消除了荒凉幽寂之感。这里现今已改为格尔木市。格尔木的发展和支援西藏有关，它是在这个基础上发展起来的，这里驻有许多后勤部队。当时青藏铁路还没有动工,向西藏运送物资全靠汽车,在青藏公路上有数个兵站,是接待汽车运输团的,在兵站里能吃能睡。在青藏公路上有时你可以看到几十辆军用卡车的运输车队,格尔木像是个西藏物资供应转运站。青藏铁路未通车前,向西藏运输的物资百分之八十要经过格尔木。我们在格尔木住了3天,在这里租了一个大氧气瓶,为我们带的医用氧气袋充氧用。这里有专为进高原工作建的氧气设备厂。我们在原总后勤部开了介绍信,请驻格尔木的运输团派辆卡车协助我们野外工作。运输团的领导给我们安排了一辆中型货车,派了一位经验丰富的司机协助我们工作,说实在的,我们第一年在河源地区的工作如果没有这辆车的协助,是很难想象的。我们在格尔木除了要办理进长江河源的准备工作,也在这里适应一下高原的环境,因为这里海拔已有2800多米,我在这里走路快了就喘粗气,头颈发木。我们在格尔木办完准备工作后,第四日清早我们沿青藏公路垂直似的向上爬行,中午时分我们抵达了青藏公路上第一兵站纳赤台。它位于昆仑山脊平台下,海拔3500米。这个地方地形条件较好,附近有泉水,我们在这里待了两天,主要目的仍是为了适应沱沱河地区工作的缺氧环境,让身体里血液中的红细胞增加,使肺部向体内运送更多的氧气。在这里我让科考队员们注意休息,养精蓄锐。第三天清早要向长江河源沱沱河兵站出发前,我们所科考队吉普越野车的小年轻驾驶员感冒咳嗽,我了解到他曾有气管哮喘病史。考虑到感冒或有呼吸系统疾病

沱沱河上游景观

和心脏毛病的人是不能进入沱沱河兵站地区的,那里海拔4600多米,心肺功能要成倍增加,有心肺毛病的人很容易死掉,我当即决定把他送回格尔木,事实证明我的这一决定是完全正确的,我们在沱沱河兵站的第二年就看到窗外多了几个坟头,因为心肺病,特别是感冒咳嗽、气管炎引起的急性高山反应,很容易死人。尽管野外工作非常需要越野车,我们从北京带来的就这么一辆,没有这辆车会给我们的工作带来不少困难,但考虑到再前行司机有生命危险,人家家里就这么个独生子,出了问题没法交代,我还是坚决地让我们一位科考队员护送他回到格尔木。这样我们在现场工作缺了一辆越野车,又缺了一个工作队员,这就加重了我们的工作负担和困难。但这也是实在没有办法,不能拿生命冒险。送走他以后我们从纳赤台兵站出发,不过百公里就到达了一个叫不冻泉的地方。它已经处于昆仑山脊部位,这里有清澈的溪流,它的高度已达4500米。再前行不远就是五道梁兵站,这个地方地形位置比较高,海拔高度在4665米,是青藏公路上气候最不好的地方,有个说法是"不冻泉得病,五道梁丧命"。我们没有在五道梁兵站停留,直奔还有150公里的沱沱河兵站。沱沱河兵站建在沱沱河广阔的河床中央部位上,兵站规模较大,可供大型运输车队上百人住宿,这里还有几座大油罐,还有向西藏运油的管网和通信兵。被称为"长江第一桥"的沱沱河大桥附近有一个居民点,这里有季节性水文站、小邮局、小卖部,可能还有几家临时住户,有人说从下面带上来的鸡,由于空气缺氧总趴着不爱动。这也是我们从格尔木到沱沱河见到的第一个居民点,从格尔木到这里400多公里,除了两个兵站还没有看到过居民住户。在这里有这么个二三十栋房子的居民点,可说颇感意外,它堪称"长江上第一村"、"生命禁区"的第一村。

第一天我们沿沱沱上溯了10余公里,实在找不到可再前行的滩涂地,我们便下车采集水、沉积物、土壤、植物等样品,并进行调查勘测。我蹲着工作时间长了,猛地站起来差点栽倒,这是很危险的。第一天工作我们有点大意,没有带氧气袋。此后几天我们沿青藏公路向南行90余公里到达尕尔曲。尕尔曲是长江源六大水系(楚玛尔河、北麓河、沱沱河、尕尔曲、布曲和当曲)中最长的。当曲的流域面积最大达3102平方公里,径流量达17亿立方米,都是沱沱河水系的两倍左右,它是流量最大的河源支流水系。这条支流的水质好,包括沱沱河兵站也从这里拉水吃,拉一趟水需往返180公里。我们在南向的工作最远到唐古拉山口,这个地方海拔5231米,是我们在河源地区工作所到的最高点,这里距沱沱河兵站接近200公里。在到达唐古拉山口不久有位年青的同事觉得不适,有点呼吸困难,我赶快给他一个氧气袋,他抱上氧气袋就没有事了,这里确实更缺氧,也不宜久留,所以我们很快就向沱沱河兵站返回。沱沱河兵站有个急救室,急救室里除了几个大氧气钢瓶外什么也没有,连管理人员都没有。因为身体有病的人,特别是有心肺疾病的人是不能到这个地区工作,如有人出了问题都是缺氧引起的急性高山反应,如果旁边没有氧气供应会死人的。从沱沱河兵站向北,我们最远工作到长江三大河源支流之一的楚玛尔河,这条河有平坦的河床,但仅有一条几乎断流的溪流。

在沱沱河兵站我们工作了8天,工作结束后的次日清早我们乘车沿青藏公路一路高速下行,心情舒展痛快,像解放了一样,因为氧气增加,呼吸越来越舒畅。汽车像是从陡坡下滑的皮球,400多公里的路程,傍晚前我们就回到了格尔木。在沱沱河源地区工作不只是面对严重的缺氧,气压的异常变化对人的影响也很大。我们在北京封闭好的塑料采样瓶,在沱沱河兵站鼓得像个圆球,足见气压的影响之大。回到格尔木后我们归还了租用的氧气瓶,下一步我们去通天河工作,这些地区的海拔高度比河源地区的高度低得多,因为我们在沱沱河地区已经经受了考验,思想上也不那么紧张了。次日清早,我们从格尔木出发沿青海湖北的公路,向西宁方向东行,路经青海察尔汗钾盐湖,它是我国最大的钾盐湖。这一段的公路都是用湖里的盐铺成的,经汽车碾压,路面光滑平整。据说就怕下雨,路面会打滑。锡铁山矿区是我国早期开采的铅锌矿,我上中学时地理课本里就有这方面的介绍。但没有想到它在荒山野岭之地,一番老旧景象。再向东行路经荒凉的绿洲德令哈,它是我们从格尔木出来数百公里荒凉无垠中唯一见到的居住地,是海西蒙古族藏族自治州的首府。这里水草茂美,是个有飞机场的小城,因为我们忙着赶路没有进城。从德令哈向东南行,路经和平乡再向南直奔,沿这条公路几百公里也缺少人烟。很长一段公路两侧广阔的平地上,到处是蠕动的兔鼠,公路上也随处可见被汽车碾死的兔鼠。这种兔鼠个头像雏兔那么大,这可能是把这种老鼠叫兔鼠的原因吧。这里荒无人烟,却成了兔鼠活跃的世界。我们还经过一个叫花石峡的小地方,因这个地方是鼠疫防护区,我们绕路而行,南行到了一个交叉路口,有一个卖饭的摊位。从格尔木清早出来我们还没有吃过饭,已是下午两点多钟,我们便停车吃饭。这里仅有两三个卖饭的小摊商,在这个百里不见炊烟的地方,有几个卖饭的实属难得。下车后我速

楚玛尔河上游青藏公路景观

在一个卖面条的小摊买了一大碗面条,在这高原地区面条煮得半生不熟,吃着吃着我看到其他同事都没买,我问他们饿了怎么不吃饭,他们都不吭声,等我吃完饭要上车走了,他们跟我笑着讲,那个卖面条的是用牛粪擦洗碗。我说你们怎么不早跟我讲,他们说看到我吃得香,就没讲。这个地方缺水,把牛粪当水用,可能这里就这个样子,不是针对我们的。就像我在酒泉搞社教,吃派饭时那位老妇抓一把牛粪下一把面条一样。当地很缺水,哪里会像我们家里一开水龙头就可以洗手。饭后我们继续南行,很快到了小学地理就学过的黄河河源的鄂陵湖和扎陵湖。居高临下看这两个湖面都不大,但湖岸边有宽阔的湿地,据说近些年来由于降水减少,湖面缩小。我们再南行1个多小时,公路穿行在长江和黄河分水岭的巴颜喀拉山上。这座山没有崇山峻岭,山势平缓像是个大馒头。我们路经时虽是8月上旬,还遇上下大雪,山体盖上一层鹅毛大雪。再南行又过了一个多小时,在进入玉树之前,先须经过直门达的通天河大桥。通天河是长江的上游河段,我们在这里也采集了样品。进入玉树前要经过一段很不好走的公路,公路紧贴河边,且向河中倾斜。这段公路路面也很差,是汽车碾压过的页岩碎块铺垫成的,在这种公路上行车是有危险的。我们的司机有点紧张,好在部队汽车团的那位司机在前面带路,他经常行车在这种路段,行车自如,不觉得有什么不好走的。因这段路不算长,我们很快通过了这段险要路段,于傍晚抵达了玉树。虽然玉树是一个名镇,是青海省东南部的重要县镇,但是在我们看来这个小镇子很小且相当落后,还不如我老家的一个小村子,不仅没有楼房,平房也不多。很多人家住在像窑洞似的一排排沿山坡而建的房子里。当时我们不知道他们的生计靠什么,因为他们仅在一个山坡上有点燕麦地。现在知道这里出名贵药材冬虫夏草。这里有一个很小的集市，人不多，大多数人都在买卖。据说从缅甸贩来的碎宝石，可以用粮票换，十几斤粮票可以换一串红、黄、紫、绿等像拇指指头那么大小的宝石。我们每个人都换了一两串这种碎块宝石，觉得花花绿绿的石头挺好看的。我们当时也不懂什么样的宝石贵重，也不知道质量好坏，只觉得好玩，就随便用粮票换几串，如果当时我们有现在的认识，也知道什么品质的好，也许会换大的更漂亮的宝石，因为那里还真有大块的宝石出售。在玉树我们的工作不重，仅待了两天。到此可以说课题的野外工作全部结束。我们非常感谢格尔木兵站汽车团队的支持和那位憨厚热情帮助我们工作的司机。我们感激地送走汽车团的司机同志。我们用了不到一天的时间就赶回了西宁。在青海我们路经的公路，汽车可以开得很快，因为几十里地才可能见到一辆汽车，公路上未见过行人和骑车的。"长江河源地区水环境背景值研究"是我从事科研工作以来可以说最为艰难的，甚至有生命危险的一项科研工作，它主要工作在"生命禁区"。不过我们也获得了丰硕的科研成果，填补了长江河源地区水环境研究的空白。在完成科研成果报告后，结合在河源地区两年的研究实践，我撰写出版了《长江河源地区水环境地球化学》一书。该书查明弄清了长江河源地区水的理化性状和功能，揭示了长江河源区水体环境地球化学条件，探讨了水中化学元素发生、来源和形成因素，揭示了人类活动影响很小的青藏河源地区水环境地球化学元素的背景值，填补了长江河源水系水质水化学的资料空白。1991年，在澳大利亚悉尼召开国际水环境重金属学术会前夕，我曾寄去《长江河源区水体微量元素背景值》一文，因为在此前一年我受中科院委派曾全面考察过澳大利亚的水污染防治研究状况，所以，除寄给会议上述论文外,我不打算再赴会,但会议主席一再发文邀我赴会,并提供经费支持,盛邀之下我只好赴会。我提交的有关河源背景值的论文,受到很好的评价。实际上这位会议主席也是看中了我的这篇论文,提供经费邀我与会。就在这个会议上,该文被推荐选登在国际顶尖的学术刊物《全环境科学》(英文出版物)上,而且是破例刊于该刊,因为该刊主要刊登世界上有关大气污染的研究成就。我的该项研究获得了中国科学院科技进步二等奖等奖项。该研究论文在《全环境科学》上刊出后,在国际水源水质研究界扬名。该文可以说是我的成名作之一。我之所以能在1993年加拿大多伦多举行的国际环境重金属学术会议上被举荐为会议的科学委员会成员,也是因为这篇论文。美国科学协会和纽约科学院都给我来过邀请函。这些都和我的长江河源地区的工作不无相关。当然它也凝聚了我们课题全体科技人员包括司机和当地兵站支援人员的辛苦工作。

  从进入地理所那天起,我一直重视业务,脑子全集中在钻研业务上,希望能在业务上出类拔萃。这也是我婉谢院、所有关领导多次行政"提拔"的原因。科学院一个所的老所长曾通过一副院长调我到他们所,当然是安排点领导职务,跟我说了好几次我也没去,我觉得我是学地理的,不能离开地理所。在业务上我相信"有志者事竟成",只要长期不懈地努力,就会有好的科研成果回报。我在地理所的研究领域与学业专长是紧密结合的,可以说学以致用。研究课题又长期稳定在河流水系水体元素的迁移转化和重金属的结合形态上及水污染化学方面。我认为用化学地理学和景观地球化学理论可以很好地揭示和认识环境污染问题的实质,为防治污染提供有效的科学依据。

在科学院的 30 多年，我夜以继日，不分节假日，像"拼命三郎"，苦心钻研业务，把精力都放在科研上。我之所以能把心思都放在科研上，这得益于我的爱妻，她勇挑家庭重担，全力支持我的科研工作。我的努力也得到了很好的回报，取得的成就应有我爱妻的一半。

我出版了两部专著、4 部合著，翻译了两部环境科学名著，主持编译了 8 部地理环境污染与防治论文集，发表了数十篇学术论文，还有部分科普著作。它们是我科学研究实践的结晶，在水源水体水化学的研究方面有一定的深度和应用价值。例如《长江河源地区水环境地球化学》一书，通过对 100 余项环境要素成分的分析测试数据，揭示了长江河源地区水体元素的含量组成、形态、形成与影响因素。我翻译出版了两部环境科学名著，其中《水质管理——水环境中污染物迁移和归宿》是 1986 年我访问澳大利亚时，奇泽姆水研究中心主任哈特博士送我的。该书是在墨尔本举行的水及沉积物的相互作用会议的论文集锦，各章均由在这方面知名学者撰写的。我翻译的目的是为揭示进入河流中的金属元素的最后去向，以利污染防治研究。我在撰写专著、论文及编著研究报告过程中，参考了无数的国内外文献，除了掌握了国内外环境科学研究动向外，还拓宽了自己的环境科学理论，起到了学术交流的作用。在我国环境科学研究早期，我负责主持编辑出版的 8 部《地理环境与污染防治》译文集，成为早期高校开课的重要参考资料，对我国环境科学早期研究起到了重要的作用。

20 世纪 70 年代，北京有些有影响的环保科技和水利部门的头头脑脑反对南水北调，认为调水的代价太高，且认为北京地区的淡水够用。我根据国际上工业万元产值耗水量、农业灌溉用水量、发达国家城镇居民用水低值和农民用水高值计算结果，认为即使节约用水，进入21世纪后，要真正满足京津唐地区淡水需求，包括生态用水，应当增加水源到100亿立方米左右，而相当部分应当来自南水北调。根据上述计算等有关材料，我发表了《我国水资源与水质状况》一文，分析阐述了我国的水资源分布情况，强调了南水北调的重要性。事实证明这一认识是有远见的，尽管和南水北调的决策可能关系不大。又如，早在黄河小浪底水库建坝前，对建坝的意义有相当多不同的声音。恰在此时，黄河水利委员会寄给我一篇关于建小浪底水库的评审稿件，我在评审中不仅积极赞赏修建水库，而且我还加上一大段强调它在水质自净以及在利用澄清水的物理化学浮载能力向下游输送泥沙等环保方面的作用。我的这些认识不一定在促成小浪底水库修建中有多大实际意义，但现在看它是合理的，是正确的。

我在国际上曾发表过两篇引以为傲的论文。1990年8月，我受邀并获得会议的全额资助，参加了"第二届国际水环境中微量重金属会议"，我向会议提交的《长江河源区水体环境微量元素背景值》（英文）一文被会议选中，免费破例登载于《全环境科学》上，这是在荷兰出版的世界顶级环境科学刊物。1994年9月，我受邀出席"第三届国际环境地球化学会议"（波兰，克拉科夫），出席会议的全部经费由我自己申请到的"王宽诚基金会"资助。我向会议提交的《康家溪水体沉积物重金属形态与形成因素》一文，由会议学术委员会从带到会议的420篇论文中选出来刊登于国际著名的环境科学刊物《应用地球化学》（英文出版物）上，它是由英国编辑、荷兰出版发行的国际刊物。这两篇论文在国际顶级学术刊物上发表具有相当的国际影响力。它标志着上述论文达到国际先进水平。国际著名的淡水研究专家、世界著名的加拿大淡水研究所的主任曾特意来北京访问过我,了解了我在水环境重金属研究方面的工作后,推荐我为1993年9月在加拿大多伦多举行的"第九届国际环境重金属会议"的科学委员会成员。这个委员会由21位世界著名水环境研究科学家组成。这不仅仅是我个人的荣誉,它还反映出我国在这方面的研究和国际并驾齐驱。

我作为研究课题的主持人之一和主要完成人,获得国家科技进步三等奖一项(证书和奖章)、中国科学院科技进步一等奖一项(证书)、中国科学院科技进步二等奖两项(证书)和湖南省环保系统重大科技进步成果一等奖(证书)、山西省科技进步二等奖(证书)等15项科技成果奖项。

我曾受中国科学院的委派和国际会议主席的邀请多次出国进行学术交流。1984年11月改革开放之初,我受院委派赴当时的民主德国进行环境污染控制考察。在三人小组中,我为水污染与防治研究的代表,回国后由我撰写了长篇考察报告。1986年,我又被院委派到澳大利亚进行环境污染防治科研考察。改革开放后,我曾多次受邀和被院里委派到德国、瑞典、芬兰、波兰、澳大利亚、加拿大、美国等国参加国际学术会议和科学交流考察。我曾3次被选为所里的先进工作者、两年度的优秀党员,还曾被评选为国家环保科研先进工作者。此外,我还担任环保室及其后的化学地理室的业务秘书和研究室负责人长达十余年。我对我们这个60多名研究人员组成的研究室做了许多具体业务的安排协调工作和实验室建设等方面的工作,我曾从官厅水源保护办公室和中国科学院要来两台大型精密原子吸收光谱仪,它对于我们研究化学地理科学和环境科学至关重要。我还曾担任几个学会的秘书和学术会议秘书长,起草了许多会议纪要。当会议结束前夕,会议人员游玩或休息之日,我却闷头写会议纪要,这种事我干得实在不少。我觉得我在地理所30余年的科研生涯中,没有虚度年华,当然也得到了应有的回报。

第七篇　多彩的愉悦残年

1996年7月中旬的一天上午,所里人事处的一位年轻办事员突然来到我的办公桌旁,通知我去人事处办理退休手续。我当即前往,手续非常简单,在他们已准备的单子上签个名字就"OK"了,就这么简单。这就是我忠心耿耿、忘我工作了30余年的归宿,退休了我就不再是地理所的在职研究人员了。说实在话,到退休年岁一点没想过退休的事也并非实情。可我确实想得不多,更没多想退休后的打算,退休就意味着告老还乡,在家养老。但在退休单上一签字,倒勾起我不少想法。我从启蒙小学到北京师范大学研究生毕业,整整上了20年学,而工作的时间相对太短,仅仅32年,那真是弹指一挥间。退休时,我的身体和精力还相当旺盛,科研思维水平正进入顶峰,且获得了重大科研成果。就在退休前夕,我还参加了两个国际环境科学会议,带去的论文分别从400余篇和800余篇论文中脱颖而出。就在此后不久,美国纽约科学院两次给我来函,让我在他们的函件上署上名字,就可以成为他们的成员,因为考虑到我即将退休,就没回复。我觉得我正在走上科研顶峰,精力充沛,身体不错的状况下让我退休,自己总有点惋惜,总觉得还可以更好地做点科研。在我把自己手头的科研课题完成以后,正准备退出科研舞台之际,到现在我也弄不清怎么又参加了一个课题论证会——煤矿生态环境科研课体论证会,会上让我参加了一个课题。可是这个课题和我长期从事的河流水质研究的专业内容相当不同,但又想退休了,还追求什么原来的研究方向。有点事干干,消除失落感也好,而且我在该研究课题中也不是课题主持人,跟着干就行了。该项课题的研究内容是"平朔露天煤矿生态复垦研究",负责主持研究的单位是山西省生物研究所。课题任务落实后,1997年开春后,我们课题组全体成员在山西生物所李所长的带领下,到平朔煤矿现场进行了调研,落实课题分工。我是初次离开河流水体研究方向,到了一个新的课题领域环境中。初到平朔煤矿,方圆几十公里都是广阔的矿区,丘坡旷野无边无际,巨型铲车和载重大卡车在矿区穿来爬去。这些巨型卡车可载重400吨重的沙石废土,它的轮胎比我还高一节,据说这种拉土石的大卡车太高,眼下几十米是盲区,曾发生过压扁小汽车的事故,所以矿区工作的小汽车车头上都竖着一根高高的小红旗。广阔的矿区,浩大的挖掘坑,山丘一样的堆土场,显得非常壮观,让我大开眼界,我以前从未见过如此大的工地、如此大的工程设施。挖开30余米深的覆土下面才是煤炭。对这些覆土进行复垦,我想应当弄清它的化学成分、化学性质,我的化学地理专业有了用武之地。在该项课题研究中,我分析探讨了复垦土层的有毒有害、放射性元素的含量水平,营养元素和其他元素及其化学组成,进行了生态效应评估。该项研究的负责单位山西省生物研究所和山西农业大学的课题人员,对于半干旱脆弱生态地区煤矿复垦进行过多年的研究,已经有了一套比较成熟的关于草、灌、林复垦的系统理论和实践应用研究经验。我的工作只能说是锦上添花,当然对覆土的化学元素含量组成进行环境生态效应评估诊断也有重要意义,也是生态建设必须探讨的课题。该项研究课题,经过多年的研究实践,除向国家交付了研究报告外,还对干旱半干旱生态脆弱地带、露天煤矿土地复垦的理论与实践经验进行了系统的总结分析,完成了《露天煤矿土地复垦与生态重建》一书。该书源于实践,高于实践,对干旱半干旱生态脆弱区土地复垦有实际指导意义和实践应用价值。回头来看,十八大以来国家对于生态建设非常重视,该项研究有重要的实际意义。该项研究能较好地完成,与课题组成员,特别是负责该项科研任务的山西省生物研究所、山西农业大学的科研人员勇于实践、勤奋踏实,对科研工作认真负责、精益求精的科研精神分不开。课题负责人、山西省生物研究所的李所长为人谦逊,朴实踏实,和普通科研人员一样,该吃苦就吃苦,该受累就受累,使科研人员团结一心,努力做好工作,让我们这些老科研人员感到集体的和谐温暖。融洽的集体有利于集体成员集中全部精力做好工作。尤其对我这种老年人来说,一个谦逊的领导、和谐温暖的集体让人精神倍感愉悦。该项课题研究 2003 年获得山西省科技进步二等奖。我作为该项研究的成员之一也感到高兴,它是国家和省里对该项研究成果的肯定。我在其中做了些微薄的工作,高兴的是我退休后也能愉快地工作几年,心理上感到没有虚度年华,还能获得一张奖状。它让我暮年退休生活在精神上有一种荣誉感。

此外,退休后的几年,我还曾受邀参加环保科研单位的课题评审,研究生、博士生进出站的资格答辩会等事项。我觉得它是对我业务和人格的肯定,对我来说也是一种退休后的精神愉悦。

2000 年 9 月,美国密歇根大学召开"跨世纪环境重金属学术会议",我收到该会议主席的邀请,也得到一定经费的支持。该学术会议的主席是 1993 年 9 月在多伦多召开的学术会的副主席,而我是那次会议科学委员会委员,这次会议的副主席是多伦多会议的主席,所以参加会议的主席和副主席及会务上的一些人员有不少我都熟悉,他们中的一些人也是这类会议的常客。我跟会务组熟悉的朋友讲,这是我最后一次参加学术会了,也是一次告别会。他们中的熟人还感到有点惋惜。有的说在我们国家,像你这样的科学家是不退休的。我参加这类的学术会许多次了,认识不少长者,他们确实还在继续工作。退休了不能再参加学术会了,我心里的确有点无可奈何的留恋。在参加这次会议中,我很感激曾跟我工作过两年多的一位年轻同事,他后来考入了密歇根大学,我赴会之前曾给他写过一封信。因为我对那里感到人生地不熟,希望了解些情况。实际当时他已毕业去了纽约的一所大学教书。但是,他安排了他的学弟,包括一名来自台湾地区的学生,到机场接送我。因我早去了两天,会务组还没有服务人员,他们给我联系了大学生公寓住下。在人生地不熟的情况下,真给我帮了大忙,若不是他的精心安排,我会遇到很大的麻烦。首先是密歇根机场到大学很远,怎么乘车去,我都弄不清楚。是他们把我直接从机场接到密歇根大学的一处公寓,并帮我办理了入住手续。我确实从内心非常感激这位曾跟我一起工作了两年多的年轻同事,特别是他已经离开密歇根大学后,还这么热心帮助我,太感激了。说实在的曾跟我一起工作过的几位年轻同事,跟我关系处得都相当融洽,他们也都很尊重我。但我未曾想到过回报,我去密歇根大学开会实在是一种巧合,我觉得这是让我铭记同事的亲情之旅。

我曾去过欧洲和澳洲十多次,到过几十座世界名城,但到美国我还是第一次,又是退休之后,所以利用会议可给我爱妻签证的机会,顺便带她去美国看看。会后我同爱妻自费去纽约、巴尔的摩太阳城、费城和华盛顿等地旅游,这几座城市是美国名城。我们先到纽约,在中国留学生公寓住了一夜,后来搬到一华人办的小旅馆,房间虽很小,设备也简陋,但价格便宜,饮食方便。在这里我们实际也就住过两晚,即到纽约的第二天和返程的前一夜。我们在美国东部旅游了近十天,参加了一个华裔人士办的旅行社,服务人员也是华人,景点介绍及生活服务都很方便,旅游期间都随旅行社安排的饭店住宿。旅游的头一天,旅行社先安排去美、加边境世界七大奇观之一的尼亚加拉大瀑布游玩了一天。这个大瀑布大部分在加拿大,在加拿大一边更开阔更浩大。我在加拿大多伦多开国际会期间,有位曾跟我一起工作过的年轻同事带我去过,从加拿大这边看气势浩瀚得多。在美国这边看到的仅是侧面一部分,不过也相当可观。从纽约到大瀑布,路程还是很远的,行程中我们还参观了康宁玻璃厂的展览馆,这个厂是世界有名的大型玻璃制品企业。晚上旅行社安排到远离景点的一家旅馆,入住时已晚上9点多了,不过这家旅馆很大,也很干净,食宿都很舒适。第二天回到纽约后,旅行社安排向南行的路线。首站是美国巴尔的摩太阳城。这是座河口海港城市,我们在这里主要参观了美国国家航空博物馆,了解美国航空发展史,该城还有美国和世界著名的化工企业杜邦公司。从该地南行,直达美国首都华盛顿。旅行社安排在华盛顿参访的景点较多,时间也较长。首先带我们进入白宫,白宫大部分是开放可以参观的。白宫的前后是绿化很好的街道,白宫后面是个小公园,从白宫出来可以看看美国高等法院。除了参观白宫,导游还带我们进入肯尼迪艺术中心,那里面是个挺大的展览馆。从那里出来,我们只能眺望一下曾发生"水门事件"的那座宏伟的大厦。导游在白宫南绿茵的地上遥指我们观看高耸入云的华盛顿纪念碑,它用大理石建造,细长基体,金字塔式的顶尖,169米多高的这座细长白塔,远眺显得雄伟。导游还带我们去参观了两座墓地,一座是美军在朝鲜战场战死的6万人的墓地,另一座是越南战争战死的4万人的墓地。这两场战争美军战死10万多人,在美国也是空前的。美国可能接受了跟中国打仗的教训,没有再轻举妄动,让我国争取到几十年的和平建设时期。在华盛顿我们玩到很晚,旅行社把住宿的地方也安排在距华盛顿市区较远的郊区,这也是因为位于市郊偏远的地方旅馆费用便宜。晚上9点多才入住酒店,对我们游客来说,玩的景点越多,时间越长越高兴。

从华盛顿返回行程中,旅行社安排我们参观费城独立宫。该建筑比美国的历史还悠久,它建造于1732年至1756年,是原殖民地时期宾夕法尼亚州的议会大厦。1776年7月21日,首任美国总统杰克逊在这里起草了《独立宣言》,宣布北美殖民地脱离英国独立。旅游的最后一天旅行社安排游客在纽约活动。在纽约首先安排参观当时的世界第一高楼,在100多层的楼顶部向下望,原本从地面看的高楼大厦都显得微不足道。参观该楼进门处要拍一张照片,为安全之用,下楼出门时可花上7美元领取一张手掌大的照片。我当时很抠,就没有花这7美元,"9·11事件"后,这座世贸大厦,世界第一高楼被炸掉后,我觉得没领这张照片有点可惜。在纽约我们还乘轮渡前往参观自由女神像,它是纽约乃至美国的标志性建筑,但它并非表明美国是个自由世界,它只是法国送给美国的礼物。导游还安排我们到华尔街一游,我只记得这里马路上并行密集的车辆和高楼大厦下拥挤的人群。我们还游览了联合国大厦一层,这一层是可以游览参观的。导游带我们最后去的地方是美国国家自然历史博物馆,那里的展品非常丰富,让我回味深刻的是该馆展出的我国两件历史珍宝:一件是乾隆皇帝的大金印,一件是我国历史上著名的画家唐伯虎画的老虎巨画。这次旅行,我们选择的是华裔旅行社,我觉得挺满意的,价格也不算贵,比在纽约单纯住旅馆还便宜,因为一日三餐由旅行社安排,费用包含在旅行费中。这次旅游安排参观的景点较多,服务也很好很周到,我们对中文导游也非常满意,他对景点介绍比较实事求是,内容也较丰富。旅行期间虽然经常早起,晚上入住酒店的时间很晚,有点紧张,但能在短时间内参观更多的景点我觉得满意。

纽约是一座很繁华的都市,到处是高楼大厦,街道狭窄,绿化得也不理想。我们返回北京时,预定了华裔人士的出租车,因为这样沟通方便。出租车司机按预定时间来接我们,一路上还跟我们不时聊上几句,我们从纽约唐人街附近出发要经过哈德逊湾海底隧道,这条隧道很长,出租车要行二十来分钟。这条隧道有点年久失修,里面灯光昏暗,路面似乎有渗水,与青岛胶州湾海底隧道的宽畅明亮洁净形成明显反差。

我对这趟美国之行挺满意的,期间我们还游览了美国著名的密歇根大学。它有两个校区,之间有班车往返。我也游览了美国东部几个城市特别是纽约、华盛顿的建筑风貌,它们不仅是美国也是世界著名的大城市。发达的美国也有落伍的一面,地铁有点破旧,那个长的海底隧道,现在看也落后了。

这趟赴美开会带上我的老伴出国看看,开开眼界,我也感到欣慰,她辛辛苦苦地料理家务,带孩子照看孙辈,全力支持我的科研工作,我也算对她有点补偿。

退休以后有时也翻翻书,了解了解我这个专业研究有什么进展,也参加过研究人员的职称评定之类的活动。

2006年春节过后不久,我收到怀孕的女儿从日本的来信,希望我和她母亲去日本照顾她,于是我和老伴急忙办理了去日本探亲签证,并于5月中旬去了日本。从此,我和干了几十年的科研工作再无干系。

因为我们要去日本,女儿搬了一次家,临时租了一个80多平方米的三间套房。在日本一般老少三代不住在一起,所以住房面积多不大,住60来平方米面积的较常见,当然日本的租房费比较贵。听说我女儿到房产管理部门办理新房租赁手续时,有位办事人员还有点咋舌,觉得竟然有人租这么贵的房子住。

日本公司的职员晚上常常加班,我女婿也不例外,他也常常晚上9点甚至10点以后才回家,早上又走得早,因为他要乘二十来站电铁(类似北京的轨道交通)才能到单位,路途较远。自然照料女儿家的事就更多地落在我老两口的身上。居家过日子,买生活用品是最平常的事。我成家后在外跑腿买东西成为我的"专业"了。到日本不久我又开始采购了。我们住的楼宇距一个商业点只有十来分钟的路程,这里有一个大型超市、几个小超市,还有眼镜店、理发馆等。这个大超市有4层楼,4层以上是停车场。它的一层卖副食,是我常光顾的地方。开始到日本,我觉得日本的东西太贵,那时我们国家的东西便宜,当时100日元折合人民币8元左右。在超市的进门处,橱窗里摆放着几个西瓜,标价3000日元1个,水晶梨400日元1个,折算成人民币240元1个西瓜,32元1个水晶梨。质量是不错的,梨的个头也真大,但我觉得太贵了。在北京买个西瓜用不了20元,一个再好的梨也不值5元钱。那里卖东西也不像北京,一大堆一大车地卖,那里通常只摆放着几个西瓜,梨也不多。我一直爱吃瘦肉,超市里的瘦肉是按百克标价,非常贵,所以刚到日本我不敢买这些东西。我女儿说我不能这么折合人民币买东西。不久我也适应这种环境了,该买就买,时间长了也知道买东西的一些"窍门"。一次晚上到超市买猪肉,我看见切成小包装的猪肉比白天便宜得多,大概四五折,后来我就晚上7点以后去买。日本人喜欢吃生鲜鱼和肉,晚上卖不出去的小包装打折卖掉,我们都是炒菜,摆放一天的肉炒菜吃没什么问题。有一天我发现一个小超市门前不少人在排大队,我看了看弄明白了,他们每星期二盒装10个的鸡蛋仅卖100日元,平时是250日元,此后我们星期二也去排队买便宜鸡蛋。不久我知道距闹市稍远的一个地方,有个马路边地摊,菜、水果比超市便宜得多,骑自行车10分钟左右就到了。我就常去那里买菜、买水果。我一句日语不会说,半句也听不懂,虽然在超市买东西对我影响不大,可以正常购物,因为物品都是用阿拉伯数字标价,但因语言不通我也遇到过麻烦。一次就在距家不远的大超市,我只买了3样东西,可是给我打出的付款单上列有一长串物品。我当即将我买的3样东西和付款单据指给结算员看。这时过来一位大概是结算部的管理人员,她跟那位结算员嘀咕了几句,然后想跟我说什么,看了看旁边,看我外孙女跟在我身边,她就尝试着跟我在日本上小学二年级的外孙女说话,还真说起来了,我外孙女翻译得还挺好。那位管理员跟我外孙女说:"你姥爷不会说日语吧,我给你妈妈写一张道歉条做个说明。"实际上结算员把前一人购买的一些物品打在我的结算单上了。因为不懂日语,购物时也出过洋相。一次我去一个小型超市买了鱼和牛奶等不多的几样东西,日本同一价值的硬币大小样式有好几种,有的小个的比大个的价值还高。我经常手里一大把硬币,怕弄错了,便事先数好,结算时交给结算人员,结果这个结算员不给我结算,直跟我表示什么,他越发急我越不明白他要干什么。此时从队后过来一位年轻人,扔给那位结算员一个小硬币。那位结算员立刻进行了结算。我这才恍然大悟，本来还想他应给我找点零钱呢。我立即掏出一个大的硬币给那位年轻人，并向他致谢，我想那硬币哪怕是一分钱，也应当还给人家。结果这位年轻人没有收，这是我在日本购物出的一次大洋相。

刚到日本不久，我还负责接送距家十几分钟路程上小学二年级的外孙女。日本家长基本上不接送孩子。从我们住处到学校要经过3个路口，在路口处总有几个年老的人，在那里张望，看着是否有经过的汽车，以便让学生安全通过。学校出大门口就是一条不宽的马路，学校大门口马路两边各竖着一根电线杆，学生要过马路自己按红绿灯。我们因为开始语言不通、路况不熟所以要接送上学的孩子。日子长了，她跟日本小孩熟了，经常自己约上同学，走着聊着玩着上下学了。日本小学劳作课活动比较多，下午放学后，她常和小朋友、小同学在楼间操场边的空地上，挖挖土栽栽花，学校里提供小苗和塑料小盆，让小孩栽着玩。此外学校里还有手工课。我还陪她去"社区"参加过一次雕刻小南瓜的活动，在那里每人发一个不足一斤重的圆形日本南瓜，让小孩随心所欲地雕刻成各种花样，期间还给小孩一点糖果点心。有一次我们在海滩玩，看到老师领着一班小学生，恐怕是低年级的学生，因为学生的个子都不高，老师领着他们在海滩上捡垃圾，当时天气已有点凉了。我想现在我们的一些家长可能接受不了。现今我们有些家长对孩子太娇生惯养。日本小学里学生中午都在学校用餐，学校里要提前一周公布菜谱，菜谱主要是考虑营养搭配。我外孙女刚入学时，虽然父母教了她些日语，但是听起课来还有一定的困难。校方聘了一位会说日语的中国人，给她补习日语，学生不需要付费，效果很好，没多久她听日语课没有问题了，我觉得这一点日本学校做得不错。因为我外孙女整天跟日本小孩接触，一起玩耍，没有多久，她还能纠正她父母日语发音上的毛病，因为她的日语更日本本土化。

  东京的交通特别发达且方便，但是交通费用也相当贵。我们在日本不能像在北京，出门就乘公交，因为我们国家的公交车应该说太便宜，而且公交线路多，车次也很多。我们在日本出远门时在交通费上还得掂量掂量，计划计划怎么走更省钱，所以我们也不是经常随便外出。东京的电铁非常发达，它是城市里主要的交通工具。但跟我们的公交车相比，我们的城市公共客运交通更发达，更方便。日本的电铁类似我们的地铁和轻轨，但日本电铁大部分路段沿着马路、河岸穿行，有的路段在地下，像东京繁荣的金融闹市区有的电铁站在地上，有的在地下，有的在高架桥上。这些地方人很密集，甚至拥挤，但电铁很发达。日本的公交车线路少，车辆更少。我女儿曾住过的一个小区只有一条公交车线路，仅5站路，好像仅一辆中型轿车来回跑，车上还总是坐不满人。日本东京的马路上很少见到公交车，它们的起终点多靠近电铁站，那里的公交车不像我们马路上的公交车又长又大。

  日本的交通费用虽贵，但再节省有时也不能不乘公交车。我们常在节假日、日本的"红日子"休假日外出游玩和采购用品，包括买衣服、下餐馆吃日本料理。我们首次去的最好玩的地方是东京迪斯尼乐园，早上一早出门，晚上10点多才回到住处。迪斯尼乐园门票很贵，里面也确实很大，很好玩，花样很多，玩一天连一半的场所都没有玩到，所以我们去过两次，里面有些场所很吸引小孩子。我们曾去过的最远的地方是去箱根看富士山，箱根距东京90公里，距我们的住处100多公里，我们从住处要换乘两次电铁，在箱根站再换乘旅游大巴。出了箱根电铁站，眼前的场景让我回忆起新中国成立初期的日本电影《箱根风云录》,它反映的是明治维新时期日本农民的反封建斗争的故事。电影镜头下的街道此刻还保留着原电影里的古建筑风貌,这是我在日本见到的唯一古色古香的建筑。在日本其他地方我看到的都是混凝土建的高楼大厦。我们从箱根电铁站换乘旅游大巴,大巴车沿着一座陡峻的崇山峻岭等高线路向上行,拐来扭去急速地向前冲,让人头晕,我家就有人下车后呕吐。大巴行驶一个多小时后,我们到达了箱根景点之冠的芦之湖。它是一个火山湖,水深,湖面平静,湖岸边遍植青松翠柏,背倚富士山。说是去看富士山,实际上这里距富士山还有"十万八千里地"。应该说这里是远眺富士山的地方。幸好我们下车后还看了富士山片刻,不一会富士山就被云雾遮挡了。听说由于云雾遮挡,大多时间是看不到富士山的。乘飞机有时可以更清晰地居高临下地看富士山。有一次我们乘北京到东京的飞机,因天气晴朗,能见度好,我们更清晰地看到了飞机下方的富士山。它有一典型的火山锥体,上覆白雪,也算美观,是日本的一个风景胜地。芦之湖也是日本一个有名气的风景点。我们游完该景点,乘索道下山返回。这条索道又长又高,行程要二十来分钟的时间,像架在半空,向下看都看不清楚人影,连那些温泉浴室都看不清。能看到的是山谷里到处冒白烟,一股浓重的硫黄味。据说索道下的谷地是日本温泉之乡。

  日本人对樱花情有独钟。有一年樱花盛开季节,女儿带我们老两口去东京著名赏樱点新宿和上野观花,那里有大片的樱花树,品种繁多,但我们看着都一个样,分不清有什么品种差别,都是一片粉色的花海,非常好看。观赏花的日本人非常拥挤,人山人海的,日本人喜欢在樱花树下铺一块塑料布,在树下野餐。我们还去过距我们住处较远、距东京闹市区也很远的一个海边,那里有一个海洋大世界,展示一些海洋生物。我最有兴趣的是观看海兽表演,这些海兽不仅身体灵巧,能接球玩球,接环的本事也很大。驯兽员可以骑着海兽在水里游荡,海兽还能把驯兽员从水池里送上岸,当时看了很开眼界。现在我们国家这种海洋大世界也有不少,我看过青岛的、杭州的、厦门的,规模也很大,但似乎在驯兽表演方面还有点差距。

在东京时,我女儿曾经住过一个地方距靖国神社不远,我们也曾去那里闲逛过,它的外围是个绿树浓荫的公园,靖国神社大道的门前,竖立着一个"开"字形的黑色大牌楼。一眼看去让我想起日本侵占青岛后,在青岛市内贮水山北坡修建的日本神社。在这座神社的前面就建有这么个牌楼,样子一模一样,也是黑色的,看来日本人拜鬼的地方都要竖这么个东西。从这个牌楼进去不远的右侧有一座高大的黑色屋子,这是一个展示厅,日本的政客都是在这里进行参拜活动的。这里供奉着的都是罪恶滔天的刽子手。我走近这个大厅的门口,向里面张望了一下,透过灰暗的灯光,展现在我面前的是日本侵占青岛时日军的军装、军刀、大盖枪、刺刀、头盔等战时的用品,此外还有日伪时期在胶济铁路上跑的小火车。因为里面太昏暗幽静,我没有跨进大门一步。

其实,喜欢战争的日本人是少数的,大多数人更喜欢过和平的生活。我去日本几次,时间不算长,发现日本有不少中国年轻人,他们的工作和生活基本和日本人一样,也有些人买了房子、汽车。我女儿认识几位在那里的中国人,他们在那里租房、买房、小孩上学没有遇到过什么问题,他们许多都是公司职员,都是有学历的。我女儿曾住在千叶县体育场附近的一个叫稻毛的小区,住房对面住的是位日本单身老人。一天,这位老人把他40多岁的儿子叫来,约我们一同去千叶体育场边的樱花小树林看樱花,他把他家跟大猫一样大的三只小狗带上,让他儿子带上一个玩具小桶和小铲。樱花树下许多日本人在地面上铺块塑料布,在上面带婴儿玩耍,有的在野餐。我们在那里游玩赏花的时候,这位日本老人的一只小狗真的拉了粑粑,那老人的儿子用小铲铲起狗粪放到自带的小桶里,还用手纸给小狗擦了擦屁股。当时只有四五岁的外孙女看了有点发蒙,好奇地问我们怎么没有看到北京人这样,我没有回答,也不好回答。不只在北京,许多城市街道路面上经常有狗屎。在我女儿住的小区,还有位儿童作家,他很喜欢聊天,对中国人、对我女儿一家也很友好。

我和老伴初次去日本时,我女儿工作的公司,他们称株式会社,公司的老板在明治宫宴请我们,我觉得这也是日本民众对中国人友好的表现。

我先后去过3次日本,总共待了1年3个月,我觉得日本人比较注意文明卫生,街道、巷尾看不到丢弃的烟头、碎纸屑、杂物,道路上总是干干净净,人行道非常平整。日本的自行车是在人行道上行驶,人行道太窄的路段,在马路边划出一米来宽的白线,自行车在这个一米来宽的线内的马路边行驶。自行车都要求安装摩电灯。日本商场服务态度良好,没有见过和顾客大声讲话、吵吵嚷嚷的现象。电铁要自己买票、检票、出站,一般查票员很少。乘车哪怕两人也排着队,第三个人来了,接着排上。进出超市,自带东西随意进出,不设安检设备。我就常在一个小超市买鸡蛋、牛奶,再背着到旁边一个大超市买面粉。你在那个超市买的东西已结算,在这个超市里,结算员不会问你包里装的另一个超市买的东西,这样做是建立在相互信任的基础上。实际上我在20世纪80年代访问民主德国和瑞典时,就发现这种情况,所以我并不好奇。在德国和瑞典我曾多次乘火车,车站和车上找不到服务人员,就自己买车票,随便找个座坐下,到站该下车自己开门下车,出车站也没有人检查你买票没有,站台和出站口根本就没有列车的服务人员,真的要自己管理自己,开始我对此很不习惯。日本的电铁也是自己在机器上购票,自己进站上车出站,没有人管你,不过电铁车厢里偶尔也有查验票的人员。

  日本人脸面表情冷漠严肃,相互之间的关系好像冷淡,较少看到相互关照之事。一次我们乘电铁去千叶市办事。我女儿怀抱刚出生几个月的外孙,站在车厢边,在旁边坐着的年轻人在聊天,没有一个起来让个座位。虽然旁边也有日本人在议论此事,可始终没有人给让个座。这要是在北京,给老弱病残孕让座已是常态。日本人之间让座的现象也少见。我女儿在日本租换过几次房子,要租适合自己的房子,都要先登记,再等号抓阄,这里面没有特殊照顾的问题,在我们看来缺乏人情味,如果真的能做到按登记时间排队抓阄,也算公正。我女儿换租房子时,总要等待一段时间,再去抽号。日本的公租房很多,在闹市区周边,总有些规划很好的公租房小区。成排的多层建筑大多四五层高且无电梯,好像每套的建筑面积都不算大,我女儿住过40多平方米和60多平方米一套的住房,但是,内部设计精巧,卫生间甚小,洗漱间也不大,但总有一个洗澡的水泥池子,因为日本人喜欢泡澡。日本房间里有许多拉门,用隔板隔成许多空间存放东西,不像我们家里,都是大小木柜子存放衣物等。日本人习惯进门脱鞋,屋里全铺着用一种长草编织的厚垫子。我在湘江进行水污染防治课题研究的野外工作时，就发现有一个县种这种长草，用于编这种铺垫。日本人叫榻榻米，它的长宽固定，一块是1.62平方米，日本人买房子、租房子常常说几块榻榻米。因为日本人的房租租金很贵，又很少三代住在一起，所以大多住户居住面积不大，住房面积60~70平方米就算可以了。有钱的人常建"一户间"，一户间相当于我们的别墅，不过面积也不大，一般100多平方米，周边空地狭窄。"一户间"之间的间隔也不大，日本国土面积小，很注意节省利用土地。马路干道也不宽，看不到像北京这么宽的马路街道。我乘电铁到机场，看到农村的汽车道大概最多能错开一辆汽车，农民盖的房子很紧凑，也很注意土地的利用。日本东京的家用小汽车，平均数量高于北京，马路多比北京的狭窄，但不像北京那么堵车。它们有些大厦楼顶层常是停车场，还常常有成排的地下停车场，挖一个和汽车面积差不多大小的地洞，安装升降机，3层可以垂直停放3辆汽车，这可能也是个解决停车难题的好办法。此外，日本员工上下班大多乘电铁，不开自己的车。我们的职工上下班不管远近，总爱开车去。日本大公司的交通补贴是根据你家住的地方到公司换乘车的所需金额的实际情况补贴，而不像我们通通一个金额补贴。日本的个税是根据个人收入扣除你赡养的人口多少进行纳税的，日本税的管理很严格，偷漏税是大事，动不动要看你交税的情况。上幼儿园小孩的待遇一个样，但有钱的人家要多交钱，根据家庭的收入状况交费，税收本来应当用于调节贫富差距，这方面我国还有相当长的路要走。

2006年元旦前夕，因签证到期，我和老伴回到了北京。不久我女儿和外孙女及外孙，被女婿接到杭州，因为外孙出生后不久，女婿回到杭州开发区的一座工厂工作。我和老伴在北京过了春节后不久,大概是4月初,突然接到女儿的电话,说外孙有病,让我们速去杭州帮着照料家务。我收到信息后,有点着急,次日便乘快车先去了杭州。快到杭州站的时候,我向人打听我女儿住的那个小区在什么方位上。我卧铺对面有位年轻女士说,她也向那个方向去,并说让接她的人绕一点路先把我送去,我当时没敢说好,也嗯了一下,声音不太大,主要是不好意思,心中觉得过意不去。到杭州站下了火车,她让接她的轿车先把我送到我女儿住的小区门口,跟门口的保安说了几句,好像是确定一下是否是这个地方,然后跟保安交代了一下就走了。临走时我向她深表谢意,我将我女儿家的电话告诉了她,但我没有细问她的电话、住址。因为在谈话中她去的好像是个军事单位,我觉得不好细问。我和女儿一直后悔没有记下这位好心人的具体地址,以致过后无法向人家道谢。

我一直在想这位善良、厚道的女士,凭什么先把我这个素不相识的傻老头送到家,因为没能前去道谢,至今还有点过意不去。

进了我女儿的房门,看到我的外孙右臂肘打着石膏吊着固定板,我感到有点揪心,也有点发愣。是怎么弄成这个样子的?可这外孙见到我这个生人不哭也不闹,只用两只大眼睛瞅着我。在我到杭州之前女儿已抱他去附近杭州市的一大中医院看过,是这所医院给打的石膏吊板。我到杭州的第二天,我和女儿带他去杭州最大的儿童医院保健中心的骨科去诊治,还拍了X光片。看病的骨科主任是位主任医生,在这个医院里是骨科第一把手,他诊断的结论是骨髓炎,让我外孙立刻住院打抗生素,并说得打些时日。因为听说有的小孩打抗生素被打坏了,这么点的小孩大量打抗生素,我女儿当时就没有采纳这个治疗方案。

第七篇 多彩的愉悦残年

听说杭州有个浙江大学附属第二医院,在杭州是著名的医疗水平高的大医院,隔日我们又去那所医院的儿童骨科看病。诊治的大夫听了我们的口述,看了看 X 光片,让我们再回儿保医院,做项检查,看看是否是骨髓炎,因为杭州市只有儿保医院有这种设备,他还当场把我外孙的石膏板给去掉,说不应该打石膏吊板。他在诊治过程中没有说是骨髓炎之事。次日我们又回到儿保医院,听说做这项检查要服药,让孩子处于安眠状态才能做,我们对此项检查有点顾虑,觉得才几个月的婴儿吃安眠药怕出事,万不得已才能做,所以我们当时没有做这项检查。做这项检查也得排队等待时日,当然我们也不打算做这项检查。听我女婿讲他好像可通过什么间接关系,找到上海一大医院的小孩骨科大专家给看看。没过几天,我女儿女婿又带外孙去了上海,找到了那位名气更大的骨科专家,他诊查后并了解到我们在杭州儿保中心的看病情况及诊治情况。他具体没说什么病,只让我们再回杭州看病,继续到儿保医院诊治。我们回杭州后只好再到儿保医院看病。这次挂的是位中年大夫的号。我们跟他讲,我们去过几个医院,没有一位大夫说就是骨髓炎,看来看去已经过了半月有余。在这期间也没有出现骨髓炎的任何症状,病情还是那个样子,也没有加重。这位大夫询问诊查后,听我们说了情况,估计他对确诊骨髓炎也有点疑惑。我们听说这位医生是他们党支部的,他还把我们带到了医生办公室,他进去跟骨科主任医生嘀咕了一阵子。我们从敞开的办公室门口向里张望,看到那位骨科主任大夫在计算机上玩扑克,有点不耐烦、不用心地听这位大夫跟他讲话,似乎也没有停下来玩扑克。不一会儿这位骨科主任和给我们看病的这位大夫一起来到医生办公室门口。这位骨科主任冲着我们说,再不打吊瓶,弄不好就要截肢,那位中年大夫什么也没说,似乎也无可奈何。这位骨科主任的意思是不用怀疑,肯定是骨髓炎,如果不尽快打抗生素,可能要截肢。他既没让我们再讲讲最近去几个医院看病的情况,也没跟我们细讲为什么是骨髓炎,就一口咬定是骨髓炎。因为外孙半个月来红肿的胳膊没有加重,也没有出现骨髓炎的症状,我们还是没决定打抗生素的治疗方案。我们在几个医院骨科跑来跑去,听人说距杭州不远的富阳县,有家中医院擅长治疗骨髓炎。病急乱投医,只要打听到哪里能治骨髓炎,肯定不会放过。次日我们便慕名而往。到了那里先拍了X光片,这么小的婴儿已拍了三四张X光片了。这个中医院不是很大。医院的院长就是人传最擅长治骨髓炎的中医名家,他和他中医学院毕业的女儿给我外孙进行了会诊,看了X光片和胳膊肘红肿的部位,也说是骨髓炎,但不像儿保医院那位骨科主任说得那么确切。他说能治疗这个病。我们已经去了几个地方的几个大医院,跑了20多天,可以说走投无路了,再说中药可能不像大量注射抗生素有那么大的副作用。特别是我看他的口气,不像儿保那位专家说得那么绝对,好像也没有把病看得那么严重。既然他说能治这个病,需要住院治疗,第二天我们就带上住院的用品,来医院办理了住院手续。他们的治疗方法,一是服汤药,二是在胳膊肘的地方涂敷他们配制的药膏。我们在那里住了几天,觉得生活上太不方便,特别是我外孙这么小的婴孩,喂食喂药就有点麻烦。这家医院建在农村的废菜地上,周围的环境还没有搞好,杂乱不卫生,所以我女儿决定不再住院了。我女儿包了一辆小轿车,每天去医院取汤药,敷药膏。几天后逐渐改为隔天去一次,不久改为

第七篇 多彩的愉悦残年

几天取一次中药,药膏也停敷了。杭州市中心区有路公交车跑富阳,车次很多,后来隔几天才去医院一次,就改由我去取中药。取回的中药由我来煎。我买了一个电煎药砂锅,因药的量较大,我把煎好的中药在药锅里再蒸发浓缩,浓缩后的药也有一小碗。我外孙到医院里看病,不闹不哭,好像懂事似的。但服中药他却非常抗拒,怎么办呢?我去药店买了个注射器,捏着外孙的鼻子,用针管向口里注射中药,一天要这么服中药三四次。给他开的中药可能是"以毒攻毒"的方子。我煎药时总爱看看里面都是些什么成分,我发现每服药里面都有干瘪的大蜈蚣。煎出的汤药浓苦,就这样给外孙服了近一个来月的中药,又拍了张X光片,医生说没有再发展,这意味着病至少没有向变坏的方向发展。我们也没有看到外孙的胳膊肘有什么变坏的现象,身体状况也很正常。此时正值外孙女放暑假了,我们决定回北京以避杭州酷暑。临行前我去富阳那家中医院,请那位大夫开了一个月的中药,足足一大编织袋,准备带上这些药回北京继续煎服。回到北京后我们速去北京积水潭医院,我们未能挂上大专家号,挂了个类似特需门诊,是一位中年副主任医生的号。他首先看了我们带去的X光片,问了问情况,摸了摸胳膊肘,他说不像骨髓炎,因他可能疑惑为什么杭州医院总说是骨髓炎,就建议我们去北京儿童医院做项生化检查。次日我们又去了北京儿童医院,先挂了个能开检查单大夫的号,到检查处那位大夫说要排队一周后才能做这项检查,且也需要安睡的状况下才能做。我们正考虑做还是不做的时候,发现儿童骨科有位老大夫,可以随挂随看,我们当即挂了个号。这位老大夫看了看我们带去的几张X光片,看了看外孙的胳膊肘,问了问外孙病的来龙去脉后,他说

263

先不吃什么药，包括中药，也不要做那项检查了，什么药不要吃，看他3个月。听他口气的意思是完全排除了骨髓炎这个病。我们病人对大夫的每句话，甚至每个字都要细心琢磨半天。因为他没有说肯定不是骨髓炎，我们心里总还是有点打鼓，也总在想为什么杭州那位骨科主任、已是主任医生的大专家那么肯定就是骨髓炎。从杭州带回来的中药我们仍然给他煎着吃，因为带回来的中药，口服了一个多月也没有出现明显的副作用。还有杭州儿保那位儿童骨科主任曾严肃地跟我们说弄不好要截肢，我们心中一直有一种恐惧感，所以总想弄个明白。我们听说解放军总医院有位不错的儿童骨科大夫。我们又慕名而往，找到了这位大夫，他看过后说骨膜反应是摔伤后的正常现象，他说肯定不是骨髓炎，什么药也不用吃，因肘关节略有错位，等长大了上学前可以做个小手术。到此我们才真正放心了，我们也从此刻不再给外孙注射汤药了。说实在的给这么小的婴儿捏着鼻子灌药实在不忍心，只因为给孩子治病没有办法而为。这时我也才跟我女儿讲，中药里有大蜈蚣。因为吃了不少汤药没什么不良反应，我们觉得没有接受大剂量抗生素治疗方案还是对的。

　　现今回顾那段往事，可说是一次不幸的遭遇，最后的结果还算幸运。只是那位保姆把孩子的胳膊摔坏了，实际摔得不算很重，肘关节有点错位，她不说，放下孩子就不见了人影。她若说一下胳膊摔了一下，就不会这么多事了。结果害得外孙这个婴儿受了不少罪，差点出大事，家里花了不少钱。家里大人，包括我一直在陪着看病，因杭州这位骨科专家仅根据骨膜反应就一口咬定是骨髓炎这种极为严重的疾病，让我们有很大的精神压力，特别是听到那位专家说弄不好要截肢。换一个角度来讲，从医生的医德和医术来讲,病人的生命和健康常常掌握在他们的手中,那位骨科主任仅仅依靠 X 光片就确诊是骨髓炎,而且不听其他医生的意见。他应当清楚他这话对病人有多重的分量,他的行为可以说缺乏医德医术。我们还算幸运,在北京得到了正确的诊断,在看病过程中,深切感受到医生的医德是第一位的,有好的医德才能认真负责治病,才可能提高医术,医闹就会大大减少。对于一个认真负责的大夫,医术是十分重要的,但医德在先。一个不负责任的大夫胡看病胡开药,甚至胡动手术,害人害国。我外孙确定不是骨髓炎后,我带他去北大第一医院中医的手法大夫那里去看看骨关节的错位能否纠正过来。这位大夫看了看,摸了摸关节后说如果当时来弄很快就解决了,现在时隔几个月了不能再用手法的方法纠正错位的关节,而且他说错位不严重。我是非常相信他说的,我在他那里看了十来年病,我的颈椎病和腰痛病都是他给看好的,所以我很相信他的中医手法。我一直对中医骨科的手法医疗印象特好。我外孙女三四岁时,手臂曾两次因拉伸,我们说是脱环,痛得不敢动。我们急忙打车到了积水潭医院挂了急诊号,跟大夫说明情况后,那位年纪不大的大夫让我外孙女伸出手他看看。他用手摸了一下,我还没有反应过来,也没有注意他是怎么给捏了一下,就示意我外孙女拜拜。我外孙女本来小臂痛得不敢动,这时她自然伸出胳膊摇摇,竟然没事了。我本来想应当怎么处理,要去交治疗费,结果仅收了挂号费,就跟我们拜了。从此,我对中医骨科在治疗扭伤、脱臼、错位方面的中医手法有特别的好感。我说这两个实例的意思是医术很重要,可能几分钟时间解决了的问题,弄不好就会让病人痛苦受罪,家里还要耗费大量金钱。我外孙骨病的问题,本来几分钟就可以解决,结果变成了一场噩梦。我的外孙现在十多岁了,那个曾受伤的关节，基本恢复原状，已看不出有什么问题了。

  2007年暑假过后，我们又回到杭州，没有了之前整天忙着为外孙看病求医的压力，家中又过起正常的生活。我每天有两件事，骑着自行车接送距住处两站公交站远、在宝叔塔学校上小学的外孙女；上午推着外孙的婴儿车在小区院里游玩，因小区不大，又不让汽车进入，环境幽静，我等于在休闲愉悦地散步。外孙从不哭闹，总是瞪着两只大眼睛东张西望，显得很舒服自在，看样子他也很喜欢这种环境。

  此外，购买副食、蔬菜也是我的事，大约一个星期要外出买两次，周围的几个超市和个体菜店我都成了常客，去的最远的超市是位于西湖东南角边的家乐福。我骑着车子沿西湖岸边行，像逛公园似的，虽然距家较远，但很快就到了。这个地方卖的东西花样较多，我喜欢在这里买瘦猪肉、海鲜大虾之类的海货。我比较常去的超市是黄龙体育场东南侧的"好又多"超市，这是杭州的大型超市，面粉、米、成箱的牛奶多在这里买，它距我们家比较近，仅两站公交车路。买蔬菜我常去两家个人蔬菜店，这里的蔬菜比较新鲜，价格也比较便宜。我买东西的原则是质量好、价格又要便宜，所以到处跑。采购生活用品的几年，我跑了杭州市区不少地方。在杭州我住了4年多，搬了3次家，先在黄龙雅苑住了1年，这里环境不错，因房东把房子卖了，我们搬到它东边小武林公园附近的一个小区，在这里我经常推着婴儿车带着外孙到武林广场小公园游荡。这个小公园，长不过200米，宽不过百米，树木不多，草地面积较大，这里还有点小孩运动器械，我常抱外孙在上面游荡游荡。那里也有些人带着小孩玩，和外孙差不多大的有好几个。这些小孩子包括比他小点的孩子都能下地走路，大多会说话了，而我外孙一点也不会开口讲话,我觉得外孙怎么连口都不开,一句话都不讲。有的人看到我对此有点疑惑,就跟我说,说话晚的小孩聪明,好像是在安慰我。我外孙两三岁时脸面很白,眼睛很大,又长了一头棕色的软头发,有的小孩家长怀疑他是混血儿,我跟他们说他父母都是北京人,他们还有点不信。有一天过来一个中年人说这就是那个法国混血儿,我听了没解释也不生气,我觉得我外孙长得比一般小孩文静漂亮,脸面白、眼睛大、头发稀疏的软黄毛确实有点像西方小男孩。我也不知幼儿时为什么他会长得像西方小孩。现在他已12周岁了,满头黑亮的头发,个高有点偏胖,眼睛显得也不那么大了,皮肤也不那么白了,当然还是个漂亮的男孩。我们在小武林广场附近也住了1年。租期到了我们又搬回黄龙雅苑北面两条马路之隔的世贸丽晶城小区。这个小区有5栋长条状十几层高的大楼,楼间距比较宽,有成排的山茶花树,还有很多桂花树,大面积的草皮,绿化非常好,可谓花园式的住舍。在我们住的楼边小区有个西门,旁边有一家外国人投资兴建的世贸丽晶城饭店。它是一座七星级高档饭店,饭店靠我们住舍小区一边的二层有一游泳池。游泳池的门票为每年3000元,我们能下水游泳的4个人各买了1张年卡,1年之内什么时候都可以游泳,时间不限。我们小区西门出门一步之遥,就可以进到它的北门,二楼就是游泳池,所以我们常去游泳。这么大的标准游泳池,在里面游泳的人不多,通常也就只有十个八个人在那里游泳,除了我们还有几个外国人。它的淋浴设备也很好,游完泳,冲冲温水浴也很舒服,特别是天热的时候,游泳完了很好地洗个温水澡舒服又干净。我们搬到小武林广场附近住的时候就请了个半日工,帮我老伴做饭搞卫生。她很会做菜,很会包粽子。我家爱吃粽子,常让她给我们包粽子,我们跟她学着包,总是不如她包得好。这个中年妇女很会干活，也很勤快，我们一直用她到我们离开杭州。我们有些炊具和衣物送给了她。住到世贸丽晶城小区，我也不用再接送上学的外孙女了，早上他爸爸的车带她去学校，因为顺路且没有多远，放学后她自己回家。仅在她学游泳和乐队活动放学较晚时我才去接她。我在这个小区住以后，除了采购农副蔬菜，主要是看外孙，每天上下午两次推婴儿车在院里转，小区安静且郁郁葱葱，很休闲。当中那座楼一层中间有一个供儿童玩的地方，有一个滑梯，总有几个小孩在那里玩。其中有一个意大利小男孩，他的父亲在杭州做服装生意。有一个会说点英语的保姆看护他，他和我外孙差不多大小，个子几乎一样高。他和我外孙很玩得来，但有时争骑我外孙的小三轮童车。我外孙满3岁后，进入黄龙公园西北不远的一所实验幼儿园，乘公交车只有3站路。在幼儿园报了绘画、跳舞班，他还挺喜欢，平时他妈妈接送他，他妈有事我就去接他。外孙上幼儿园后，我轻松多了，老人看孙辈主要是精神负担，精神压力很大，我不觉得累，在照管孩子时，总怕碰着、磕着、摔着，总是提心吊胆的。我老伴帮带了3个孙辈，特别是孙子，她刚退休我们的小孙子出生了，当时我们住祁家豁子，从住处到德胜门仅是一条刚错开汽车的窄马路，只有一路公交车通德胜门，再换乘一次公交车才能到二七剧场路的儿子家中。为了儿媳能按时上班，要早起晚睡，这样过了3年。我当时感到妻子非常辛苦劳累，实际上照管孙辈更大的是精神压力，不过她对于能帮带孙辈感觉愉悦。

我在杭州待了4年，头一年被骨髓炎闹得精神压力大，什么也顾不上，总在跑医院为外孙看病，没有心思干别的。从2007年秋后，我在杭州过的纯粹是一种退休后愉悦的修身养性生活，虽然我也曾忙着外孙女上学的接送、照管过外孙和负责副食和蔬菜的采买,但我觉得老年人身体力行,活动活动颇有好处。

  我在杭州的几年也游玩了不少地方,长假我们就远游,短假就围着杭州西湖周边游。我们在杭州搬过3次家,但都在西湖北边近处,不过3站公交车的路就到了西湖。西湖岸边十大美景我们去过多次。我们住在黄龙雅苑时,步行20多分钟就到了位于西湖北山栖霞岭北麓清代杭州二十四景之一的黄龙仿古游乐园,是优雅休闲的好去处。我们住在世贸丽晶城小区时,出西门坐4站公交车便到"接天莲叶无穷碧,映日荷花别样红"的好地方"曲院风荷"。再向前不远就是苏堤,它是西湖西部的一条隔湖通道,堤上建有6座古香古色、建筑风格不同的小桥。我们曾两次全程步行通过苏堤,它是观赏西湖全景的最佳去处,如画般的西湖胜景尽收眼底。我们出小区的南门也仅4站就到了断桥,断桥是西湖的十大美景之一。断桥是通往孤山的桥梁之路,在断桥上,放眼望去,西湖远山近水,尽收眼底。传说的白娘子与许仙相会于断桥,为断桥增添了神秘和浪漫色彩。我们有两次从断桥到孤山游,感觉孤山是一个非常好的旅游去处。孤山是西湖中一个大孤岛,是座历史文物胜迹荟萃之地,山间小径亭阁、山石林木别有风味。孤山碧波环绕,山间林木繁茂,亭台楼阁错落有致,是自然美和艺术美融为一体。可能去西湖游的人不大清楚,孤山是个很好的去处。在杭州的几年,沿西湖的景点可以说无处不去,无点不到。西湖周边的大小著名旅游景点,甚至寺庙我们也去过,而且有部分景点不止去过一次。印象深刻的有龙井问茶。西湖龙井著名的产地梅家坞,我们在那里还问过茶,现在那条街上全是茶馆,游梅家坞找个茶馆喝阵子茶也挺自在舒服。灵隐禅踪也是西湖有名的景点之一。灵隐寺是一座建筑宏大、壮观的神秘寺庙，那里香火颇旺。岳庙位于西湖北岸栖霞山南坡下，始建于南宋嘉定年间，分成墓园、忠烈祠、启忠祠，红色的大门气势壮观，正对西湖五大水面之一的岳湖，墓庙与岳湖之间高耸着"碧血丹心"石坊。墓园内的墓道两旁有石虎、石羊、石马等物，墓阙下有4个铁铸人像，反剪双手，面墓而跪，它们是陷害岳飞的秦桧、王氏、张俊、万俟卨。参观岳王庙的过程，让我想起小时候母亲给我讲的岳飞故事。这是母亲留给我记忆最深刻的故事。见到跪卧的秦桧铁铸像，我恨不得再诅咒他几句。母亲讲的岳飞故事，让我树立起精忠报国、爱国主义的人生观。小孩最喜欢游动物园，所以我们还多次去过杭州动物园。这座山林中的动物园动物品种很多，小孩最爱看的是海洋大世界里的海兽表演。

　　节假日我们常出远门，最远我们去过象山，带着小孩在沙滩上玩，象山海边沙滩有着金黄色的细沙，那里有些人在游泳，海里面有高速快艇。象山出海鲜，我们在那里点的菜都是海鲜，在住的宾馆附近有一个很大的海鲜市场，买的海鲜多，他们就用泡沫塑料箱给你免费放冰块打包。我们也买了一箱，次日回到家，还是冷藏状态。我们还去过舟山群岛的主岛，从宁波港的一个码头乘往返舟山的交通船。交通船还有点紧张，差点买不到船票。舟山大岛上到处是庙宇，到了那里我才知道这一情况。这里简直是佛岛，是一个佛教圣地。那里是以普陀山为标志的观音文化景观。我们中午到达舟山，没有几个小时就向回赶路了，生怕买不到返乘船票。我们去的时候，看到从宁波向舟山的主岛和另一个大岛在修跨海大桥，远眺这些大桥非常雄伟壮观，将几个海中大岛串联在一起的浩大工程令我感到神奇。我非常怀念我们全家的绍兴之旅。绍兴是座历史名城,只要知道我国伟大的爱国作家鲁迅先生的人,就会知晓绍兴,它素有水乡、酒香、书法之乡、名士之乡的美誉,令我印象深刻的是鲁迅故居的那条典雅古朴的街道、古朴斑驳的古旧民屋。鲁迅故居是一处保持完好的封建士大夫的大宅院,里面的陈设仍然保留着原来的风貌。这条街仍然有若干古朴建筑风格的老舍,如绍兴酒店、三味书屋等。绍兴仍然具有江南水乡、乌篷船乡的古旧风貌。

兰亭距绍兴市不远,自驾车不一会就到了。东晋大书法家王羲之就是在这里聚集40余名书法家写了《兰亭集序》。该书法集锦为历代书法家敬仰,被誉名为"天下第一书集"。他的字被誉为"天下第一书"。鹅池是兰亭的第一美景。池水青碧,白鹅戏水,据说王羲之喜欢养鹅,现今人们仍在池中放养白鹅。鹅池碑亭上的鹅字由王羲之所书,池字由他的儿子王献之所书,父子合璧,所以鹅池碑被誉为父子碑。兰亭碑亭是我国四大名亭之一,建于清康熙年间,是兰亭的标志性建筑。

曲水流觞是兰亭著名的景点,《兰亭集序》中对此曾有描述:"此地有崇山峻岭,茂林修竹,又有清流激湍,映带左右,引以为流觞曲水……"

流觞亭3个大字由光绪江夏太守李树堂所题,亭背面有当年参加《兰亭集序》人员之一的孙绰所作的《兰亭后序》碑史。我在此地游,深感它的景色恬静,幽静宜人,整个建筑保持着明清园林建筑风格,融秀美的山水风光、雅致的园林景观、书坛盛名、浓郁的历史文化于一体,非常值得文人书生前往游览。喜欢文房四宝和兰花的人,可随便买点纪念品。我在这里买了一支毛笔和一把上面有《兰亭集序》书法的大拆扇,作为到此一游的纪念。

在杭州期间我们还去过苏州、无锡等风景名胜之地旅游,尽享上有天堂下有苏杭之乐、江南园林水乡之美。

人对美好生活的追求涵盖着对美食的向往。中国人有着独特的饮食文化,有着各色的美味佳肴。许多家庭都可以做上几盘好菜。我老伴烹调手艺就不错,可以做上一桌好菜,油焖大虾、红烧鱼、炖肉、炒木须肉,味道不亚于饭馆,但饭店里的名菜佳肴仍然吸引着我们的舌尖。在杭州的几年,除了经常游览美景外,我们还品尝了许多名家饭馆的美味佳肴,又大饱了口福。

退休以后,在杭州能帮着照料女儿家的生活,照看外孙,接送外孙女上学,做点力所能及的事,不仅有助于女儿家庭生活和睦,又有益于自己身心健康。我们生活在杭州这个美丽的城市,又住在西湖边,游遍西湖美景,吃遍杭州的美味佳肴。我在杭州的几年尽管有过短暂的精神压力、思想上的烦恼和不悦,但大多时日可以说过了几年最愉悦的天堂般休闲的生活。

因女婿的工作变动,我们要回北京,我和老伴于2010年暑假前夕先期回到北京,联系外孙女上学和外孙进入幼儿园的事。它成了我当时的头等大事,那时我们国家没有异地转学的具体政策。我外孙女在杭州一所名校上六年级,品学兼优,还考试通过了古筝十级,会游泳,又是学校管弦乐队的成员等,但这些条件都不是转学的条件。因为没有可以直接转校的政策,就得跑跑学校,介绍介绍学生情况,联系联系要上的学校,也需要找老同学给沟通沟通。我外孙女还算幸运,就近上了一所不错的学校。外孙已在杭州浙江大学的实验幼儿园上完小班,但回北京没有对口插班这一说。进入幼儿园的难度非常大,特别是打听过小区内的小孩入托的情况,真让我犯愁。小孩入托比我想象得更难。怎么办?我先是在网上查家附近宣武区有哪些幼儿园。单位办的幼儿园不可能进去。在杭州待了三四年,回北京后觉得有点人生地不熟。我想只能到处求神拜佛了。我先去距家一里来地的一片老旧多层楼房中的一所老幼儿园看看。这所幼儿园是平房建筑,幼儿园里无树和花草,也看不到有什么小孩运动场地等设施,我觉得这所幼儿园单就这些方面比杭州的那所新幼儿园相差太远。他在杭州的那个幼儿园像个小花园,院子里有一些运动游乐设施,小楼盖得挺洋气漂亮。对于我去的这个幼儿园我心里还有点看不大上。但在难入托的状况下,能进入幼儿园就不错了,哪能挑肥拣瘦的。我第一次去这所幼儿园联系,保安就把我挡在院门外,说里面没有老师,都放假了。他还问我里面有没有认识的人,我说没有。他说招生都满了不用再联系啦,他的口气是没有熟人就别再来了。因为这是个小保安说的,我也不太在意,所以我仍不死心。过了几天我看到宣武区幼儿园进入招生期,我又第二次去这所幼儿园,保安仍然不让我跨进大门一步。我正在与保安交涉想进去看看时,外面过来一位女士,问我怎么回事,我讲明来意,这位女士只讲了一句"招满了",就迈进幼儿园大门了,显得非常冷淡。保安把大门一关,别说进去,连向里窥视一下都不可能了。这位女士好像是幼儿园的负责人,看样子如同保安所说,不认识里面的人就免谈了,我去了两次都遭白眼,说明要想进这一所"老旧"幼儿园都不可能。这事给我的印象证实了小区里的家长反映的入托之难的说法。对这所幼儿园我也只能死了这条心吧。听说乘一站车向南不远有所幼儿园,这所幼儿园的名字很奇怪。我到那里看到门口有人把守,不让进去。有的人跟我说不认识人,根本进不去。这所幼儿园据说原是一个大单位的幼儿园,现改制转成私人的了。它的建筑显然比我早先去的幼儿园要好。但是,看样子没关系也进不了这所幼儿园。不过几天后听说这个幼儿园招收一个实验班,要经考试招收,我就报了名,总算是一线希望。招一个班超不出 50 人,报了 500 多人,我问人家如何确定考试成绩,有人跟我说恐怕还是靠关系吧。果然我们报了名,考了试,后来不了了之。这种情况就更不好再去问了,他说你的考试没通过,你根本没有回话的可能。我就继续在网上查。一天我发现宣武区实验幼儿园的招生广告,我按广告上的招生日期去了,刚进门口,从传达室出来了两位中年妇女,拦住我不让我再向里走,我跟她们解释了半天我的来意,她们还是不让我进去。也是呀!人家很多都是年轻人,不少带着小孩,我这个老头子没带孩子来干什么?不让我进去也言之有理。正在跟两位门卫妇女交涉时,院子里的一位年轻女士过来了,问了问我的来意,我把事先写好的一份贴有照片的外孙入园申请书交给了她,我还介绍了几句我外孙在浙大幼儿园的情况,说他听话懂事,在那里学画画、唱歌跳舞。我给外孙"包装"一下,但也是实话实说。这位女士接过申请书后看了一眼,让我回去等电话通知。我一直没有等到电话,接到电话的人带孩子面试的那天我又去了。这次管大门的有两位年纪不小的保安,他们拦住我不许我再进入院里。在幼儿园的大门口向里面望,我看到接我申请书的那位年轻女士。她见了我倒先跟我开口,问我是否真想让孩子来,我说是的。她的口气让我觉得有希望,因此我的语气也是非常肯定和诚恳的。她说带孩子来看看。这话顶千斤,我觉得有戏。我外孙懂事又老实,长相不错,在浙大幼儿园又训练有素,容易通过面试。此时,我外孙已从杭州回到北京,次日我让女儿带外孙去找这位女士,结果面试通过了,幼儿园录取了他。我女儿从幼儿园回来后跟我说那位年轻女士是园长助理,负责招生的。啊！我找对人了,关键是这位女士能认真了解情况,态度温和诚恳,对来者一视同仁。院里一些家长知道我的外孙上了宣武区实验幼儿园,纷纷问我找的什么人,还有人问我花了多少钱,我说没找人也没花钱。他们就怀疑我们是怎么进去的。我想这个幼儿园既然在网上公开发布招生信息,这就意味着招生有一定的公平性。幼儿园中班插班生有名额,外孙的条件和我的诚意与耐心促成了他进入这所不错的幼儿园,我觉得比较起来,还得感谢这位负责招生的女士。我外孙高高兴兴地在这所幼儿园上了两年。我也曾去接过几次外孙,幼儿园分前后院,后院有1栋3层小楼,设备条件不错,幼儿园的老师都是年轻女性,我看大多都很和善,对小孩挺好。这个幼儿园风气较正,没听说过家长有什么不好的意见,也没听说有什么"礼尚往来"。我们就从来没有想过"感恩送礼"的事,但我们心里的感激之情至今也没有消失。在那样难入托的状况下,能进入这么好的一所幼儿园,我们也很幸运。

　　回到北京后,我和老伴习惯上仍和女儿住在一起,考虑到女儿的两个孩子还小,女婿平时又不在家,我们就帮女儿做点家务,我老伴帮着做饭,搞搞卫生。她也是一个停不下来的干活人,我帮着买买菜什么的。我们住的小区买菜特别方便,大院门对面的楼里有个大型超市"物美",这里的食品花样多且丰富,像大米、面粉、脱脂牛奶、鱼虾、豆制品都有。我对食品的要求比较苛刻。面粉我喜欢中粮和古船的,入口的东西要保证质量,越少加防腐剂的越好。我看过电视里那位添加剂专家主张在面粉里添加增白剂和不主张在面粉里添加增白剂的古船面粉厂厂长的辩论,所以我对古船面粉的质量印象较好。我还拒绝转基因食品,我一直买白玉豆腐就是这个原因。我买酱油产品和酱制品等也都先看它是否含转基因大豆。女儿家一直喝三元牌袋装新鲜牛奶,而我和老伴长期喝三元牌脱脂牛奶,这些东西我在对面的物美超市里都能买到。买菜的市场也很近。物美的西北门马路对面有一个菜市场,这个菜市场较大,什么新鲜蔬菜和水果都有,还有小杂货摊。所以,日常蔬菜、水果、小杂货买起来很方便,且价格不贵。买东西方便,我就很省心了,因为这些基本上都是我的活。偶尔我也替女儿接送刚上小学的外孙。有时中午休息后,我常拖地,我把它当成是一种运动、一种锻炼,老年人不宜总不活动。因为住房面积大,3个卧室、1个书房、2个卫生间、2个储藏间、1个厨房、1个洗衣间,拖一遍正适合我的运动量,所以我不用别人帮我,我自己完成。我觉得拖这么点地一点不累。回北京后,我还常去一些有点名气的饭店解馋,后来我逐渐不太喜欢下馆子了,这是因为即使那些有名气的饭店的菜肴也常常是太咸太油,胆固醇太高,我看北京的"中国菜"也应创创新了。我在多伦多"中国城"饭馆、悉尼唐人街上的中国饭馆还有台湾地区的饭馆里吃的菜肴都不咸。特别是多伦多"中国城"那里,一些饭配肉、虾、鸡腿都不咸,少油,口味也很好,北京的饭店是否应当考虑高血压、糖尿病、肥胖病、肾脏病人的用餐需求呢?减盐、减油对什么人的健康都有好处,当然这都是题外之言。

考虑到外孙和外孙女已逐渐长大,饮食上因我有高血压,习惯吃少脂肪的清淡饮食,因此生活上我们老两口和女儿家有了明显的差异,同时也希望我们自己有个家,安享晚年。于是我们把出租了多年的房子不再出租了。2013年,我们把自己在二七剧场路的房子进行了装修,我们按照自己的心愿及宽敞、明亮、简单的想法,要求施工队施工,大部装修用品材料都是根据我们老两口的喜好自己采购,跑了两三个月,南四环的红星美凯龙、玉泉营、万家灯火、大钟寺等装饰及家具城我们跑了多次。自己买的装饰用品不仅看着顺眼且便宜。以我们的购物经验来看,虽然都是一种东西,如地板、墙纸、地砖差价很大,为买一种东西我经常跑几个地方甚至跑几次,跑上几个家具城。买屋内的几个木门,我们订货的一家就跑过五六趟,主要是颜色样式的选择。每逢节假日,儿子开车带我们到处跑。我们自己买的物料,自己觉得满意。装修施工期间我总盯着每道工序,检查施工质量。经过3个多月的装修施工,我们觉得装修得挺满意的。装修完了后开始买家具和电器,也跑了北京几个大家具广场和电器城。我买家具的原则是环保、实木、适用、美观,尽量利用有效面积。装修好了,家具、电器也都备齐了。尽管我们要求都是环保施工,我们还是空在那里让它跑跑味,过了4个月后才搬进去,老两口住着两室两厅近百平方米的大房子,其中一间可供已工作的孙子住,我们感到舒服舒心。我们住着宽敞明亮的房子,觉得老了有这么一个"安乐窝",心里踏实舒心。

  我现在过着真正的休闲、潇洒、愉悦的养生生活,当然不是坐着当"老佛爷",我还是做点力所能及的事,家务事如洗衣、做饭、搞卫生、整理屋子基本上我老伴包了。我老伴待不住,总是在干家务。我的工作是做早餐,很简单,燕麦片熬好加脱脂奶,再蒸个鸡蛋和馒头。此外,我会做面食,我每周五或周四要蒸一锅馒头,三笼屉20个左右的馒头或枣馒头,有时候烙几张发面饼。我烙的发面饼是非常受欢迎的。蒸的馒头和饼一分为三,儿子和女儿那里各一份。还有修修小电器,用豆浆机打豆浆、用面条机压面条、用烤面包机烤制面包等摆弄小电器的事,我认为是男人该干的活,所以我来干。还有那些用力气大的和有点危险的活我都觉得应由我来干,虽然这些活并不多。

  每周五儿子、媳妇下班后,常来我们这里,我们就多做几个菜,做点好吃的,再一起玩会麻将,消遣消遣。周六和周日我们老两口常到女儿那里,住上一两天。节假日儿子一家和我们老两口经常到女儿那里聚会,我们常包饺子吃。我家好吃饺子,会吃,能吃,也会包。儿子和女儿都会包薄皮大馅饺子,这种饺子在外面是买不到的,我和老伴通常准备馅料。和馅多由儿子负责,我事先和好面,包起饺子来各有所长,儿子和女儿主包,媳妇擀皮快又好,老伴善揪面团,包起饺子来就快了,我们常常包300余个饺子,我们家的人也都是吃饺子的能手。当然包一次饺子也总要剩下些,不是两三百个饺子一顿都吃掉。

  我从年轻开始就喜欢种花养鱼,家里现在有很多木本花,我觉得让家里有点生机挺好。我还酷爱养金鱼,以前没有条件,现今我买了一个大生态鱼缸。我非常喜欢养龙种金鱼,它是我国金鱼的正宗品种,也是最漂亮的品种,短身子,大尾巴,向外突出的大眼睛,游动起来温文尔雅。金鱼是比较娇嫩的,养金鱼还得有点技术,得懂得金鱼的习性。养鱼先养水,金鱼对水温的变化特别敏感。养金鱼得从挑选开始,我去过北京的几个大型鱼鸟花市,只有玉泉营一家卖精品金鱼。我经常去这家买鱼,这家老板不仅卖鱼,对金鱼的品种、品质相当内行,因我隔三岔五地去买过滤棉、鱼用盐、鱼食,我们彼此相当熟悉,去了碰上好的金鱼我就挑选几条。挑选金鱼是养鱼爱好者的第一步。首先要排除病伤鱼,判断金鱼好坏,要看体态是否优美,体形是否端正,游动姿态美不美。养金鱼除保持水的清洁、水温的稳定,还要经常部分换水,清洗鱼缸,漂洗过滤棉等。养金鱼也有不少麻烦事,所以,不是特别喜欢金鱼或对金鱼有特别爱好者,就不要找这么多麻烦。我因喜欢观赏金鱼的优美,就把养鱼的麻烦当成是一种休闲娱乐活动,这有益于身心健康。养金鱼充实了我退休后的生活。

我出身贫寒,见证了青岛发展的坎坷之路。我经历并享受了新中国发展的成果。我少儿时代过着极其贫困潦倒的苦难生活,可以说是苦难大学的毕业生,后来我又是我国一所知名大学的研究生毕业生。这两种类型的大学熔铸了我的人生观、价值观、世界观。认认真真做事,踏踏实实做人,做坚定的共产党人,拥护新时代中国特色社会主义思想,这就是我的人生观、价值观、世界观。我在人生的旅途中,"追求淡泊,坦然面对生活对你的赐予,包括有所磨难和不公,用平和淡定的心态,去看待社会现实生活中的一切"。做一个真实的自我:"无须虚伪、无须奉承、无须圆滑"的人。

回忆往事,我的人生存在两个极大的反差。一是少儿时代贫困潦倒的家庭环境,而现在过着富裕的小康生活。另一个极端的反差是我祖辈从未进过学堂,父母也是文盲,而我接受了高等教育,我和我的爱妻是大学本科的同班同学,我现今的家庭是受过高等教育的家庭。

我出生在美丽的海滨城市青岛,1956年暑假,我变卖了一直骑着上中学的自行车,作为盘缠,只身来到了我国的政治中心北京。从此,我学习、工作、生活在北京,我的人生轨迹就此改变。现今我已是祖孙三代近十口家庭的大家长。我踏遍了除西藏之外祖国各省、自治区,包括台湾省。我走遍欧洲,两赴澳洲,到过北美洲的加拿大和美国。人生最大的幸福是知足,知足常乐。对一个祖辈几代贫寒且都没有进过校门的我,能登上中国科研高等学府殿堂的中国科学院,又生活在北京,我知足了。我现在唯一花费时间和精力的是写回忆录,把青岛和我成长融合起来的故事写出来,希望能让人们了解我国近代曾遭受的苦难,不忘历史,砥砺前进。我相信功夫不负有心人,"只要功夫深,铁杵磨成针"。让我欣慰的是我的大家族中,出过3位厂长、1位舰船长、1位县供销社主任、1位街道办事处书记、2位医生、1位教授,还出了2位全国劳动模范、1位山东省级劳模,3人参加过解放军,其中1人参加过抗美援朝战争。家族中的所有人都热爱祖国,拥护社会主义制度,努力勤奋工作,本本分分,老老实实,朴实憨厚。我们家族的人都出身于贫穷、勤奋、朴实的农民家庭和源于贫苦农民的工人家庭。现今我们这一代都已年迈,过着安乐幸福的祥和生活。什么叫翻身得解放?我觉得我家族的人生就是我国人民翻身得解放的一个体现。

结束语

青岛是我的故乡，我的出生地，我已经离开青岛60余年了。我在青岛有亲朋好友和老同学。我为青岛在建设方面所取得的成就而骄傲。前不久网上爆出的天价大虾事件，让我感到不悦，尽管这种事在各地都可能发生，且我就碰到过比这更离谱的事。但是，这事发生在青岛，对青岛人的形象影响不好，尽管它的影响可能就是一瞬间。我去过祖国大江南北的许多城市，我总觉得青岛人耿直、厚道、诚恳、善良、本分。有句话说"无商不奸"，在商界难免出现唯利是图的现象。青岛民间就流行着"一个老鼠粪，搅坏了一锅汤"的说法，我觉得这种小事也不可小觑，应该予以足够的重视。

"青岛现象"这个词出自何人之口，出自何时，我不大清楚，我也未做考证。但是，这个词用得好，我很欣赏，我觉得它概括了青岛改革开放以来城市的基本特征。我认为青岛现象有4个最突出的特色和底蕴。

1. 特殊的历史背景

青岛是我国最年轻、发展最快、经历最为坎坷的城市。1578年(明万历六年)，即墨知县许铤上书朝廷，提出开展海上运输，获准开放青岛口。现今的南海边太平路西头一条河沟成为青岛最早的通海港口，青岛口就指的这个河海口岸。当时这个口岸前海岸边一带还是荒凉散落的几个渔村，只有少数渔人往返海滩。

从 1891 年 6 月 14 日到 1949 年 6 月 2 日青岛解放的 58 年间，青岛被德日就占领了 32 年。德国殖民者为把青岛建成他们的殖民地桥头堡，在青岛的建设中，把欧洲工业革命后的先进科学技术和思想、中世纪文艺复兴后的建筑文明和建筑艺术带到了青岛。同时青岛人民在资本主义侵略、剥削、压迫下，在军阀和国民党政权的反动统治下，也经受了锻炼，提高了思想觉悟，增强了反帝、反封建的思想，奠定了社会主义思想的基础。青岛社会思想比较开放，殖民地和日本两次侵略让青岛人认识到落后就要挨打，认识到必须发展经济。从殖民地以来青岛经济发展的同时也培育了一大批技术工人、城市规划建设人才，为青岛的发展准备了有思想觉悟、有技术的劳动大军。青岛解放之后，工业商贸经济恢复发展较快，特别是改革开放以来，爱国主义、社会主义思想意识迸发出来的奋发图强、努力建设一个民富国强新中国的精神力量，迅速导致了"青岛现象"的出现。1991 年，全国七大驰名商标中青岛就有 2 个。2000 年，全国十大经济人物中青岛占了 3 席。2001 年，全国首届管理大奖 5 个获奖企业中青岛占了 3 个。2002 年，美国《财富》杂志评出最受中国人力资源经理青睐的前 10 家中国企业中青岛就占了 2 席，海尔的张瑞敏和青啤厂长彭作义榜上有名。青岛全国著名的商标企业有海尔、海信、青啤、澳柯玛和双星。它们的诞生是改革开放以来迸发出来的建设强大的现代化祖国的精神思想力量所导致的结果，也和青岛具有的现代化工业基础及技术工人有关。

青岛是山东最大的经济体，国民生产总值在全国 500 个大中城市中排第 13 位左右。2015 年青岛的国民生产总值已达 9300 亿元。2016 年青岛已进入万亿元俱乐部。2017 年国民生产总值突破 1.1 万亿元。青岛的经济科技商贸迅速发展的实践表明,青岛存在巨大的发展潜力,特别是西部区的潜力无限。

2. 优越的自然生态环境

青岛在地理条件上有区位优势,它突出在山东东南隅海岸边。开放型的港口填补了上海与大连这两大物流集散中心之间的空缺,作为物流中心,它不仅是山东乃至华北便捷的出海口,而且顺势延伸至西北和新疆。它依托的胶州湾和青岛海岸,花岗岩地质基础,有利于建造港湾。除大港、小港老港区外,青岛近年又开发了董家口港区、黄岛港区、前湾新港区,此外,还建有航母港等军用码头港区。由于地质、地貌条件,沿岸岬湾地形有利于建设良港,只要有需要就可以开发新港区。青岛及附近港岸地区是块风水宝地,地理环境和地质地貌条件优越,早在明朝成化三年,即 1467 年,有风水先生(我觉得可称地理先生)为渔家和航海商贸者修建了一座天后宫,它的选址就在前海滩涂。清朝登州总兵章高元于 1891 年 6 月 14 日移兵青岛,也紧靠天后宫附近修建兵营衙门。天后宫正殿供奉着天后妈祖,渔民进香朝拜企盼免灾好运。德国占领青岛后,天后宫周围不出两公里的地方成了德国的城市规划建设核心地区和权力中心,总督府就建在天后宫的西北边。天后宫附近成了青岛都市化的起点和原点。北京民间有"先有潭柘寺,后有北京城"之说,同样,青岛人也有"先有天后宫,后有青岛市"之说。

德国殖民者在天后宫附近建造了许多至今仍然非常靓丽的欧式建筑,如总督府、总督官邸、帝国邮政局、帝国教堂,还有那座欧洲人帝国监狱。在天后宫前后沿南海岸地段的田园别墅式的住舍,主要为德国殖民者和欧洲白人而建。德国人修筑了纵横交错的柏油林荫大道和街巷,青岛的自然风光、人为景观人见人爱。青岛的城市化就是从这一带向外延伸的。2014年,我在日本千叶探亲期间,无意之中看到一份中文报纸,它用一整版刊登了来自20多个国家和地区的40多位媒体记者到访青岛后对青岛市风光的观感。他们对青岛的风光魅力报道,我觉得很客观。看看他们的描述吧:"青岛是中国最具盛名的海滨旅游度假城市,城在山中,海在城边,红瓦绿树,碧海蓝天。""青岛的海水碧蓝纯净,远远望去,烟气浩荡,水天一色,无边无际。""青岛的天空蔚蓝清纯。"……

早在20世纪20年代,清末著名社会改革人士康有为在青岛居住期间,曾有诗云"碧海青天,绿树红瓦,不寒不暑,可舟可车",概括了青岛风光之优美和交通之便捷,让游客向往。青岛从设市建制开始便享有"擅天然之美,而益之以人工""空气之清新,风光之佳丽,实可冠绝全国"等美誉。青岛市区东北向,一个小时左右的车程就来到了重峦叠嶂、峰顶近2000米的崂山,有古语说"泰山虽云高,不如东海崂"。崂山"山中岩石突兀,姿势庄严,岸中有岸,谷中有谷,东临东海。天气变幻,山色岚光,为内地名山所不及也"。崂山还是我国著名的道教圣地。名著《聊斋志异》中的"崂山道士"就出自崂山。著名的太清宫始建于宋朝初年,后毁于山洪。1297年至1307年(元大德年间),由道士李志明重建。建在深山幽谷中的上清宫、下清宫有近千年的历史。古刹庙宇建筑古色古香,精巧别致,令人神往。

青岛处处是绮丽风光,到处是田园别墅式艺术建筑,古朴典雅的民族风格建筑点缀其间,如诗如画,没有哪个地方能与之媲美,这是青岛又一独具特色之景观。

青岛优越的自然生态条件有利于吸引和汇集人才,我国许多学者、作家都曾到访过青岛,在青岛修身养性,施展才华,教书育人。现今青岛这个地方也是人才辈出，也出了不少文艺界人才。

3. 青岛的经济发展与创新

青岛是我国美丽的海滨城市，也是我国经济基础雄厚、经济繁荣的城市。青岛已建成数十个10万吨级的深水泊位，万吨级泊位数百个，拥有中国最大的集装箱码头泊位。海、陆、空交通都很发达，海洋运输与世界连通，密集的公路与纵横的高速公路、高速铁路交汇连通，青岛已成为华北乃至华东交通枢纽、物资货物的集散交流中心。青岛与韩国和日本的定期客货轮仍然停靠在新建的我国最大的邮轮码头。2011年，青岛港口吞吐量已达3.8亿吨，集装箱吞吐量突破1300万标准箱；2015年吞吐量达到4.5亿吨。青岛拥有1.22万平方公里广阔的海域、天然港湾49处、海岸线长730多公里，港湾码头建筑设施齐备，港口设备非常现代化。这些条件使青岛成了现今一带一路的交汇点。

青岛原有工业基础较雄厚，曾经是我国纺织、橡胶工业的中心，产品名列前茅。目前青岛已发展和形成港口设备制造、家用电器、造船、石油化工、汽车制造、海洋工程与海洋产业的现代化工业体系。青岛孕育和形成了青岛啤酒、海尔、海信、澳柯玛家用电器和双星一批知名企业、知名品牌，一个城市中汇集了这么多名牌，在我国城市中实属罕见。这就是青岛的经济现象。我国高铁建设世界首屈一指，机车和车厢生产世界一流，百年老厂的青岛四方机厂，现在我国的中车企业，曾是我国第一台蒸汽机厂的诞生地。目前该企业产品研发创新能力强大，国内运行的动车中该企业的产量占50%以上。

青岛不是中央直辖市，根据它特殊的地理位置和优越的港湾条件、特殊的发展历史和工业基础，估计它的发展趋势将达到中央直辖市的水平。在历史上青岛曾多次划归特别直辖市。青岛也不是省会城市，它是经济上单列副省级城市。它的经济势力在山东省占据半壁江山。在全国百座城市中，青岛的国民生产总值也位于前列。青岛在全国经济发展调节中，经济增长速度仍然快于全国平均值，表明青岛经济发展后劲持续，潜力巨大。2016年，青岛市的国民生产总值超过1万亿元，达到10011.29亿元，稳定跨入全国城市GDP总量过亿万元俱乐部。海洋产业是青岛GDP的新增长点，预计到2022年将达5000亿元，现每年以超过10%的速度增长。

经济发展的质量和速度，决定于劳动力的质量和数量，更重要的是劳动力的素质、技术能力、文化水平和思想品德。文化水平主要看接受高等教育的人才的比例。青岛是座年轻的城市，又是现代经济发展最早的城市。从19世纪末开始青岛就形成了具有现代技术的能工巧匠群体。青岛有许多高等院校、科研单位、企业研发基地。青岛人才荟萃，这是经济向高新技术转型的有利条件。青岛是我国名牌最耀眼的城市，像家电和高铁车辆在全国占有很大的优势和比重，足以证明青岛劳动力素质高。

青岛另一大的区位优势——贸易，这是城市经济发展的前提。青岛依托胶州湾优良的港口，又处于北方沿海最有利的区位优势，自古以来经贸发达。随着现代化海运的发展，青岛的区位优势更加显著。它是华北地区的主要出海口，早已成为我国乃至世界海洋航运的主要城市。山东省具有我国最多最密的高速公路网，这不仅把山东也将我国北方的许多城镇紧密联系起来，有利的区位优势对青岛经济的发展十分有利。山东腹地资源丰富，人口众多，劳动力素质优良，交通发达，工业基础雄厚，农业也很发达，农业产品在全国有举足轻重的地位。地理位置和优越的自然条件,是青岛经济发展的基础和动力。

4. 美食海鲜与啤酒

小鱼小虾好像成不了气候,可在青岛不能小觑,它关系到千家万户,在青岛吃海鲜喝啤酒成了一种民俗。我记得有篇报道说,青岛不同于北京等大城市,它没有多少夜生活,下了班买点海鲜,拎点啤酒,晚上喝上几杯。青岛人不说喝啤酒,都说哈啤酒。哈几杯啤酒,舒畅心情,缓解疲劳,家庭美满温暖。我回青岛,亲友聚会时总是海鲜当头,啤酒唱戏。我的儿女回青岛后,也和他们的同辈兄弟姐妹聚在一起,找个小酒馆或饭店吃海鲜喝啤酒,一喝常常半箱一箱的。有人说青岛有一大怪——啤酒塑料袋里拎着卖。青岛超市、小饭馆甚至小杂货店、菜店到处都在卖冷鲜啤酒,买啤酒的人不用自带容器,卖酒的铺子有压力桶,用塑料袋给你盛几斤,你可拎着回家。下班顺路拎袋冷鲜啤酒着实方便。吃海鲜喝啤酒并非青岛市民的独钟,到青岛的游客也都找海鲜喝啤酒,人人爱这一口。游客离青时总是会带上些海鲜。20世纪80年代末,我单位数十人来青岛旅游,临走的时候买了螃蟹,那时青岛到北京的火车还要十余个小时,他们买的螃蟹时间长了会变质,不能吃,我母亲家就成了"海鲜加工厂",他们都到我母亲那里煮熟了带回去。现在火车快了,四五个小时就到了。我回青岛时,把冰冻的海鲜装到泡沫塑料箱里密封好,十几个小时也不会化冻。就我所知青岛从未发生过海鲜危机,也曾未发生过海鲜断档。青岛海鲜消费量确实很大,到处有卖海鲜的摊位,距我家不远就有3个大海鲜市场,楼下路边的小摊就不算了,且价格稳定,一年没有多大变化。青岛和胶州湾是个盛产海鲜的地方,20世纪80年代前赶海,能挖几斤蛤蜊,吊蛏子也很容易,那时落潮时,海滩上人山人海,挖蛤蜊的人密密麻麻,现在海滩上蛤蜊没了,也没有赶海的人群了。现在青岛的蛤蜊主要产于胶州湾南岸的红岛一带,卖蛤蜊的人总爱说自己的蛤蜊是红岛产的,红岛产的蛤蜊比周边地区的要贵一倍。青岛啤酒是世界品牌,产量大,质量好,口感醇香,青岛啤酒文化是让顾客买得起、买得乐,让青岛啤酒无处不在,成为人们心目中的首选,让人买得物有所值。青岛袋拎啤酒确实口感好,价格低廉,人人喝得起,随处买得着。青岛每年一度的啤酒节已成了青岛人广泛期待的"狂欢节"。2017年我在青岛,8月4日啤酒节在黄岛金沙滩盛大开幕,美丽的特色灯塔的炫美灯光秀非常壮观,人气旺盛,当晚游客达到10万人,热闹非凡。青岛啤酒和啤酒节已成了青岛和我国啤酒文化的一道风景线。

青岛大小饭店不计其数,随处可见,游客下馆子非常方便。中山路上有座挺有名气的老字号中餐馆——春和楼,它开设在一座古朴典雅、不高的中式建筑物中,这里经营的全是典型的鲁菜系。我和亲友曾在这里包间用过餐,价格可以接受,美味佳肴令人大饱口福。青岛也有一些高档豪华酒楼,我曾在海尔洲际酒店参加过宴会,它的良菜佳肴品种很多,质量上乘,口味咸淡适宜,餐后会让你流连忘返,有机会我还想去。青岛的主打菜是我国八大菜系之首的鲁菜菜系,但青岛的鲁系菜肴具有地域海鲜风味特色。青岛的鲁菜系以烹调海鲜为主,造就了许多特色名菜佳肴,如大葱炒海参、芙蓉鲜贝、辣炒蛤蜊、清蒸梭子蟹、蟹鱼翅、红烧鲍鱼、海虾子炖豆腐、鲜烤鱿鱼、酱焖鲅鱼、油焖大虾等等。当然,除海鲜外,青岛还有很多不同档次的佳肴。青岛地方菜还有美味不咸、营养不油腻的特点。到青岛的游客,可以欣赏青岛美丽的风光,品赏青岛鲁菜海鲜佳肴,再喝上几杯青岛的生鲜啤酒,真像过上了神仙般的生活。

最后,还是引用前述20多个国家和地区的40多位媒体记者对青岛畅游的观后感来结束我的这部浅著吧:

"我们没有想到青岛城市和海滨是这么美丽,是这么让我们震撼。我们羡慕你们生活、工作在这么美丽的环境中,也理解了你们脸上那飞扬的笑容,是在张扬你们的自豪。"